消防领域刑事犯罪概论

肖　磊　著

中国计划出版社

北　京

图书在版编目（CIP）数据

消防领域刑事犯罪概论 / 肖磊著. -- 北京 : 中国计划出版社, 2021.9
ISBN 978-7-5182-1312-2

Ⅰ. ①消… Ⅱ. ①肖… Ⅲ. ①消防－刑事犯罪－研究－中国 Ⅳ. ①D922.144

中国版本图书馆CIP数据核字(2021)第139428号

责任编辑：高 明　　封面设计：韩可斌
责任校对：杨奇志 谭佳艺　　责任印制：李 晨 郝文清

中国计划出版社出版发行
网址：www.jhpress.com
地址：北京市西城区木樨地北里甲 11 号国宏大厦 C 座 3 层
邮政编码：100038 电话：（010）63906433（发行部）
北京盛通印刷股份有限公司印刷

787mm × 1092mm 1/16 14.5 印张 216 千字
2021 年 9 月第 1 版 2021 年 9 月第 1 次印刷

定价：70.00 元

序

光阴倏然，弹指挥间。1997 年，肖磊进入中国人民大学攻读法律硕士。作为他的指导教师，我指导他完成了毕业论文《论消防责任事故罪》。当时，他就提出撰写一部火灾犯罪研究专著的想法，对此我很支持，不久后，肖磊独立编写的《罪与火——火灾相关犯罪研究》就正式出版了。24 年后，肖磊给我寄来了《消防领域刑事犯罪概论》书稿，再度让我想起了这位苦心孤诣、切问近思的学生。

在我的记忆中，肖磊在入校时是一名龙骧虎步、气宇轩昂的武警少校警官，遇到问题他总是虚心请教。我感到，像肖磊这样文思汹涌、下笔成文，又充满激情的法学学生并不多见。后来方知他是中文系出身，又常年从事消防部队政工纪检工作，在文学和党建理论方面已有多部专著出版，是开展法学研究不可多得的复合型人才。毕业前夕，肖磊的学位论文顺利通过了答辩，答辩委员与肖磊活泼热烈的互动场景至今仍历历在目。

新时代有关消防治理体系与治理能力现代化的理论创新和相关专业研究，迎来了争奇斗艳的大好春光。令人十分欣慰的是，已离开消防部队转战消防科技战线的肖磊，时刻关注法学研究的前沿动态，不忘本源、与时俱进，在他原著《罪与火——火灾相关犯罪研究》基础上又续写了《消防领域刑事犯罪概论》。本书以新修订的《中华人民共和国消防法》等法律法规为依据，紧跟中央《关于深化消防执法改革的意见》精神，围绕消防监督管理职能调整和执法理念变革，深刻总结了新时代我国消防领域刑事犯罪的新变化、新规律，全面增补了新内容，结合刑法理论发展深化了相关论述，同时选编了更多权威翔实的案例，体系更加完整，逻辑更加严密，理论水平更高，实践指导意义更强。本书作为《罪与火——火灾相关犯罪研究》的“姊妹篇”，是肖磊数十年消防工作经历凝练出的法学研究结晶，是在消防改革时期对具体刑法理论和实践的一次全新探索。

士不厌学，故能成其圣。肖磊从中国人民大学毕业二十多年后，依然秉持初心、笔耕不辍，始终保持对法学的热爱与执着，实属不易；而利用业余时间撰写这部消防领域的刑法学专著，更是难能可贵。我相信，《消防领域刑事犯罪概论》对丰富刑法理论研究，规范消防救援工作，防范化解火灾安全风险，会有重要的参考价值和实际的指导意义。

是为序。

黄京平

二〇二一年二月于京

黄京平，中国人民大学法学院教授，博士生导师，中国刑法学会副会长，最高人民检察院专家咨询委员。

前　言

党的十八大以来，习近平总书记高度重视全面依法治国，亲自谋划、亲自部署、亲自推动。在这一过程中，习近平总书记创造性提出了关于全面依法治国的一系列新理念、新思想、新战略，形成了逻辑严密、内涵丰富、科学系统的思想体系。习近平法治思想是顺应实现中华民族伟大复兴时代要求应运而生的重大理论创新成果，是马克思主义法治理论中国化最新成果，是习近平新时代中国特色社会主义思想的重要组成部分，是全面依法治国的根本遵循和行动指南。党的十八大以来，我国社会主义法治建设发生历史性变革、取得历史性成就，全面依法治国实践取得重大进展，根本在于有习近平新时代中国特色社会主义思想特别是习近平法治思想的科学指引。本书以习近平法治思想为指导思想，结合习近平法治思想的核心要义以及核心理念对消防领域的刑事犯罪进行了重点分析。

近年来，在经济社会快速发展的同时，火灾事故的频发也成为影响社会秩序、危及民生安全的重要社会问题。以2015年为例，全国火灾起数346 701起，造成人员伤亡3 112人，直接经济损失43.59亿元，烧毁建筑8 895多万平方米。尤其是近年来一些重大火灾事故的发生，如2017年浙江台州“2 · 5”火灾、江西南昌“2 · 25”火灾、北京大兴“11 · 18”火灾和天津河西“12 · 1”火灾等，在引起惨痛悲剧的同时，也对公众的生活带来了严重的不安全感和危机感。在为这些悲剧扼腕叹息的同时，我们必须看到，在众多的火灾事故中，有很大部分事故是人祸而非天灾，对不同火灾事故如何定性，对相关责任人如何追究刑事责任，如何保证在刑法范围内做到火灾事故犯罪的有罪必究和罪责刑相适应，遂成为一个兼具理论意义和现实价值的时代命题。

早在1997年《中华人民共和国刑法》(以下简称《刑法》)中就已经对放火罪（第一百一十五条第一款）、失火罪（第一百一十五条第二款）、重大责任事故罪做出规制，并增设了消防责任事故罪，这些罪名初步建立了我国对火灾事故犯罪进行刑事追究的罪名体系。除此之外，在《中华人民共和国消防法》(以下简称《消防法》)、相关司法解释和行政法规中也有关于违反消防安全管理规定造成火灾事故犯罪的规定。

本书重点介绍了涉及消防领域的放火罪、失火罪、爆炸罪、重大责任事故罪以及可能涉及的渎职犯罪和生产、销售伪劣产品罪等。这些罪名在司法实践中频繁出现，而且同防范火灾、惩罚火灾犯罪密切相关，本书对这些重点罪名进行了系统和全面分析。为提升本书时代性和实用性，在对重点罪名的分析时结合了相关案例，并在附录中列举了近年来与火灾犯罪有关的典型案例，使读者能更加深刻地认识和理解消防领域的刑事犯罪。

目 录

第一章　过失犯罪相关理论研究

第一节　过失犯罪的概述

在现实生活中发生的恶性火灾事件，很多并不是行为人故意纵火，而是其过失行为引起的危害公共安全的火灾犯罪事件，比如失火罪、过失爆炸罪、消防责任事故罪、重大责任事故罪、危险物品肇事罪等。因此，研究过失犯罪，对于正确认定火灾事件原因、惩治行为人、预防火灾都有着举足轻重的作用。

过失犯罪，是相对故意犯罪而言，是指行为人应当预见自己的行为可能发生危害社会的结果，因为疏忽大意而没有预见，或者虽然已经预见而轻信能够避免，以致发生危害社会的结果的犯罪。

就故意与过失的区分标准而言，国外刑法理论界曾经有过认识说、希望说、动机说、盖然性说和容忍说等多种学说。但由于认识说将过于自信过失包含在故意的范围内，希望说将间接故意排除在故意的范围之外，盖然性说中关于危害结果发生可能性大小难以判定，因而这几种学说多数学者都不予采纳；唯有主张将认识因素和意志因素相结合的动机说和容忍说为多数学者所赞同。目前我国刑法和刑法理论主张容忍说。在具体区分过失与故意的界限时，学者们几乎一致认为应分别从认识因素和意志因素两个方面进行：在认识因素上，故意是行为人已经认识到自己的行为会发生危害社会的结果，过失是应认识而未认识自己的行为可能发生危害社会的结果，或者虽然已经认识但同时又否定了这种认识；在意志因素上，故意是行为人对发生的危害社会的结果持希望或者放任的意志态度，过失是行为人根本不希望自己的行为造成危害社会结果的意志态度。但是，也有学者认为，区分过失和故意，无须判断行为人对发生的危害结果的意志态度问题，仅从认识因素上就足以将过失和故意区分开来了。故意是行为人对事实的存在或发生有认识，而过失是行为人对事实的存在或发生无认识。

构成过失犯罪应同时具备以下四个要件：一是犯罪的主体，即已满16周岁并具有刑事责任能力的自然人，在少数过失犯罪中，单位也可以成为其主体。二是犯罪的主观方面，即行为人对自己行为造成的危害结果是出于过失的心理。三是犯罪的客观方面，即行为人实施了违背刑事义务的行为，并造成了刑法所禁止发生的危害结果。四是犯罪的客体，即过失行为因造成了某种严重的危害结果而侵犯了刑法所保护的某种社会关系。

过失犯罪的主观方面表现在行为人对自己行为造成的危害结果的不注意，也就是行为人应该预见到自己行为会发生危害结果而没有预见或者已经预见但是轻信能够避免。对行为人没有注意到自己的行为可能发生危害结果的情况，追究其原因，大体有两个：一是行为人没有注意能力。无论从道德上还是法律上，都不能将发生的危害结果归责于行为人。二是行为人本来是具有注意能力的，只是没有充分发挥自己的注意能力。一般来说，由于行为人没有充分发挥自己的注意能力（或者预见能力，或者避免能力），致使发生了危害结果，这样就要追究责任，但这只能说对行为人的责难具有了事实的、伦理或道义上的根据，还不能肯定就必须对行为人进行责难[①]。要对实施某种危害社会行为的人进行责难，还必须肯定行为人本来担负着法律要求的注意义务。如果法律并未要求行为人必须履行某种注意义务，那么行为人没有充分发挥自己本来具有的注意能力时，就不能让行为人受到法律的责难。一般情况下，只要肯定行为人负有某种注意义务，本来具有履行义务的注意能力而由于没有充分发挥自己的注意能力，就可以将其行为造成的危害结果归责于行为人。

---

① 王志远:《过失基准行为论：过失犯刑事责任范围的限定》，载《中国刑事法杂志》，2010年第7期。

过失犯罪的客观方面表现在行为人违反刑事义务，实施了某种行为，造成刑法禁止发生的危害结果。实施了违反刑事义务的行为、发生了危害结果、行为与危害结果之间存在因果关系，就是过失犯罪客观要件中的构成要素。

在过失犯罪理论中，注意义务理论和过失危险犯罪理论是核心理论。明确了注意义务和过失危险犯罪，过失犯罪理论的问题就迎刃而解，下面就具体论述这两个理论。

第二节 注意义务

一、注意义务的概述

（一）义务、法律义务、刑事义务的一般性探讨

权利和义务作为一种社会制度和文化现象，是和法与国家一起产生的。但是，权利和义务作为明确的法学概念被提出来，则是在17世纪以后。梅因就曾经提出："概括的权利这个用语不是古典的，但是法学有这个观念，应该完全归功于罗马法。"20世纪初，英、美法学家们注重分析权利概念包含的丰富内容，并把义务和法律关系等概念联系起来研究，深化了对权利和义务的理解。美国分析法学家霍菲尔德把权利和义务看成法律的"最低公分母"，以此强调对权利和义务分析的重要性。正因为权利和义务概念在法学中处于核心地位，法学家们对此展开了激烈论战，关于什么是权利，存在资格说、主张说、自由说、权益说、法力说、可能说、规范说、选择说、手段说等多种观点。

作为权利的对应概念，义务也被学者进行了多种解释。从义务的实体内容上看，有三种学说：一是意思拘束说，即认为义务是由法律所规定的对意思的拘束；二是责任说，即认为法律义务是指法律关系的主体应从事一定的行为或者不应从事一定行为的责任；三是法律拘束说，即认为义务是应该实施一定的作为或不作为的法律拘束。

对于上述三种学说，我国学者认为，意思拘束说没有分清评价规范和意思决定规范，对意思的拘束不属于义务的问题，而应该属于归责的问题。法律拘束说如果从拘束的角度考察则有违背形式逻辑基本理论的嫌疑。反之，责任说把义务看成一种责任，比较正确地反映了义务和责任的关系。

至于法律义务的概念，一般认为，法律义务是国家规定并体现在法律关系中的，人们应该和必须适应权利主体而做出或抑制一定行为的负担或拘束。还有的学者更加明确地指出，法律义务是法律上规定的行为人必须履行的约束其行为的任务。

在探明了义务和法律义务概念的基础上揭示刑事义务的概念，也是顺理成章的事情。有的学者认为，刑事义务是刑事法律上规定的行为人必须履行的约束其行为的义务[①]。

（二）注意义务概念辨析

所谓注意，在心理学上是指针对一定对象而使意识集中并始终保持紧张状态[②]。除了在心理学上的这个含义外，注意还包含“小心谨慎”，即采取慎重的行为以远离危险发生的要素。

对于注意义务的概念，在其他国家和地区的刑法理论中几乎没有专门的探讨，学者们往往关注于注意义务的内容。但在我国刑法理论界，有少数学者对注意义务的概念有所涉及，大体上有两种不同的表述：

一种表述将注意义务界定为：行为人作为时应当注意有无侵害某种法益，不作为时应当注意有无违反某种特定的法律义务的责任。

另一种表述将注意义务界定为：法律法令及社会日常生活所要求的为一定行为或不为一定行为时应当谨慎小心，以避免危害社会结果发生的责任[③]。

以上两种表述反映出理论界对注意义务存在的三种不同学说：

1. 结果预见义务说

这种学说把注意义务和结果预见义务等同，认为注意义务是行为人主

---

① 王林：《论刑事违法性》，载《法制与社会》，2009 年第 15 期。

② 杨年富：《过失犯罪之注意义务》，载《法制与社会》，2006 年第 16 期。

③ 刘志伟，等：《犯罪过失理论若干争议问题研究》，载《法学家》，2000 年第 5 期。

观上预见结果发生可能性的义务。这种学说坚持的是旧的过失理论的立场。这一理论指出，如果行为人有结果预见可能性，当然就应当承担为规避结果而采取行为的义务。日本曾有判例赞成这种观点："过失犯罪成立，是由于行为者对于行为之结果虽然可能认识，且应予认识，然因违背注意义务，且欠缺注意而未予认识，以致使其结果发生。"

2. 结果回避义务说

这种学说把注意义务与结果回避义务看成一回事。日本学者藤木英雄就持这种观点，他指出："所谓注意义务，从客观上来看，能不能说这种行为是有过失的一个标准：具体地说，为了规避结果，不仅要把必须做些什么作为结果发生之后的结论加以考虑，而且要把行为的时间作为标准时间来加以考虑，这种注意义务就叫作结果回避义务。"我国学者大多倾向这种观点。如有的学者提出，注意义务就是指为避免发生危害社会的结果，而在法律上认为应为必要的作为和不作为的义务，这种注意义务是人们参与社会共同生活、进行社会交往、从事社会生产、维护社会的稳定和秩序所必不可少的共同行为准则。

3. 结果预见义务和结果回避义务说

这种学说是一种折中的学说，认为注意义务是法律法令以及社会日常生活所要求的为一定行为或者不为一定行为时应当慎重留心，以避免危害社会结果发生的责任。另外有的学者认为，注意义务是规范性的结构，行为者对符合构成要件的结果有预见，是注意义务的基本规范结构，把行为者应根据其所预见而采取相应的避免措施的规范要求包括在注意义务之内。日本学者井上正治也认为结果预见义务与结果回避义务都是注意义务的内容①。

从表面上看，我国学者关于注意义务的第一种学说，似乎仅将注意义务限定于预见危害结果发生的义务，而第二种学说却将预见危害结果发生的义务和避免危害结果发生的义务均包括在注意义务之内。但是，同意第一种学说的学者实际上却并没有将注意义务限定于预见危害结果发生的义务上的意思。持该学说观点的学者在随后的论述中写道："在刑法理论上，

① 刘志伟，等：《犯罪过失理论若干争议问题研究》，载《法学家》，2000年第5期。

一般认为注意义务可以分为结果预见义务和结果回避义务。在疏忽大意过失犯罪的情况下，行为人违反的是结果预见义务；而在过于自信的过失犯罪的情况下，行为人违反的则是结果回避义务[①]。”这表明持该学说观点的学者也是赞同把结果预见义务和结果回避义务包括在注意义务的内容中的。因此上述两种学说只是学者分析问题的角度不同，其本质上都是第三种学说的赞成者，都认为注意义务包括结果预见义务和结果回避义务两种[①]。

那么，第三种学说也就是将注意义务的内容包括预见危害结果发生的义务和避免危害结果发生的义务在内的观点是否科学呢？笔者认为，虽然目前中外刑法理论界对于注意义务的内容问题存在着较大分歧，但将注意义务的内容概括为预见危害结果发生的义务和避免危害结果发生的义务是通行的见解，也是科学的，但是从明确性上考虑，对于注意义务的具体表述方式，笔者主张第二种学说。

所谓预见义务，就是指行为人根据案件发生时的具体情况所负有的应当预见自己行为可能引起危害结果发生的义务；而回避义务，则是指行为人所负有的避免因自己的行为发生危害结果的义务。预见义务和回避义务统一于注意义务之中，它们之间既有联系又有区别。对于绝大多数的过失犯罪来说，预见义务是回避义务的前奏和先决条件，而回避义务则是预见义务的延伸[②]。因为如果行为人没有预见到结果发生的可能性，自然就谈不上防止和避免结果发生的问题。另外，法律要求人们去预见可能发生的危害结果并非单纯为了预见而预见，其最终归宿仍然是要防止造成损害。因此只有这样认识注意义务，才有可能把握该概念的真谛。对此，日本学者井上正治指出：“关于过失行为，含有违反‘结果预见义务’与‘结果回避义务’一点，应予肯定。吾人首先必须预见结果，如已预见结果，则必须回避发生结果。预见结果和回避结果，都是注意义务。然而，如无预见，则无从避免，同时，纵有预见，如不为避免，则也没有意义。因此，如果欠缺预见时，虽或不发生回避义务，然在未尽注意其预见结果义务

① 陈兴良：《刑法哲学》，中国政法大学出版社，1992 年版。
② 杜立聪：《论过失犯罪的注意义务》，载《潍坊学院学报》，2009 年第 3 期。

一点上，即不能免却违反注意义务之非难。再者，纵已尽其预见结果之义务，然在未尽结果回避一点上，亦应受违反注意义务之非难[①]。”

由此可见，将注意义务理解为结果预见义务和结果回避义务是比较全面的，这样可以解释注意义务的核心内容。

二、注意义务的特性

注意义务是一种法律义务，行为人违反了这种义务，发生危害结果的，就构成过失犯罪，所以必须从这个前提出发来认识注意义务的性质问题。一般认为，注意义务有以下特性：

1. 注意义务是沟通行为人与过失犯罪的桥梁

没有注意义务，未违反注意义务，就谈不上过失行为，更谈不上行为人过失犯罪刑事责任的承担问题。比如，失火罪中就要求一般人要有注意防止发生火灾的义务，但是行为人没有预见到自己的行为会发生火灾的危害后果，也没有避免危害后果的发生，最后发生了危害后果，行为人构成失火罪。如果行为人没有注意防火的义务，就不可能构成失火罪。我国台湾地区学者由此提出，过失犯罪的行为人，因为违背了日常社会活动中客观必要的注意义务，在不情愿的心态下，使得法益遭到破坏或存在危险。因此，注意义务实际上为过失犯罪和行为人之间架起了一个桥梁，也框定了行为人在刑法上进行选择的行为模式。刑法以注意义务为核心来界定犯罪故意和犯罪过失，并进而确定过失犯罪人的刑事责任。注意义务实际上是处理人与行为的关系，并通过调整人与行为的关系来调整人与人的关系[②]。

2. 注意义务的来源具有广泛性

无论注意义务的根据是什么，一旦它在特定案件中成为约束行为者的责任，注意义务就成了法律义务，就成为行为人采取行为时应当遵循的

① 钊作俊：《略论日德刑法理论中的注意义务》，载《郑州大学学报（哲学社会科学版）》，2002 年第 4 期。

② 杨年富：《过失犯罪之注意义务》，载《法制与社会》，2006 年第 16 期。

模式。

3. 注意义务具有可履行性

注意义务的基本内容是预见结果发生或回避结果发生，这是法律约束行为人行为的基本要求，这一要求的实现有一个基本前提，即行为人本身能够满足该要求。如果对某一个人注意要求过高，特定业务行为人受限于当前的科学技术水平无法注意，则该注意对于普通人而言就难以成为一项注意义务。而行为人基于行为当时的情况，履行了一般人所应履行的具体的结果预见义务或结果回避义务，纵使具体的危害仍然发生了，也不能要求行为人负过失责任。

4. 注意义务不能给行为人带来利益

义务的履行可能为权利主体带来利益，但是，义务主体并不能从履行义务的自身行为中直接获得利益，只能从其他义务主体也履行义务的相应行为中获得利益。例如驾驶员在道路上行驶有环顾四周、观察行人的注意义务，但是该注意义务的履行并不能直接为驾驶员带来利益，驾驶员可能会因为履行注意义务而放慢行驶速度，从这点上看，驾驶员反而可能因此承担时间上甚至是经济上的损失。但是驾驶员要获得利益必须依赖其他注意义务的主体也履行注意义务，来防止发生道路堵塞或交通事故[①]。由于注意义务的履行本身并不能给行为人带来利益，所以在违反注意义务谋取行为人自身利益时，注意义务的履行可能和行为人的意愿发生冲突[②]。

5. 注意义务可能被履行也可能不被履行

我国有学者曾经提出，由于刑事上的义务可能与行为人自身的意愿发生冲突，所以当行为人意图通过违反刑事义务来获取利益时，刑事义务就可能不被履行。

6. 注意义务不被履行，义务人应承担一定的后果

需要义务人说出理由，在义务人完全不能说明理由的时候或其理由不具备合理性时，注意义务的不履行就成为行为人承担过失犯罪刑事责任的

① 杨年富：《过失犯罪之注意义务》，载《法制与社会》，2006 年第 16 期。

② 屈茂辉：《论民法上的注意义务》，载《北方法学》，2007 年第 1 期。

一个前提。

三、注意义务的判定标准

判定行为人是否担负着一定的注意义务，应解决注意义务的来源问题。对此，除了有少数学者认为注意义务应“限于法律规定的场合”外，多数学者认为注意义务还包括习惯或常理上所要求的义务。

设立注意义务的目的，就是要为人们提供一些从事各种社会活动时应当遵循的行为规范，保证人类社会共同生活的和谐、有序，推进人类社会的健康发展[①]。为了满足这一要求，注意义务的存在范围不可能过窄，而应当宽泛到能够切实保护社会共同生活秩序的程度。社会生活是极其复杂多样的，法律不可能将各种复杂的情况都明确规定出来，只可能对注意义务择其重要者做出抽象的、概括的规定，而对大量的注意义务只能让其以不成文的社会生活习惯规则、道德规则等形式存在着[②]。否认社会生活习惯规则、道德规则等形式为注意义务的渊源，实质上是将注意义务限定在极其狭小的范围内，是不符合切实保护社会共同生活秩序的要求的[③]。当然，还要注意的一点就是，无论以何种形式存在的注意义务，都是法律要求行为人于行为时应当遵循的义务，并不能因为某些注意义务是以社会生活习惯规则或道德规则形式表现的就否定其法律性。

既然注意义务既包括法律、法规和规章制度等规则明确规定的义务，也包括习惯或常理上所要求的义务，那么对于如何判定行为人是否担负注意义务就存在困难了。因为对于行为人是否担负法律明确规定的注意义务，很容易判定，但是对行为人是否担负着习惯或常理上所要求的注意义务就难以判定。

对于习惯或常理上所要求的注意义务的存在范围应当合理限定。从法

① 刘培莹：《论犯罪过失中的注意义务》，载《陕西检察》，2005 年第 2 期。

② 简永发：《犯罪过失中违反注意义务的判断对象研究》，载《社科纵横（新理论版）》，2008 年第 2 期。

③ 宋成，李英超：《论疏忽大意过失与不能遇见意外事件的界限》，载《法制与社会》，2007 年第 2 期。

律不能提出人做不到的要求这一层意义上讲，人考虑不到的事情不能成为注意义务的内容。因此，要确定行为人是否担负注意义务，必须考虑危害结果的可预见性和可避免性，即人的注意能力问题。这里就存在以下问题：

1. 以什么人的注意能力来判定注意义务是否存在

这个问题，在日本和我国台湾地区刑法理论界，历来存在着客观说、主观说和折中说的对立。客观说主张以一般人的注意能力为标准；主观说认为应以行为人个人的注意能力为标准；折中说则认为，对于注意义务应以一般人的注意能力为标准，而对于注意义务的违反则以行为人个人的注意能力为标准①。在中国大陆刑法理论界，虽然研究该问题的学者不是很多，但也存在不同观点的争议：一种观点认为，确立业务上注意义务的内容和范围，必须以行为时同行业一般人客观上具有结果预见可能性和结果避免可能性为前提；另一种观点则认为，为了促使注意能力高的人充分发挥自己的注意能力，避免自己不负责任的行为对社会造成危害，一般情况都应当要求他们负有较一般人多的注意义务，如果在他们对自己的行为极其不负责任而对社会造成危害时，就可追究他们的过失责任②。

笔者认为，个人的权利应当得到重视，但不能把个人的权利夸大到可以为了个人的利益而不惜牺牲国家、社会及他人利益的不适当的程度。因此，任何人在从事某种活动时都应顾及自己的行为会不会给国家、社会及他人的利益或权益带来损害。从法律规范的角度上讲，就意味着任何人在实施某种行为时，只要具有注意能力，不管其注意能力是与社会一般人所具有的注意能力相当，还是高于社会一般人所具有的注意能力，就应当担负起注意义务。当然，注意义务不只是针对行为人个人的，而是通过对行为人个人注意能力的调查，以确定包括行为人在内的在特定的环境和条件下从事与行为人同样行为的所有人应担负的注意义务。这样，该注意义务就获得了规范的意义，即它是以从事与行为人在同样环境和条件下的同样

① 唐福齐，杜智娟：《论过失犯的注意能力和注意义务》，载《唐山师范学院学报》，2008年第1期。

② 刘志伟，等：《犯罪过失理论若干争议问题研究》，载《法学家》，2000年第5期。

行为的所有人为调整对象的，而不再考虑在特定环境和条件下从事同样行为之人的能力问题，即不管其有无注意能力，都担负着注意义务。

这里应当说明的是，虽然笔者主张以行为人个人本来所具有的注意能力为基点考察注意义务的存在，但并不否认同时可以从客观的立场来进行衡量的做法。如站在社会一般人的立场上，根据行为人个人所具有的智力、社会生活阅历、文化技术水平、从事的职业等因素并结合行为当时特定的环境和条件，来考察行为人是否担负一定的注意义务；或者站在与行为人具有同样或相似的智力、社会生活阅历、文化技术水平、从事的职业等因素的特定一类人的立场，如果小心谨慎的话，能否认识并避免危害结果的发生，进而考察行为人是否担负一定的注意义务。但是，这里所说的这种客观考察方法和前面的客观说是不同的，用这种方法考察的结果和笔者赞成的主观说得出的结论是一样的。

2. 是否只要认定行为人具有了注意能力，就可以肯定其一定具有注意义务

这个问题实际上涉及对注意义务的存在范围是否要再进一步限定的问题。如果判定了行为人具有注意能力，通常就可判定行为人具有注意义务，但是完全这样判断还欠妥当，还必须要考虑一些特殊情况，来最终确定行为人是否具有注意义务。这些情况大体上涉及危险是否允许和危险如何分配问题。

随着科技的进步和工业机械化的普及，为了求得社会更大更快的进步和发展，就必须在一定程度上允许或容许危险的存在。这样，就要修正“只要能够预见行为的危害后果就应当避免，否则即构成过失犯罪”的传统理论。相应地，即使人们在从事某种对社会极为重要但又具有可能产生某种危害结果的行为时，对危害结果具有一定的注意能力，也可缓和、减轻甚至免除其担负的注意义务，从而对行为人不以过失犯罪追究刑事责任。因此，行为人从事行为的危险是否被允许，就成为决定行为人是否担负一定的注意义务的关键因素。至于如何依据允许的危险理论缓和、减轻或免除行为人的注意义务，目前没有也不可能提出某种明确的、统一的标

准，学者们通常认为应考虑社会现实的必要性与相当性，作合理而适当的判断[①]。

危险的分配是与信赖原则相联系的一个问题。随着交通运输业的迅猛发展，为了提高运输效率、减轻交通运输人员过多的义务负担，适用允许的危险理论的具体原则即“信赖原则”应运而生，把预见可能与注意义务相分离，也就是说在某种条件下，行为人虽具有预见危害结果的可能性，但不一定就有预见的义务。信赖原则免除了行为人预见他人可能实施不正常的非法行为的义务，这就意味着信赖原则具有缩小过失责任的功能[②]。目前在德国、日本等不少国家，信赖原则已较广泛地适用到处理交通运输、医疗等行业发生的业务事故当中。当然，并非行为人在任何时候都可以适用信赖原则而免除预见他人实行不法行为的义务，而是必须具有一定的限制[③]。学者们通常认为，在下列情况下，不能适用信赖原则免除行为人预见他人实施不法行为的义务：一是行为人自己违反注意义务；二是行为人已经发现对方有反常行为，不能盲目地相信对方会履行自己的注意义务；三是因某种客观条件的限制，他人违反注意义务的可能性较大时；四是发现对方是幼儿、老人、盲人或其他残疾人而且无保护人陪同时；五是对方的违反注意义务行为即将造成危害结果，行为人有时间也有能力避免危害结果的发生，等等。

总之，判断注意义务时要以一般人的注意能力标准来判断行为人是否具有注意义务，还要注意在某些特殊行业里的被允许的危险和合理分配危险的情况，只有这样，才能准确判断行为人是否具有注意义务，从而认定是否构成过失犯罪。

四、注意义务和过失犯罪的本质

过失犯罪是应当认识并能认识犯罪结果发生的事实，由于疏忽而没有

① 黄瑛琦：《信赖原则研究》，载《刑法论丛》，2009 第 3 期。

② 张爱艳：《论注意义务阻却事由》，载《政法论丛》，2008 年第 2 期。

③ 朱兴祥，张峰：《监督过失与重大责任事故犯罪》，载《人民检察》，2009 第 22 期。

认识，或者有所认识但是轻信可以避免，致使结果发生的犯罪。过失犯罪在意识方面表现在行为人对法律或者道德、常识所要求的注意义务忽视或者违反，意志方面表现在行为人不希望结果发生，具有不意误犯和事与愿违的特征。

但是判断行为人的行为是否构成过失，仅对其主观认识和意志态度做出评价是不够的，还必须考虑行为人的意志态度是否转化为违反注意义务并对社会造成危害的行为。也就是说，过失犯罪的本质不是行为人是否从主观上出于疏忽或者懈怠而使其行为结果未能预见或者未加注意，关键在于其违反注意义务并实施了危害社会的行为[①]。从这个意义上讲，违反了注意义务是认识过失犯罪的关键，也是过失犯罪的本质。

把过失犯罪的本质界定为违反注意义务是德、日刑法理论中的通行见解。在日本刑法中，所谓过失犯罪，是指不认识也不容忍构成要件的结果，由于不注意，即由于违反注意义务引起结果的犯罪。日本刑法学家大塚仁曾经明确指出，对于过失来说，本质性的东西不是使他人负伤的结果，而是懈怠了社会生活上必要的注意这种行为的性质[②]。德国法院判例曾经指出，过失就是行为人没有注意到行为时客观情况和行为人个人的知识能力所应履行的义务，因而没有预见到结果的发生，如果多加注意就能预见的情形；或者行为人虽认为可能发生结果，但却否定其可能性，并相信不致发生结果的情形。

我国刑法中对过失犯罪的定义：应当预见自己的行为可能发生危害社会的结果，因为疏忽大意而没有预见，或者已经预见而轻信能够避免，以致发生这种结果的，是过失犯罪。这一定义中的“应当预见”“没有预见”“已经预见”“轻信能够避免”等用语，都充分表明了行为人是缺乏高度的责任心和足够慎重的态度，也就是“欠缺意识的紧张和注意力的集中而表现出来的对法的秩序不关心的态度”，是行为人主观心理态度的核

---

① 吴忆萍：《论过失犯罪中的注意义务》，载《江苏石油化工学院学报（社会科学版）》，2003 第 1 期。

② ［日］大塚仁：《犯罪论的基本问题》，冯军，译，中国政法大学出版社，1993 年版。

心。因为在具有犯罪过失心理的场合，行为人实施行为是为了追求另外的某种正当的或非正当的目的，并不是为了追求构成该过失犯罪的危害结果。如果行为人在实施行为时，具有高度的责任心和足够慎重的态度，就不至于在行为时认识不到可能发生的危害社会的后果，或者在认识到结果后仍然轻信能够避免发生[①]。因此，从我国刑法的规定，可以看出心理态度和行为的结合是过失犯罪的本质。

把过失犯罪的本质理解为违反注意义务还需要注意几个问题，过失犯罪的本质不仅表现在行为人对危害后果的心理态度上，还表现在行为特征上，也就是说行为人是在不注意的主观心理态度的基础上，实施了违反注意义务的行为，因此，不从心理态度与行为的结合上进行分析，就不能准确地把握过失犯罪的本质。另外，把过失犯罪的本质理解为不希望结果发生或者未能避免结果发生，这是从现象上的理解。其实，危害结果之所以发生，是因为行为人违反了注意义务，也就是未履行结果预见义务；或者虽然已经预见但是未履行结果回避义务。而且，可以依据注意义务的有无以及是否违反将疏忽大意过失与犯罪故意做出区分，犯罪故意是明知故犯，已经有了预见，谈不上注意义务的问题，而只有疏忽大意的过失才是有注意义务而没有预见。至于过于自信的过失与间接故意的区别，也可以注意义务作为标准。过于自信过失犯罪中，行为人已经尽了预见义务，不希望结果发生，但是行为人轻信能够避免，最后结果发生是未履行或充分履行结果回避义务所导致的；而间接故意犯罪中，行为人对结果发生持放任态度，谈不上履行结果回避义务的问题。

从上述分析可以看出，只有行为人在主观上存在违反注意义务的心理事实，客观上其行为违反了法律要求的注意义务，其行为才具有违法性，而这种违法性行为只有造成危害社会结果时才构成犯罪并受到刑法惩罚。所以，注意义务是过失犯罪中最重要的中心范畴，对注意义务的违反是过失犯罪的本质。

---

① 林亚刚，贾宇：《犯罪过失新探》，载《检察理论研究》，1996 年第 2 期。

第三节 过失危险犯罪

一、过失危险犯罪的含义

过失危险犯罪概念的出现，源于美国的一个著名判例：1987年，美国的一名飞行员驾驭满载乘客的飞机从美国飞往伦敦，在降落前忘了打开升降器。在着陆前几秒钟，地面指挥人员突然发现并飞速通知该飞行员，飞行员匆忙架机高升，在空中盘旋一圈，放下升降器后，再次着陆，才避免了一场灾难。事后美国司法机关起诉了该飞行员。他们认为，该飞行员的这一过失，虽然由于发现及时而未造成严重后果，但其危险性已极为严重，因而构成过失危险犯罪。

传统的过失犯罪都是以过失行为造成严重危害结果为必备要件。现代科技的飞速发展使这一传统的过失犯罪理论的根基发生了动摇。随着尖端技术在生产、运输、医疗等领域中的应用，在极大地提高经济效益的同时，其危险性也与日俱增。从事危险业务的人员，工作中稍有疏忽，就会造成极其严重的危害后果。丝毫的懈怠和疏忽都是不能容忍的，即使未造成实际的危害后果，但由于在客观上存在造成严重后果的极大危险性，这种极大的危险性就成为行为人负刑事责任的根据。

过失危险犯罪，是指行为人在过失心理支配下的行为虽然还没有实际造成严重危害社会的结果，但已经足以达到造成这种严重危害社会结果的犯罪。

对于某些故意犯罪的危险犯罪予以犯罪化和处罚，这已成为中外刑事立法的通例。传统的过失犯罪，均为实害犯罪，即以过失行为造成一定的危害结果为必要条件。但是随着社会的发展，大量危险行业的存在需要追究没有造成具体犯罪危害后果的过失者的刑事责任，这给现代刑法理论提出了一个新课题。

对于过失危险犯罪，很多学者本着对传统的过失理论持反对意见，认为我国刑法中也没有必要规定过失危险犯罪。其实，过失危险犯罪的规定是很必要的，原因如下：

首先，刑法的基本功能之一是保障，即排除对人的生命、身体及其他法益的危害情况。过失危险犯罪的实质在于行为本身存在着使某一特别重要的社会关系发生损害的内在根据，如果容忍其发展下去就会使内在危险与外在现实条件相结合，从而对法律保护的这一特别重要的社会关系形成实害结果，而如果非要等到这一特别重要的社会关系受到现实性破坏时，刑法才介入，则社会为此付出的代价太大。因此，为了更好发挥刑法的功能，对这类危险行为应当提前介入[①]。

其次，必须注意到过失行为人确实是不希望或者根本没有预见到危害结果的发生。因此，等危害结果发生之后，再给行为人以刑事处罚，不会产生足够的预防效果。然而，过失行为人违反防范法规却常常是故意的，如果对这种容易引起严重后果的故意违法行为给予适当的刑罚警告，就可以在一定程度上预防严重后果的发生，这对行为人本身和社会都是有益的。

再次，犯罪的本质特征在于其具有相当程度的社会危害性，而社会危害性又具有主客观统一性，其程度的大小，不仅取决于犯罪行为造成的客观损害结果，还取决于行为人的主观恶性程度。将过失犯罪仅限于实害犯罪，只强调危害结果的发生，却忽视了过失行为者的主观可责性程度，在一定程度上违背了主客观相统一的刑法原则。对过失危险行为予以适当的刑罚处罚，能较好地起到预防重大过失犯罪的作用。

最后，过失犯罪原因的复杂性和机理的独特性，决定了过失行为的危害结果不可能像故意犯罪那样，成为犯罪人主观恶性程度和行为社会危害性的基本标志。过失犯罪中，侵害结果的发生，归根到底是行为人脱离主体意志自觉控制的结果违背了行为人的主观意愿。因此，单凭侵害结果的发生来决定行为的社会危害性大小是不科学的。还必须结合行为人有无违反注意义务的可责性程度来决定社会危害性的大小，从而使对过失犯罪的处罚从“主要侧重于对结果的无价值判断和否定评价”转向“同时对违反

---

① 刘基，屈耀伦：《论过失危险犯》，载《兰州大学学报》，2003年第2期。

注意义务的行为和危害结果进行无价值判断和否定评价”[①]。

此外，那种认为我国刑法中没有过失危险犯罪规定的观点也是不正确的，我国刑法无论是1979年的《刑法》还是1997年修订后的《刑法》，都存在着过失危险犯罪的相关规定。以下举出两例加以说明：

1. 妨害国境卫生检疫罪

1979年《刑法》第一百七十八条规定："违反国境卫生检疫规定，引起检疫传染病的传播，或者有引起检疫传染病传播严重危险的，处三年以下有期徒刑或拘役，可以并处或单处罚金。"修订后的《刑法》第三百三十二条保留了这一罪名和罪状，只是增加规定了一款单位犯罪，并把"可以并处罚金"的"可以"二字去掉了。因此，无论1979年《刑法》还是1997年《刑法》的规定里都包含了实害犯罪和危险犯罪两种情形。妨害国境卫生检疫罪的主观方面要求过失，因此是过失犯罪，并且本罪的成立并不要求实际危害后果的发生，可见妨害国境卫生检疫罪是过失危险犯罪[②]。

2. 破坏广播电视设施、公用电信设施罪

1979年《刑法》第一百一十一条规定："破坏广播电台、电报、电话或其他通讯设施，危害公共安全的，处七年以下有期徒刑或拘役；造成严重后果的，处七年以上有期徒刑。""过失犯前款罪的，处七年以下有期徒刑或拘役。"修订后的《刑法》第一百二十四条对本罪做了补充和完善，规定："破坏广播电视设施、公用电信设施，危害公共安全的，处三年以上七年以下有期徒刑；造成严重后果的，处七年以上有期徒刑。""过失犯前款罪的，处三年以上七年以下有期徒刑；情节较轻的，处三年以下有期徒刑或拘役。"这里的"过失犯前款罪的"是否包括尚未造成严重后果而只是危害公共安全的情形，如果包括，则可以认为此罪是实害犯和危险犯的结合。

综上所述，我国刑法并不排斥过失危险犯罪，而且从社会发展的需要

---

① 沈兰华：《论过失危险行为应当犯罪化》，载《天津市政法管理干部学院学报》，2005年第2期。

② 刘仁文：《过失危险犯研究》，载《法学研究》，1998年第3期。

来看，有必要确定过失危险犯罪构成理论，过失危险犯罪理论的确定，对完善刑事立法和保护科技发展有重要价值。

二、过失危险犯罪的犯罪构成

（一）过失危险犯罪的客体

关于过失危险犯罪侵犯的客体，有的学者认为“主要侵犯的是公共安全，有的也妨碍国家机关的正常活动”。关于过失危险犯罪的客体，笔者认为，所侵犯的客体只能是公共安全。理由是：过失危险犯罪从主观上来看，毕竟对犯罪结果持过失态度，主观恶性相对比较小；从客观结果来看，毕竟只是出现危险，还没有出现实际的危害[①]。因此，对这类犯罪应该严格限制，不可以随便扩大犯罪化的范围。域外的立法经验也证明，除非像严重威胁到公共安全这类重大的社会法益，一般不处罚过失危险犯罪。

将过失危险犯罪侵犯的客体限制在公共安全，但是我国刑法中将妨害传染病防治罪和妨害国境卫生检疫罪等过失危险犯罪规定在“妨害社会管理秩序罪”一章里，而没有规定在“危害公共安全罪”一章里，按照有的学者的观点，这两种犯罪侵犯的客体分别是“国家关于甲类传染病防治的管理制度”和“国家对国境卫生检疫的正常管理活动”。对此，笔者认为，首先，限定过失危险犯罪侵犯的客体是公共安全，是就这类犯罪的本质而言的，并不是意味着这类犯罪就一定要规定在“危害公共安全罪”一章中，正如经济犯罪不一定都要规定在“破坏社会主义市场经济秩序罪”一章里。其次，前面提到的两种犯罪规定在“妨害社会管理秩序罪”一章里，并不影响其本质特征是危害公共安全，这两种犯罪所属的节名是“危害公共卫生罪”，从这点可以看出，这两种犯罪表面上是有关管理制度和管理活动的犯罪，实质上侵害的则是不特定多数人的生命和健康，而不特定多数人的生命和健康当然属于公共安全的范畴[①]。正如有的学者分析妨害国境卫生检疫罪的客体时指出：“本罪侵犯的是复杂客体，即社会管理秩序和公共安

① 刘仁文：《过失危险犯研究》，载《法学研究》，1998 年第 3 期。

全，而后者是本罪侵犯的主要客体。因为违反了国境卫生检疫法规，已经引起了检疫传染病的传播或者有引起检疫传染病传播的危险，实际上危害的是不特定多数人的生命、健康安全。”从域外刑事立法来看，有些国家对相当于我国刑法中的妨害国境卫生检疫罪之类的犯罪都是规定在“公共危险罪”一章，这也可以作为此类犯罪侵犯的客体是公共安全的一个证明。

另外，公共安全是指不特定多数人的生命、健康和重大公私财产的安全，除此以外，特定多数人的生命、健康安全也应该属于公共安全，比如飞机、汽车等交通运输工具处于危险状态中，也是危害到公共安全的。因为虽然乘坐在汽车等公共交通工具里的人是特定的，但是也不能不认为危害到的是公共安全。

（二）过失危险犯罪的客观方面

任何一种犯罪或者一类犯罪的客观方面都包括行为、结果以及行为与结果之间的因果关系，危害状态的过失犯罪也不例外。过失危险犯罪的构成要求行为人有严重违反规章制度的行为，要求出现严重危险的结果，并要求行为人的违反规章的行为与危险结果之间有因果关系。如果行为人没有违反规章的行为，或者只有轻微的违反规章行为，则即使出现了严重危险结果，也不能以犯罪论处。如果行为人虽然有严重的违反规章行为，但是没有因此导致危险或者虽然导致危险但是不严重，也不能以犯罪论处。如果行为人既有严重违反规章行为，又出现了严重危险的结果，但是该严重的危险结果不是行为人的行为所致，也就是两者没有因果关系，仍然不能对行为人以犯罪论处。明确了过失危险犯罪的客观构成内容以外，还要注意以下几点：

1. 过失危险犯罪客观方面中的违反规章的行为应当包括不作为

例如，某道口的值班员由于在上班期间看小说看得入迷，致使在列车即将经过时忘了将栏杆放下，此时一辆公共汽车迎面驶来，如果以正常的速度行驶，肯定要发生撞车事件，但是刚好公共汽车的发动机出现了问题，在离路口很近的地方停车。就在这个时候列车飞驰而过，避免了一场车毁人亡的惨剧。该案件中值班员的行为就是不作为[①]。

① 刘仁文：《过失危险犯研究》，载《法学研究》，1998 年第 3 期。

很多的火灾隐患发生也是由于行为人没有尽到自己应该尽到的责任，由于不作为而产生可能发生火灾的危险。我国《刑法》第三百三十条规定的妨害传染病防治罪中列举的五种行为，其中有两项属于不作为，即第二项的“拒绝按照疾病预防控制机构提出的卫生要求，对传染病病原体污染的污水、污物、场所和物品进行消毒处理的”和第五项“拒绝执行县级以上人民政府、疾病预防控制机构依照传染病防治法提出的预防、控制措施的”。

2. 危险结果的确定

危险结果是过失危险犯罪的必要要件，如何正确地界定过失危险犯罪中的“危险”，是整个过失危险犯罪理论与实务中最关键的一个问题。究竟什么是“危险”，很多学者认为很难准确界定。有的学者认为，就过失危险犯罪中的“危险”而言，应是指这样的一个状态：由于行为人的违反规章行为导致多数人的生命、健康和重大公私财产安全遭到现实的、迫近的威胁，这种威胁如果不是由于第三者的及时介入或者其他意外的原因，就会合乎逻辑的发生严重的实害结果①。据此，可以看出过失危险犯罪中的“危险”有如下特征：

（1）过失危险犯罪中的危险是现实的、迫近的，而不是远离的甚至虚构的。例如，某单位违反消防管理法规，对破旧的照明设备不予更换，虽然这些陈旧的照明设备继续使用可能发生火灾，但是从目前的情况看，短期内还不至于出现危险，就不能说火灾危险是现实的、迫近的，而应该看成是比较远的。对于这种情况一般不能以刑法定罪处罚，而用行政法规处理。

（2）过失危险犯罪的危险是严重的，而不是一般的。所谓严重，主要是指威胁的法益重大，威胁的对象多个，一旦发生实际危害结果，就会对公共安全造成重大的侵害。比如甲类传染病、检疫传染病的传播危险属于严重危险，而其他传染病的传播威胁就属于一般危险。

（3）过失危险犯罪中的危险之所以没有发生实际危害结果，是因为第

① 沈兰华：《论过失危险行为应当犯罪化》，载《天津市政法管理干部学院学报》，2005年第2期。

三者的及时介入或者其他意外的原因。比如前面提到的道口值班员的例子中，如果没有公共汽车发动机突然出现问题这个意外，撞车的事情一定不会避免，因而这种情况已经达到了犯罪程度。再比如，某司机酒后驾车，被警察当场发现，但经查明，该司机虽然喝了酒，却还没有失去控制，还能保证行车的安全，这也就是说，如果没有警察发现他，他一直这样驾驶时，也不一定会出现交通肇事，此种情况就还不算是达到了过失危险犯罪中的危险程度[①]。

关于过失危险犯罪的客观构成方面，有的学者提出为了限制过失危险行为的犯罪化，要采用“具体危险构成和过失损害构成相结合”的立法方式，也就是只有对那些具有造成严重危害结果危险且已经造成了较轻危害结果的故意违法行为，才能规定为犯罪[②]。持这种观点的学者认为，例如驾驶人员违章酒后驾驶，结果由于控制不稳汽车而最后撞到路边树上，虽然车上人员、物品都没有受到损失，但是已经造成了较为轻微的后果，并且造成严重危害后果的实在可能性，因此才对这种行为按照犯罪处理。但也有的学者认为，用已经发生了一定的轻微后果作为限制过失危险犯罪范围的思路有一定道理，因为这种思路在一些情况下是有约束力的，但是如果作为一般性的规定，这些学者认为是不妥当的。就像前面的司机，因为酒后驾驶以达到了不能控制的程度，如果再结合其他因素考虑，确已经出现严重危险的现实性和迫切性，就可以定罪了，不一定非要等到较为轻微的危害后果才定罪。而且有的过失危险行为如核泄漏、严重传染病传播等，不发生结果就好，如果一旦发生后果就是严重的危害结果。

（三）过失危险犯罪的主体

有的学者认为，危险状态的过失犯罪一般是业务上的过失犯罪，它的主体就有特殊性，一般是国家工作人员、集体组织工作人员和其他依法或受委托从事公务的人员。当然也有的学者持不同意见，认为过失危险犯罪

---

① 刘仁文:《过失危险犯研究》，载《法学研究》，1998 年第 3 期。

② 刘守芬，申柳华:《重大责任事故罪过失危险犯探讨》，载《贵州警官职业学院学报》，2006 年第 2 期。

的主体是一般主体，这种观点是目前的通说[①]。

通说认为过失危险犯罪的主体分为两类：一是只有有关业务人员和职务人员才能构成的职业过失危险犯罪，在这里是特殊主体。二是任何人都可构成的普通过失危险犯罪，这里就要求是一般主体。前者比如很多国家规定的建筑危险罪，其主体就只能是建筑人员。后者像我国《刑法》第三百三十条规定的妨害传染病防治罪和第三百三十二条规定的妨害国境卫生检疫罪，这两种罪的主体就可以是任何人。如果人为地将一般主体排除在过失危险犯罪之外，是不符合刑法确立过失危险的立法宗旨，也不利于保护社会重要法益。

过失危险犯罪主体的另一个问题是法人是否可以构成过失危险犯罪。我国1979年《刑法》中未规定法人犯罪，但是修订后的1997年《刑法》在总则和分则中系统地规定了法人犯罪，名称上为单位犯罪。至于过失危险犯罪中是否包括单位，我国《刑法》第三百三十条和第三百三十二条妨害传染病防治罪和妨害国境卫生检疫罪都明确规定“单位犯前款规定的，对单位判处罚金，并对其直接负责的主管人员和其他直接责任人员，依照前款的规定处罚”。由此可见，法人是可以成为过失危险犯罪的主体的。当然，承认法人可以成为过失危险犯罪的主体，并不意味着每一个过失危险犯罪都要求法人成为主体，应当具体情况具体分析[①]。

（四）过失危险犯罪的主观方面

过失危险犯罪，其主观方面肯定是过失，但是过失是针对行为人对其行为所引起的严重危险结果而言的。对过失危险犯罪的主观方面，要从两个层次进行具体分析：

（1）行为人有违章的故意。如果行为人没有违章的故意，则不能处罚过失危险犯罪，只能处罚过失实害犯罪，因为有无违章的故意是衡量过失行为人主观恶性大小的一个重要因素，故意违章的主观恶性肯定比过失违章的恶性大，因而对危害结果要求就相对轻微。对过失危险犯罪设置这样一个前提条件，为的是把过失危险犯罪控制在必要的限度内，防止无限

① 刘仁文：《过失危险犯研究》，载《法学研究》，1998年第3期。

制地扩大过失危险犯罪的范围，同时也为了保证刑法介入社会面不致太宽。行为人有违章的故意中要求的“章”，是指各个领域里的行政法律法规，如《渡口守则》等。如果某个领域的管理规范不是很健全，导致行为人无法可依，就不会存在违章的故意，也就不可能构成过失危险犯罪。如果有相应的管理规范，只是因为某种注意义务符合一般的道德规范常识而没有必要规定到规范里的，在这种情况下，这种注意义务也应当看成“违法”。

此外，过失危险犯罪的主观要求有违章的故意，但是是否这种违章要达到一定的恶劣程度呢？有的学者认为，为限制过失危险行为犯罪化的范围，应当规定行为人违反安全法规行为本身应当达到一定恶劣程度。一般故意违章行为和轻微故意违章行为的主观恶性要小于严重违章行为的主观恶性，因此只对那些严重故意违章行为才考虑处罚[①]。

（2）行为人对于严重危险结果的出现是出于过失，包括疏忽大意的过失和过于自信的过失，即应当预见到自己的违章行为可能导致严重的危险状态的出现，但是因为疏忽大意没有预见，或者已经预见而轻信能够避免，以致出现这种危险状态的结果。如果行为人对行为造成的严重危险状态的出现是出于希望或者放任的态度，则构成故意危险犯罪，而不是过失危险犯罪；如果行为人对于危险状态的出现不存在任何形式的过失，完全是其意志以外的原因引起，则不构成犯罪，应当属于意外事件。

过失危险犯罪必须要求行为人有能力预见到发生危险的可能性，也就是说行为人有预见可能性。至于行为人对于危险状态的预见要达到一个什么样的程度，有的学者提出“不一定需要具体的预见，对危险的发生只要有模糊的不安感、畏惧感就足够了”的见解，但是因为“不安感、畏惧感”过于模糊，在司法实践中很难操作，所以很多学者反对该观点，如果适用这一理论容易导致扩大过失危险犯罪的处罚范围[①]。在预见可能性的

---

① 刘仁文:《过失危险犯研究》，载《法学研究》，1998 年第 3 期。

内容上，还是应当坚持具体危险结果的预见。

以上就是过失危险犯罪构成的客体、客观、主体和主观方面的特征，上述四个要件不是孤立的，而是有机地统一起来的。只有把这四个要件综合起来考虑，才能正确揭示过失危险行为的社会危害性和刑事可罚性，也才能克服纯粹结果责任或者行为责任理论的认知偏差。

小　结

总的来说，我国《刑法》规定，应当预见自己的行为可能发生危害社会的结果，因为疏忽大意而没有预见，或者已经预见而轻信能够避免，以致发生这种结果的，是过失犯罪。过失犯罪的形式：一是疏忽大意的过失，即行为人应当预见自己的行为可能发生危害社会的结果，因为疏忽大意而没有预见，以致发生这种结果的；二是过于自信的过失，即行为人预见了自己的行为可能发生危害社会的结果，轻信能够避免，实际上又未能避免，以致发生这种结果的。过失犯罪，法律有规定的才负刑事责任。

本章重点介绍了过失犯罪的构成以及过失犯罪中的注意义务理论和过失危险犯罪理论。随着文明的进步，人的行动会更加复杂化，与此相应，就更加需要为避免危险事故的发生而予以慎重的注意，过失犯罪的注意义务形态和过失危险犯罪的认定也就更加多样化。但是，笔者认为这两种理论现在仍有很强的现实意义和理论意义，但为了应对人的行动的复杂化，可以在裁判的阶段补充过失犯罪的注意义务和有关对过失危险犯罪的认定，只有这样才能更好地预防犯罪。

第二章 消防责任事故罪

我国对消防工作历来都十分重视。中华人民共和国成立以来，陆续颁布了一系列消防方面的法律法规、规范性文件，1997 年修订的《刑法》增设消防责任事故罪，对于加强消防管理，防止重大火灾事故的发生，保障公共安全，具有非常重要的意义。

第一节 消防责任事故罪的概念

消防责任事故罪的概念是对现实生活中发生的形形色色的消防责任事故犯罪的本质概括，它提示了消防责任事故罪区别于其他犯罪的本质特征，是区别消防责任事故罪与非罪，消防责任事故罪与其他犯罪的指导。《刑法》第一百三十九条规定："违反消防管理法规，经消防监督机构通知采取改正措施而拒绝执行，造成严重后果的，对直接责任人员，处三年以下有期徒刑或者拘役；后果特别严重的，处三年以上七年以下有期徒刑。"笔者根据此规定对消防责任事故罪的概念加以分析。

关于消防责任事故罪的概念，刑法理论界有比较一致的表述，认为"消防责任事故罪，是指违反消防管理法规，经消防监督机构通知采取改正措施而拒绝执行，造成严重后果的行为"。但是，也有个别学者在界定本罪时，认为"消防责任事故罪，是指违反消防管理法规，经消防监督机构通知采取改正措施而拒绝执行，造成严重后果，危害安全的行为"。

上述两种对消防责任事故罪概念的界限，都是依照刑法的有关规定做出的，都有法律依据，而第二种表述，不仅指出了消防责任事故罪是违反消防管理法规，经消防监督机构通知采取改正措施而拒绝执行，造成严重后果的行为，而且指出了消防责任事故罪是危害公共安全的行为，增加了“危害公共安全”这一因素。但是，仔细推敲起来，增加“危害公共安全”这一因素似乎没有必要。因为，一切违反消防管理法规，经消防监督机构通知采取改正措施而拒绝执行从而造成严重后果的行为，无一不危害到不特定多数人的人身、财产安全。危害公共安全是此类犯罪行为应有之义。因此，“危害公共安全”不能起到区分本罪与非罪，本罪与其他犯罪的作用，反而有失概念表述的简要性。有鉴于此，笔者认为，消防责任事故罪的概念可以表述为：违反消防管理法规，经消防管理机构通知采取改正措施而拒绝执行，造成严重后果的行为。

第二节　消防责任事故罪的构成特征

一、消防责任事故罪的客体

（一）消防责任事故罪侵犯的客体

消防责任事故罪侵犯的直接客体是消防安全。消防责任事故罪危害了公共安全这是没有异议的，但是，本罪侵犯的客体是什么？理论界则有不同看法，归纳起来，大体有如下几种看法：一是认为本罪侵犯的客体是国家的消防监督制度和公共安全；二是认为本罪侵犯的客体是公共安全；三是认为本罪侵犯的客体是消防安全；四是认为本罪侵犯的客体是公共安全和国家消防管理制度和不特定多数人的生命、健康和重大公私财产安全。其中，第一种观点是理论的通说。但笔者赞同上述第三种观点，理由如下：第一、二种观点认为本罪侵犯的客体是公共安全，这是准确的。本罪规定在刑法分则的第二章危害公共安全罪中，它当然侵犯了公共安全，但是，公共安全只能是本罪侵犯的同类客体，而不是本罪侵犯的直接客体。直接客体是指某一种犯罪所直接侵犯的某一具体的社会主义社会的社会关系，也就是我国刑法所保护的社会主义社会的社会关系的某个具体部分，而同类客体则是指某一类犯罪所共同侵犯的客体，也就是我国刑法所保护的社会主义社会的社会关系的某一部分。同类客体是以直接客体为基础归纳出来的，揭示了某一类犯罪所侵犯的直接客体的共性，同类客体是由各种具体社会关系组成。公共安全作为同类客体，也是由消防安全、交通安全、公共卫生安全、航空安全、工程安全、工矿企事业生产安全等组成，因此，泛泛地认为本罪侵犯的直接客体是公共安全就不够准确，直接客体应当是消防安全。这样界定有助于正确把握本罪的本质，能够准确揭示出本罪与其他危害公共安全罪的本质区别。至于第四种观点，公共安全中已经包括了不特定多数人的人身、财产安全，不必单独列出，并且，笔者在前面也已经提到，一切违反消防管理法规，经消防监督机构通知采取改正措施而拒绝执行从而造成严重后果的行为，无一不危害到不特定多数人的人身、财产安全。危害公共安全是此类犯罪行为体中应有之义。况且，公共安全也不适合做本罪的直接客体，至于具体理由，前已叙述，在此笔者不再赘述。

（二）消防安全的具体内容及其意义

火灾是严重威胁公共安全、危害国家和人民生命财产的经常性灾祸之一。每年发生的火灾事故，使大量国家财产和人民财产毁于一旦，造成不少人员伤亡，严重破坏了我国经济建设。因此，加强消防工作，提高消防管理的效率，就关系到能否杜绝火险隐患，保卫社会主义现代化建设的安定环境。

我国政府历来十分重视消防工作。早在1952年3月4日，周恩来总理就签署发布了《关于严防森林火灾的指示》，随后成立了以防火为任务的消防组织和警察队伍。1957年11月，全国人民代表大会通过了《消防监督条例》，把消防工作正式纳入法制轨道，为开展消防监督工作，奠定了法律基础。随着社会的发展，消防监督工作出现了许多新情况，遇到了许多新问题，《消防监督条例》规定的内容，已经不能适应形势的要求。为了加强消防监督管理工作，1984年5月11日，第六届全国人民代表大会第五次会议审议批准了《中华人民共和国消防条例》（以下简称《消防条例》)。《消防条例》取代了《消防监督条例》，是1998年《消防法》实施以前，我国当时最完善、最规范的一部消防基本法规。《消防条例》共七章三十二条，分别规定了总则、火灾预防、消防组织、火灾扑救、消防监督、奖励与惩罚、附则。总则明确规定了消防工作实行“预防为主，防消结合”的方针，强调消防工作的火灾预防和监督，防患于未然。为贯彻这一方针，《消防条例》从第四条到第十五条，根据不同部门和行业的具体情况，全面规定了它们在火灾预防中的责任和义务，比如，《消防条例》第八条规定，“新建的生产、储存和装卸易燃易爆化学物品的工厂、仓库和专用车站、码头，必须设在安全地点，并报经所在的市、县人民政府审批。对原有的严重影响消防安全的单位，其主管部门应当采取措施，加以解决”。第十一条规定，“人员集中的公共场所，必须保持安全出口、疏散通道的畅通无阻，建立并严格执行用火用电与易燃易爆物品的管理制度，加强检查和值班巡逻，确保安全”。第十四条规定，“机关、企业事业单位实行防火责任制度。城市的居民委员会和农村的村民委员会，有责任动员和组织居民做好防火工作”。为了加强消防工作，监督各部门、各单位的火灾预防情况，《消防条例》第二十五条规定，“县级以上公安机关设立消防监督机构，负责消防监督工作”。各级消防监督机构行使下列职权：①依法对各部门、各单位和居民住宅的消防工作进行监督检查。②进行消防宣传教育，监督有关单位消除火险隐患。③审查各部门、各单位制定的有关消防安全的办法和技术标准。④监督检查建设项目在设计和施工中执行有关建筑设计防火规范规定的情况，参加竣工验收。⑤监督检查城市建设中的公共消防设施的规划建设，督促城市建设和城市管理部门维护、改善城市公共消防设施等。同时，各级消防监督机构发现火灾隐患，应当及时通知有关单位或者个人采取措施，限期消除隐患。

1998年4月29日，第九届全国人民代表大会常务委员会第二次会议通过了《消防法》，之后分别于2008年10月28日、2019年4月23日对此法进行了修订，该法继续贯彻消防工作的“预防为主，防消结合”的方针，实行防火安全责任制，对各机关、团体、企业、事业单位火灾预防责任规定的更加具体详细，对城市总体规划，对生产、储存和装卸易燃易爆危险物品的工厂、仓库和专用车站、码头，对建筑工程、建筑构件和建筑材料的防火性能，对公共场所室内装修、装饰，对歌舞厅、影剧院、宾馆、饭店、商场、集贸市场等公共聚集的场所开业前的消防安全检查，对举办大型集会、焰火晚会、灯会等具有火灾危险性的群众性活动和消防产品的质量等，都从火灾预防方面做了规定。比如，《消防法》第十六条规定，“机关、团体、企业、事业单位应当履行下列消防安全职责：（一）落实消防安全责任制，制定本单位的消防安全制度、消防安全操作规程，制定灭火和应急疏散预案；（二）按照国家标准、行业标准配置消防设施、器材，设置消防安全标志，并定期组织检验、维修，确保完好有效；（三）对建筑消防设施每年至少进行一次全面检测，确保完好有效，检测记录应当完整准确，存档备查；（四）保障疏散通道、安全出口、消防车通道畅通，保证防火防烟分区、防火间距符合消防技术标准；（五）组织防火检查，及时消除火灾隐患；（六）组织进行有针对性的消防演练；（七）法律、法规规定的其他消防安全职责。单位的主要负责人是本单位的消防安全责任人”。再比如，《消防法》第十一条规定，“国务院住房和城乡建设主管部门规定的特殊建设工程，建设单位应当将消防设计文件报送住房和城乡建设主管部门审查，住房和城乡建设主管部门依法对审查的结果负责。前款规定以外的其他建设工程，建设单位申请领取施工许可证或者申请批准开工报告时应当提供满足施工需要的消防设计图纸及技术资料”。《消防法》在第六章法律责任中对各种违反消防法，不履行或者不正确履行消防责任的行为，规定了责令停止施工、停止使用或者停产停业，罚款、警告、拘留乃至追究刑事责任。

从 1957 年的《消防监督条例》到 1984 年的《消防条例》，再到 1998 年的《消防法》以及我国的《森林法》《草原法》《城市规划法》中的有关消防管理的规定，我国的消防管理法律逐步建立并不断发展。除了国家立法机关制定的法律外，国务院以及公安部等国家部委先后制定、颁布了一系列行政法规和部委规章。国务院制定、批准的有关消防管理或者涉及消防管理的行政法规有：《中华人民共和国民用核设施安全监督管理条例》《危险化学品安全管理条例》《中华人民共和国消防条例实施细则》（已废止）、《森林防火条例》《草原防火条例》等；公安部等国家部委制定的规章有：《消防监督程序规定》《仓库防火安全管理规定》《高层居民住宅楼防火管理规则》《易燃易爆化学物品消防安全监督管理办法》（已废止）、《集贸市场消防安全管理办法》（已废止）、《公共娱乐场所消防安全管理规定》《城市燃气安全管理规定》（已废止）、《高层建筑消防管理规则》《纺织行业消防安全管理规定》《造纸行业原料场消防安全管理规定》《船舶修理防火防爆安全管理规定》（已废止）、《烟草行业消防安全管理规定》《国家海洋局码头防火管理规定》《铁路消防管理办法》《运输船舶消防管理规定》（已废止）、《乡镇企业消防管理规定》《商业仓库消防安全管理办法》等。上述法律、行政法规、部委规章的有机结合，形成了比较完备的消防管理法律体系。

《消防法》规定，消防工作由国务院领导，由地方各级人民政府负责。国务院应急管理部门对全国的消防工作实施监督管理，县级以上地方各级人民政府应急管理部门对本行政区域内的消防工作实施监督管理，并由本级人民政府消防救援机构负责实施。消防救援机构在消防监督检查中发现火灾隐患的，应当通知有关单位或者个人立即采取措施消除隐患；不及时消除隐患可能严重威胁公共安全的，消防救援机构应当依照规定对危险部位或者场所采取临时查封措施。消防救援机构在消防监督检查中发现城乡消防安全布局、公共消防设施不符合消防安全要求，或者发现本地区存在影响公共安全的重大火灾隐患的，应当由应急管理部门书面报告本级人民政府。接到报告的人民政府应当及时核实情况，组织或者责成有关部门、单位采取措施，予以整改。但是，现实生活中，一些单位和个人片面地为了追求经济效益，安全意识不强，对消防监督机构的整改要求置之不理，拒绝执行，因而发生火灾，给人民的生命、财产造成重大损失，严重危害了消防安全。

例如，2016 年 1 月 24 日夜里，北京市某村村民自建房发生火灾，造成8人死亡、5人受伤，过火面积150平方米，直接财产损失25.3万元，起火原因为未燃尽的煤灰引燃垃圾桶内可燃物。出租人擅自改变合同约定，将库房用于住宿，形成违规的住宿与储存合用场所。村委会工作人员、属地公安派出所检查中发现该场所存在宿舍库房合用的安全隐患，提出整改要求并下发了“整改通知书”，但当事人拒不执行，最终导致已经发现并被明确指出的火灾隐患未能及时消除，直至火灾事故发生。起火房屋实际承租人王某因未执行消防监督机构对涉案房屋进行安全检查后提出的整改措施，犯消防责任事故罪，法院依法判处有期徒刑五年。起火房屋出租人梁某，因未执行消防监督机构对涉案房屋进行安全检查后提出的整改措施，犯消防责任事故罪，法院依法判处有期徒刑四年六个月。

二、消防责任事故罪的客观方面

消防责任事故罪的客观方面表现为违反消防管理法规，经消防监督机构通知采取改正措施而拒绝执行，从而造成严重后果的行为。本罪是不作为犯罪。对于本罪客观方面的论述，理论界一般有如下说明：①行为人必须有违反消防管理法规的行为。②行为人经消防监督机构通知采取改正措施而拒绝执行。③必须造成了严重后果的发生。④严重后果是由行为人拒绝执行消防监督机构的改正措施通知的行为引起的。以上四个方面是构成消防责任事故罪的必备因素。笔者认为，本罪是典型的不作为犯罪，上述说明方法难以全面、具体准确的揭示出本罪的本质特征，而且，上述第一个条件论述也不够准确（下文将对此进行分析）。笔者从不作为犯罪的构成条件的角度对本罪加以论述。

所谓不作为犯罪，是指行为人负有实施特定积极行为的义务并且有能力实施而故意或者过失不履行特定义务，造成或者可能造成严重后果，依法应受刑法处罚的行为。成立不作为犯罪必须具备下面几个条件：首先，行为人必须负有某种特定义务，这是成立不作为犯罪的前提条件，没有特定义务，也就没有不作为的行为形式。其次，行为人有能力履行特定义务，这是不作为犯罪成立的重要条件。若行为人没有履行特定义务的能力，也就不会存在不作为。再次，行为人不履行特定义务，这是不作为犯罪成立的根本条件。最后，在要求特定的危害后果作为犯罪成立条件的不作为犯罪中，特定的危害后果必须与不履行特定义务之间具有刑法上的因果关系。下面，笔者就利用不作为犯罪的上述理论对消防责任事故罪的客观方面加以分析。

根据消防管理法规的有关规定，行为人负责本单位的消防工作，消防监督机构在监督检查时，发现单位存在火灾隐患，并通知行为人采取改正措施，行为人具有采取措施履行消防监督机构通知的义务，而其拒绝执行，从而造成严重后果，构成犯罪。本罪惩罚的是行为人拒不改正消除火灾隐患的失职行为。

（一）特定的作为义务

成立不作为犯罪的前提条件是有特定义务。理论上一般认为，特定义务的来源有四种：①法律上明文规定的特定义务。这种义务由宪法、法律、行政法规等规定，并由刑法加以认可。如家庭成员之间有相互扶养的义务，并由刑法加以确认。②由于行为人的职务或者业务而产生的实施其职务或业务上规定的活动的义务。在我国，职务或者业务上要求的义务十分广泛，这类义务一般由有关的规章制度加以规定，并由刑法加以确认。③由于行为人实施的法律行为而引起的作为义务。④由于行为人先前实施的行为引起的特定义务。这类义务是指由于行为人的行为而使刑法所保护的社会关系处于危险状态时，行为人负有的采取有效措施排除危险或者防止结果发生的特定积极义务。那么，本罪的作为义务属于哪一种，它又具有什么特征呢？

笔者认为本罪的特定义务有两种情况：①在一般情况下属于上述第一种，即法律明文规定的作为义务，比如，1995年公安部颁布的《公共娱乐场所消防安全管理规定》第三条规定，公共娱乐场所的法定代表人或者主要负责人中确定一名本单位的消防安全负责人，对本单位的消防安全工作负责。这一规定将特定的防火义务直接赋予单位的法定代表人或者主要负责人，法定代表人或者主要负责人的特定积极作为义务直接由法律明文规定。这种情况比较多，1994 年公安部、国家工商行政管理局颁布的《集贸市场消防安全管理办法》（已废止）第六条规定，集贸市场的负责人为该市场的防火负责人；1992 年国家烟草专卖局、公安部颁布的《烟草行业消防安全管理规定》第五条规定，企业法定代表人是本单位（行业内企业、事业单位）防火安全工作的负责人，全面负责本单位的消防安全管理工作；1991 年交通部、公安部、中国船舶工业总公司发布的《船舶修理防火防爆管理规定》（已废止）第三条规定，船舶修理期间的消防安全工作，由厂、站方负责，厂、站主要领导为防火负责人等。②在法律没有明文规定的情况下，则由机关、企事业单位内部规章加以确定，这种情况的积极作为义务就属于第二种，即职务或者业务所要求的义务。因为，虽然消防法规定了机关、团体、企业、事业单位应当履行消防安全责任，比如，制定消防安全制度、消防安全操作规程；针对本单位的特点对职工进行消防宣传教育；组织防火检查，及时消除火灾隐患；保障疏散通道、安全出口畅通，并设置符合国家规定的消防安全疏散标志等。但是，根据消防法以及相关的行政法规并不能确定具体的消防安全负责人，消防安全负责人的确定仍然需要单位有关规章。根据《消防法》第十六条的规定，机关、团体、企业、事业单位应当落实消防安全责任制，制定本单位的消防安全制度、消防安全操作规程，制定灭火和应急疏散预案。单位的主要负责人是本单位的消防安全责任人。因此，行为人的特定义务不是由法律直接规定的，而是由单位职务或者业务上规定的，具体来说是由单位的消防安全方面的制度加以规定的。

那么，本罪的特定义务有何特点呢？根据《刑法》第一百三十九条的规定，本罪的特定义务具有以下几个特征：

1. 违反消防管理法规

违反消防管理法规是本罪作为义务产生的前提。这里说的“消防管理法规”是指有关消防管理方面的法律、行政法规以及部委规章等，其中的法律主要是指《消防条例》和《消防法》。值得一提的是，《消防法》于 1998 年 4 月 29 日通过并自 1998 年 9 月 1 日施行，之后又进行了两次修订。1984年5月11日第六届全国人民代表大会常务委员会第五次会议批准、1984年5月13日国务院公布的《中华人民共和国消防条例》于《消防法》施行之日废止。而现行《刑法》在1997年通过时,《消防法》还没制定，当时生效的消防管理方面的法律是《消防条例》。因此，笔者认为，在1998年9月1日《消防法》施行以前，这里所说的“消防管理法规”主要是指《消防条例》，但是，1998年9月1日以后，则是指《消防法》。为了加强火灾预防,《消防法》以及行政法规、部委规章做了预防火灾的诸多强制性规定，比如，根据《消防法》第十五条的规定，公众聚集场所在投入使用、营业前，建设单位或者使用单位应当向场所所在地的县级以上地方人民政府消防救援机构申请消防安全检查。消防救援机构应当自受理申请之日起十个工作日内，根据消防技术标准和管理规定，对该场所进行消防安全检查。未经消防安全检查或者经检查不符合消防安全要求的，不得投入使用、营业。为了贯彻上述精神，公安部单独或者与其他部委制定了大量的消防管理规章，对不同部门、行业的消防管理做了具体明确的规定。这种规定非常具体和繁杂，笔者不一一列举，仅举一例加以说明。根据《公共娱乐场所消防安全管理规定》的规定，公共娱乐场所宜设置在耐火等级不低于二级的建筑物内；已经核准设置在三级耐火等级建筑内的公共娱乐场所，应当符合特定的防火安全要求。公共娱乐场所的内部装修设计和施工，应当符合《建筑内部装修设计防火规范》GB 50222和有关建筑内部装饰装修防火管理的规定。公共娱乐场所的安全出口数目、疏散宽度和距离，应当符合国家有关建筑设计防火规范的规定。安全出口处不得设置门槛、台阶，疏散门应向外开启，不得采用卷帘门、转门、吊门和侧拉门，门口不得设置门帘、屏风等影响疏散的遮挡物。公共娱乐场所在营业时必须确保安全出口和疏散通道畅通无阻，严禁将安全出口上锁、阻塞等。行为人或者其所在的单位违反上述情形之一的，即违反了消防管理法规。上述违反消防管理法规的行为，或使单位存在火灾隐患，或在发生火灾后，难以逃生，严重危害消防安全。

值得说明的是，有的学者认为，必须是行为人“违反了消防管理法规”。笔者认为，这种看法不够全面。实践中，固然存在行为人违反消防管理法规的情况，但是，上述违反消防管理法规的行为大多数情况表现为单位的行为，单位违反消防管理法规仅是行政违法行为。应该看到，本罪惩罚的不是这种违反消防管理法规的行为，对于这种行为，采用的是责令限期改正、责令停止施工，或者停业停产、警告、罚款或者拘留等行政处罚，处罚有关单位及其直接负责的主管人员和其他直接责任人员。本罪惩罚的是行为人拒不执行消防监督机构改正通知的不作为的失职的行为。本罪是在行为人或行为人单位由行政违法行为的基础上，处理其不作为犯罪的行为。

2. 消防监督机构通知采取改正措施

消防监督机构通知采取改正措施是本罪作为义务产生的关键条件。根据《消防监督程序规定》（已废止），消防监督机构实施消防监督检查时，对发现的火灾隐患，应当按照有关要求填发“火险隐患整改通知书”，由当地消防监督机构负责人审核签发，视情况抄送被检查单位的上级主管部门和当地人民检察院、市场监督管理局和安全生产委员会。被通知单位的防火负责人或者公民，应当在规定的期限内采取有效措施，消除火灾隐患，并将整改的情况及时告诉消防监督机构。可见，行为人的作为义务产生于消防监督机构的“火险隐患整改通知书”。那么，如果没有消防监督机构的改正通知，能否产生作为义务呢？对此，有不同看法。比如，有的学者认为：如果行为人有违反消防管理法规的行为，但是没有接到过消防监督机构关于采取改正措施的通知，即使造成严重后果，也不宜以本罪论。笔者认为，这种看法是合理的。根据罪刑法定原则，如果没有消防监督机构的改正通知，就不存在本罪的特定的作为义务，这也是本罪作为义务的特殊性所在。如果发生火灾，作为本单位的消防安全负责人员，也有可能承担刑事责任，但是，并不构成本罪，可能构成重大责任事故罪或者玩忽职守罪，应根据具体情况认定，下文将对此做进一步的论述。

（二）行为人是否有能力履行消防监督机构改正通知中所规定的事项

法律并不强求行为人履行事实上根本无法履行的义务，因此，改正通知中所规定的事项能否履行，对于本罪的成立具有十分重要的意义。如果消防安全责任人因为生理原因，比如，重病住院，无法履行改正通知中规定的事项，虽然发生火灾，也不应当追究其责任。实践中，判断行为人是否有履行的能力，可以从以下几个方面进行：①无作为能力，如因昏迷、麻痹、抽搐或者手脚被绳索捆绑等。②生理缺陷，如喑哑、患病或者其他身体残障等。③空间限制，如由于距离过远，不具有实施作为能力的可能性。④欠缺救助所必要的能力、经验、知识或者工具[①]。

（三）行为人没有履行义务

行为人没有履行义务是本罪成立的核心内容，《刑法》第一百三十九条将此表述为“拒绝执行”。在司法实践中，“拒绝执行”表现形式多样，大体可以分为以下几种类型：

（1）行为人在消防监督机构发出“火险隐患整改通知书”要求采取改正措施后，对火险隐患不闻不问，视而不见，不采取任何措施。这种类型可以概括为“完全不执行”型。

（2）行为人在消防监督机构发出“火险隐患整改通知书”要求采取改正措施后，对“火灾隐患整改通知书”中的部分要求加以执行，另一部分则不执行，而火灾事故，正是由于没有执行另一部分的因素造成的。这种类型可以称为“不完全执行”型。有的单位，火险隐患不止一处，有时多达十几处甚至几十处。消防监督机构进行消防安全检查时，及时指出单位存在的多处火险隐患，并且要求行为人一一改正。行为人采取措施只对其中一部分火险隐患加以改正，而对另一部分火险隐患则没有采取措施消除。而火灾正是由这部分没有消除的火险隐患引起的，这种情况也应当追究行为人的刑事责任。

（3）行为人经消防监督机构通知采取改正措施后，也进行了整改，但

---

① 伊繁伟：《不纯正不作为犯的概念及构成要件辨析》，载《行政与法（吉林省行政学院学报）》，2006 年 S1 期。

其采取的措施不得力，并不足以消除火险隐患，火险隐患仍然存在，火灾造成的严重后果正是由于这种因素引起的，这种类型可以称为“不适当执行”型。

（4）行为人经消防监督机构通知采取改正措施后而拒绝执行，经消防监督机构多次催促反而抗拒执行，这是一种“抗拒执行”型。对于抗拒执行的，可以作为量刑情节在适用刑罚时加以考虑。

（5）行为人经消防监督机构通知采取改正措施后，本打算采取措施执行“火灾隐患整改通知书”消除火险隐患。但由于行为人耽搁时间，还没有采取有效措施就发生火灾，造成严重后果，这可以称为“不及时执行”型。这种类型从广义上看，属于第一种类型“完全不执行”型。但也有自己独特之处，即行为人本打算执行，其主观罪过程度较“完全不执行”型轻。

以上是“拒绝执行”的几种形式，不论是哪一种形式，都不影响定罪，但对量刑有一定的影响。一般地看，首先是“抗拒执行”社会危害性最大，其次是“完全不执行”，再次是“不及时执行”，最后是“不适当执行”“不完全执行”。

（四）行为人没有履行整改义务必须造成火灾严重后果，才能追究行为人的刑事责任

本罪以法定的严重危害后果作为成立条件。这就要求行为人拒绝执行“火险隐患整改通知书”与火灾造成的严重后果之间有因果关系，否则不能追究行为人的刑事责任。“拒绝执行”行为与火灾造成的严重后果之间是否存在因果关系应当具体分析。比如，在消防安全检查中，发现消防通道被杂物阻塞，要求行为人采取措施清除杂物，畅通消防通道，以免发生火灾后无法逃生。行为人对此置之不理，后单位发生火灾意外事件（火灾发生的原因不是因为违反消防管理法规的因素），由于消防疏散通道被杂物阻塞，致使屋内人员无法逃生，造成重大人员伤亡。这样，人员重大伤亡（结果）与拒绝清理疏散消防通道（不作为行为）之间就有因果关系，应当追究行为人的刑事责任。

相反，如果行为人拒绝执行“火险隐患整改通知书”的行为与火灾造成的严重后果之间没有因果关系，就不应当追究行为人的刑事责任。比如，经消防安全检查，发现行为人单位的电气设备石板开关的熔断器用铜丝做保险线，起不到保险作用，消防监督机构要求行为人将铜丝换成保险丝，但行为人拒绝执行。后来行为人单位发生火灾事故，怀疑是因为电源线短路着火，由于用铜线做保险线不能熔断，电源不能及时中断，引起火灾的，将行为人作为犯罪嫌疑人采取了必要的强制措施。后来调查发现，起火的原因并非电源线短路，而是单位职工抽烟乱扔烟头引起的火灾。行为人拒绝更换保险丝行为与火灾之间没有因果关系，因此不应追究行为人的刑事责任。

三、消防责任事故罪的主体

消防责任事故罪的犯罪主体是指具有防火责任的直接责任人员。关于本罪主体是一般主体还是特殊主体，理论上有不同认识。一种观点认为，本罪的主体是特殊主体，即在机关、团体、企业、事业等单位中，对消防工作负有直接责任的人员或者对消防监督机构采取改正措施的通知负有采取改正措施责任的人。实践中，主要是与防火责任有直接关系的单位主管领导以及专门的防火安全保卫人员和其他有关人员。另一种观点认为，本罪的主体是一般主体，即“凡是达到刑事责任年龄，具备刑事责任能力的自然人均可以成为本罪的犯罪主体，具体包括一般公民、单位负责人或者单位中负有防火责任的管理人员或者其他直接责任人员[①]”。笔者认为本罪的犯罪主体是特殊主体，理由如下：

刑法中形形色色的具体犯罪的主体，按其要求的要件来区分，不外乎两类：一类是达到刑事责任年龄、具备刑事责任能力的犯罪主体，这类犯罪主体就是一般主体；另一类犯罪主体不但要求行为人应当达到刑事责任年龄、具备刑事责任能力，而且必须具备法定的特殊身份，这类犯罪主体，即特殊主体。因此，认定某一犯罪是一般主体还是特殊主体，关键是

① 董红，康泽洲：《消防责任事故罪若干问题》，载《经济与法》，2003 年第 8 期。

看本罪成立时是否要求特定身份。那么，什么是身份呢？一般来讲，身份是指人的出生、地位和资格，是人在一定的社会关系中的地位，因而人人皆有其身份。但是，犯罪主体作为一种特殊身份有其独特的含义。按照刑法理论中的一般主张，犯罪主体的特殊身份是指刑法所规定的，影响行为人刑事责任的人身方面特殊的资格、地位或者状态。特殊身份的实质是它赋予了有此身份者特殊的权利和义务，这些权利的正确行使和这些义务的正确履行，是维护正常的社会关系和法律秩序所必需的。相反，如果具备这种身份的人不正确执行这种所赋予的职责，滥用权力或者权利，违背、不履行其义务，就必然危害社会、破坏法律秩序。针对特定身份者破坏特定的权利和义务关系，为了有效地维护社会秩序，国家的刑事立法就要强制这种特定身份者承担刑事法律上的否定评价以及作为其法律后果的刑事制裁；具备特定身份的行为人也应当承担这种刑事上的否定评价和刑事制裁。其实，特定身份与犯罪构成的主客观要件是密切相联并成为主客观要件赖以存在的基础条件。如果行为人不具备某种具体犯罪所要求的特定身份，则该犯罪的主客观要件便没有赖以建立的主体基础，行为人就不可能构成该种犯罪；只有行为人具备法定的特殊主体身份，才会具备特定的犯罪主客观要件，从而侵犯特定的客体，而构成特定的犯罪。就本罪的主体来讲，并非火灾事故单位的所有人员都构成消防责任事故罪，只有直接责任人员才构成犯罪。也就是说，成立本罪仅具备法定的刑事责任年龄和刑事责任能力还不够，行为人必须是消防安全责任人，即对本单位的消防安全负有责任，承担本单位消防安全方面的义务。根据《消防法》第十六条的规定，机关、团体、企业、事业单位应当落实防火安全责任制，单位的主要负责人是本单位的消防安全责任人。一旦单位中的有关人员被确定为消防安全责任人，他（他们）就具备了特殊身份，而这种特殊身份正是本罪客观方面赖以存在的基础条件，因为，只有具备这种身份的人才有义务执行消防监督机构的改正通知，其拒不履行的行为是构成本罪的客观方面的要件。因此，构成本罪的主体，这种特殊身份是必不可少的。正确认识本罪主体的特殊身份，对于确定刑事责任人员有着重要的意义。并对于区分本罪与其他犯罪，罪与非罪行为的界限，具有积极作用。

四、消防责任事故罪的主观方面

关于消防责任事故罪的主观方面，有三种不同的看法：第一种观点认为，本罪在主观方面表现为过失，即行为人应当预见自己违反消防管理法规，经消防监督机构通知采取改正措施而拒绝执行的行为可能导致危害社会的严重后果，但由于疏忽大意而没有预见或者已经预见而轻信能够避免，以致发生严重后果的心理状态。过失包括疏忽大意的过失和过于自信的过失。第二种观点认为，本罪在主观方面表现为故意，即行为人故意地不执行整改措施。但行为人对于由此造成的严重后果是过失的。第三种观点认为，本罪主观方面是过失，表现为过于自信过失，即已经预见不采取改正措施可能造成严重后果，但轻信能够避免，而拒绝执行的心理状态。本罪在主观方面排除疏忽大意的过失。笔者认为，第一种观点较为合理，原因如下：

首先，本罪在主观方面是过失而不是故意。故意和过失是两种不同的心理状态，两者反映的主观恶性差异很大，故意的主观恶性远远大于过失的主观恶性，因而，故意犯罪的刑事责任大于过失的刑事责任，这是刑法理论界的共识。在刑法理论界中，关于犯罪故意的内部结构有不同的看法，一种观点认为，犯罪故意是对结果的心理态度——结果说，这是我国学术界的通说，也是立法采纳的观点，即明知自己的行为会发生危害社会的结果，并且希望或者放任这种危害结果发生的心理状态。其基本特点在于，无论是认识的对象还是希望、放任的内容，都是危害社会的结果。另一种观点认为，犯罪故意是对行为的心理态度——行为说，其故意的内容是：明知自己的行为性质是危害社会或者违反法律而仍实行的心理态度。认为本罪在主观方面是故意，显然采用的是行为说。应当说，行为说有一定的道理。但是，从我国的立法上看，刑法总则采用的是结果说，行为说显然与立法理论不协调。利用行为说的观点来分析本罪的主观方面的特点，并由此得出本罪的主观方面是故意显然于法无据。

其次，划分故意和过失，其根本目的在于对不同形式的犯罪，令其负担不同的刑事责任。在将犯罪划分为故意和过失两大类时，以行为还是以结果为标准，就要看以何为划分标准能够更好地解决行为人的刑事责任问题。无论以对行为本身的故意作为犯罪的故意，还是以对结果的故意作为犯罪的故意，都要对行为有认识，但所认识的却是行为的不同性质[①]。以本罪为例，如果行为人是对结果的故意，那么他所认识到的行为性质就不是一般的不执行消防监督机构整改通知的行为，而是致使发生火灾对公共财产、国家和人民利益造成重大损失的严重危害行为。不履行消防监督机构整改通知和严重危害行为在性质上有重大差异，基于这种对行为性质的不同认识而实施行为，反映了行为人的主观恶性相去甚远，客观危害也极不相同。

再次，从本罪的法定刑来看，本罪的最高法定刑为七年有期徒刑。如果认为本罪为故意犯罪，那么，当行为人故意不执行消防监督机构的改正通知，并且希望或者放任火灾事故发生造成严重后果，这种行为是否也认定为本罪？如果认为上述行为构成消防责任事故罪，对其判处刑罚最高不能超过七年有期徒刑，上述行为的社会危害程度与放火罪相比，其差异显然不大，但是，放火罪的最高法定刑为死刑，两者法定刑显然有失均衡。

最后，从理论上讲，过失犯罪的主观方面包括疏忽大意的过失和过于自信的过失两种情况。就本罪来说，虽然可以说实践中绝大多数的消防责任事故罪由过于自信的过失构成，因为既然行为人经消防监督机构通知采取改正措施，一般情况下，行为人都会预见到不采取改正措施可能造成严重后果，行为人主观上有预见，但是他人的预见（消防监督机构工作人员的预见）是否就能完全替代行为人的预见呢？笔者认为是不能的。因为，如上文所述，本罪“拒绝执行”在实践中表现形式多样，其中“不适当执

---

① 李洁:《论滥用职权罪的罪过形式》，载《法学家》，1998年第4期。

行”型、“不完全执行”型、“不及时执行”型都可以表现为疏忽大意的过失。比如，行为人经消防监督机构通知采取改正措施后，进行了整改，没有认识到所采取的措施不足以消除火险隐患，以致发生火灾造成严重后果。行为人对于火灾造成的严重后果就没有预见，这种过失应属于疏忽大意的过失。

综上所述，本罪在主观方面只能是过失，一般表现为过于自信的过失，但不排除个别情况下疏忽大意的过失的存在。至于行为人对经消防监督机构通知采取改正措施而拒不执行的行为的心理态度而言，通常是出于故意，但也不排除过失的情况存在[①]。

本罪主观方面是过于自信的过失，即行为人经消防监督机构通知采取改正措施后，并且已经预见不采取改正措施可能造成火灾发生的严重后果，但轻信能够避免，而拒绝执行的心理状态，其具体内容可以分为以下两个方面：

1. 认识因素

从认识因素上看，行为人经消防监督机构通知采取改正措施后，并且已经预见不采取改正措施可能造成火灾发生的严重后果，但同时又轻信能够避免，火灾不会发生。

（1）消防监督机构在进行消防监督检查时，发现被检查的单位存在火险隐患，按照消防监督程序规定的有关要求，应当做出详细记录，由被检查单位防火负责人和消防监督员签字，一式两份，分别存档备查。对重大火险隐患，还应填写“火险隐患整改通知书”，并由当地相应机关负责人审核签发。行为人经过消防监督机构的提醒、教育乃至警告，必然预见到如果不采取改正措施可能造成火灾发生的严重后果。已经预见到上述情况是事实。

（2）行为人在预见到结果可能发生的同时，又凭借一定的主客观条件，相信自己能够防止结果的发生，但其凭借的主客观条件并不现实。实践中，行为人轻信能够避免主要表现为两种情况：一是行为人过高的估计

① 孟庆华，王瑛杰：《消防责任事故罪构成要件探讨》，载《武警学院学报》，2005 年第 6 期。

自己的能力，认为自己可以避免结果的发生。比如，行为人也采取了一定的防火措施，要求单位职工注意防火，但这些措施并非“火险隐患整改通知书”中要求的有效措施，以致采取的措施不力，最终发生了火灾。二是不当地估计了现实存在的客观情况和条件对避免危害结果的作用。比如，行为人虽然经消防监督机构提醒、教育，单位仍可能发生火灾，但是，行为人认为本单位的防火设施、消防管理等都很到位，发生火灾的可能性极小，消防监督机构的说法只不过言过其实，耸人听闻。

2. 意志因素

从意志因素上看，行为人不希望危害结果的发生，也不放任危害结果的发生，对危害结果的发生行为人常常表现出悔不当初。如果行为人对危害结果的发生持放任的心理态度，则不构成本罪。

消防安全责任人一般是单位的主要负责人，但是，为了加强火灾预防，单位规章或者有关消防规章进一步将防火责任分解到单位的其他工作人员，比如，根据《烟草行业消防安全管理规定》第九条的规定，“各单位应当制定下列人员消防职责：……（八）车间、库房、科（室）负责人防火管理职责；（九）班、组长防火安全职责；（十）特殊岗位工作人员防火安全职责”。当他们防火责任区出现火灾隐患并经消防监督机构通知采取改正措施，由于上述人员不是单位的决策人，而单位的决策人员又不同意整改，造成火灾严重后果。这种情况是否应当追究上述人员的刑事责任？笔者认为，问题的关键是确认此时上述人员是否具有履行整改通知的管理权限，如果上述人员不具有履行整改通知的管理权限，则不应追究他们的刑事责任，反之，则应当追究刑事责任。

从理论上分析，这一问题关系到刑法理论中的期待可能性。期待可能性源于1897年3月23日德意志莱比锡法院的一个著名判例——“癖马案”，基本情况是：被告是驭者，自1865年以来受雇驾驭双轮马车，其中一匹马素有以马尾绕并用力以尾压低缰绳的习癖，故称癖马，被告曾要求雇主更换这匹马，但雇主不仅不答应，反而以解雇相威胁。被告不得不驾驭该马。1867年7月19日，当被告驾车上街之际，该马癖性发作，将尾绕缰并用力下压，被告虽极力拉缰制御，但均无效，而马在狂奔疾驰中将某一行人撞倒，使其骨折。检察官以上述事实，对被告以过失伤害罪提起公诉。一审法院宣告被告无罪，检察官以判决不当为由，向德意志帝国法院提起控诉，但帝国法院审理后，认为控诉无理，维持原判。帝国法院维持原判的理由是：确定被告违反义务的过失责任，不能仅凭被告曾认识驾驭癖马可能伤及行人，而同时必须考虑能否期待被告不顾自己失去职业而拒绝驾驭癖马，此种期待，对于本案的被告来说事实上是不可能的。因此，本案被告不能承担过失伤害行人的责任。期待可能性，就其含义来说，是指在行为当时的具体情况，期待行为人做出合法行为的可能性。法律并不强制行为人做出绝对不可能做出的事情，当一个人不具有期待可能性时，也就不存在谴责的可能性。从本质上说，期待可能性关乎意志自由，行为人不具有期待可能性，也就不存在意志自由，主观上就没有罪过①。根据主客观相统一的追究行为人刑事责任的原则，行为人欠缺主观罪过，不应追究其刑事责任。

明确了消防责任事故罪的客体和客观方面、主体和主观方面，有利于我们正确认定消防责任事故罪。

例如，2016年7月13日至2017年7月31日，某市消防支队某大队共对某酒店进行6次执法检查，下达“行政处罚决定书”7份、“临时查封决定书”2份，累计罚款11万元。涉及缺少疏散指示标志、消防设施设置不符合标准、室内报警系统存在故障、消防设施未保持完好有效、喷淋头损坏、堵塞安全出口等多项问题，但经营人为追求经济利益，未经消防验收就擅自将酒店投入使用。2018年8月25日4时12分，该酒店发生火灾，造成20人死亡，22人受伤，过火面积约400平方米，直接财产损失261.2万元。该案中被告人李某滨在有关消防部门提出改正消防设施的意见后拒绝执行，最终导致火灾事件，造成了严重后果，构成消防责任事故罪。

① 陈兴良：《论主观恶性中的规范评价》，载《法学研究》，1991年第6期。

小 结

本章重点介绍了消防责任事故罪的概念和构成要件。新时代，人民幸福生活指数持续提高，但幸福生活的背后，消防安全愈发重要。消防事故多发，导致人身财产遭受重大损失，消防责任事故与消防安全隐患、违反消防法规的行为紧密相连，事故出现之后常伴随的是矛盾解决、追责和预防等一系列问题。另外，现代社区种类增多、公共服务场所消防管理难度加大，一旦发生消防事故，必将产生事故责任。因此，正确理解消防责任事故罪，对违反消防法规的行为以法律规制，具有极其重要的意义。

在消防事故司法实践过程中，消防管理机构除了需要及时了解事故发生的起因和损伤之外，还要充分地认识到消防责任事故罪的概念和构成要件。根据我国相关法律程序严格执行，按照我国《中华人民共和国刑事诉讼法》和《公安机关刑事案件程序规定》，消防责任事故罪需要根据立案、拘留、逮捕、侦查、预审等环节，与相关工作部门积极配合工作，严格执行法律规定。

第三章　失　火　罪

第一节　失火罪的概念

失火罪是与放火罪相对应的过失犯罪。我国刑法理论上，对于失火罪概念的表述几乎没有什么不同的观点，尽管在表述上有些出入。关于失火罪的概念主要以下几种观点：①失火罪是由于行为人的过失引起火灾，危害公共安全，致人重伤、死亡或者使公私财产遭受重大损失的行为。②失火罪是指由于过失行为引起火灾，致人重伤、死亡或者使公私财产遭受重大损失，危害公共安全的行为。③失火罪是指由于行为人的过失行为引起火灾，造成严重后果，危害公共安全的行为。④失火罪是指由于行为人的过失引起火灾，危害公共安全，造成严重后果的行为。⑤失火罪是指由于行为人的过失引起火灾，造成严重后果，危害公共安全的行为。从上述几种概念的表述来看，它们并没有什么实质性的区别。因而，笔者认为，所谓失火罪就是指因过失引起火灾，危害公共安全，致人重伤、死亡或者使公私财产遭受重大损失的行为。

失火罪是危害公共安全的过失犯罪中比较突出的罪刑之一，在我国社会实践中，由于过失行为引起火灾造成的人员伤亡和财产损失，数量之多、数额之大，与我国社会生产日益现代化以及国民生活质量的日益提高的发展速度，呈现出正比例关系。但是，由于多方面的原因，现阶段在行政管理层面，特别是基层管理层面，防止火灾发生的法律意识较为薄弱，导致国民在生活以及从事生产、经营活动中对火灾的防范意识也相对薄弱，成为一个时期以来火灾频繁发生的重要原因。

对放火、决水等行为造成严重后果的处罚和过失犯罪作为单独条款规定，最早见于1957年6月28日的刑法草案第22稿，以前的历次刑法草案都没有专门规定。刑法草案第22稿对放火、决水行为的规定比较烦琐，第一百二十四条、第一百二十五条规定了失火罪。基于第22稿的规定过于烦琐，1963年刑法草案第33稿，对于第22稿中放火、决水行为进行了删除、合并，第一百一十三条规定了放火、决水罪造成严重后果的处罚以及失火、过失决水的处罚规定，这是刑法制定过程中第一次将放火、决水罪造成严重后果的处罚和失火罪、过失决水罪规定在同一个条文中。1979年《刑法》的制定基本上参照了第33稿。1997年《刑法》对1979年《刑法》规定的失火罪没有做出变更。

多数国家的刑法只规定了单一的失火罪，而在日本刑法中，对失火罪的规定比较详尽，《日本刑法》第116条规定："由于失火，烧损了第108条所规定的物或者系他人所有的第109条规定的物的人，处五十万日元以下的罚金。由于失火，烧损了第109条规定的物、系自己所有的或者第110条规定的物，由此使产生了公共危险的人，亦同。"《日本刑法》第117条规定："第116条的行为是由于懈怠了业务上必要的注意义务（业务上失火罪），或者由于重大的过失时（重过失失火罪），处三年以下的禁锢或者一百五十万日元以下的罚金。"总体来说，其立法的规定包括使爆裂物爆炸罪、业务上失火罪、重过失失火罪等，正是因为其使爆裂物爆炸罪、业务上失火罪、重过失失火罪等与失火罪是属种关系，其失火罪的罪名涉及的范围很显然并没有局限。换言之，只要是因为过失而引起火灾发生的，都可能成立包括在失火罪罪名之中。这一点与我国刑法规定是不完全相同的，在我国刑法中，对于特别领域中的责任事故包括引发火灾构成犯罪的一般都有具体的规定，从立法精神上说，笔者认为这种特别规定的责任事故犯罪不包括《刑法》第一百一十五条第二款规定的失火罪。

如何正确地认定失火罪，困难并不在于是否因为过失行为引起火灾发生以及是否造成危害公共安全的严重后果，而在于如何理解我国刑法规定失火罪的立法精神，准确地确定失火罪发生的领域，正确地处罚失火犯罪行为。之所以提出这样的问题，就在于在社会实践活动中，众多的事故都可以表现为因过失而引起火灾，造成重大损失，危害公共安全。在日本刑法理论上，基本上达成共识是“由于不正确使用火”而烧毁建筑物或者其他物品，发生对公众的生命、财产危险。笔者认为，我国刑法中的失火罪的立法精神在于：处罚在日常生活中以及与违反特别的业务活动必须遵守的注意义务无关，不注意用火安全而引起火灾，危害公共安全的情况。所以，对日常生活中以及与违反特别的业务活动必须遵守的注意义务无关的过失造成火灾，危害公共安全的，不能以失火罪论处。因此，只要法律另有规定的，就应当以相应的犯罪论处，不构成失火罪。

第二节　失火罪的构成特征

一、失火罪的客体

失火罪侵犯的客体是公共安全，即不特定多数人的生命、健康和重大公私财产的安全，这是毫无疑义的。这也是失火罪区别于其他刑事犯罪的显著特征。失火罪侵犯的对象既可以是人，也可以是公私财产，还可以是两者兼而有之。不过，从物理学的角度来看，由于火必须依附于一定的物品（财物）才可能燃烧，所以，由于失火而只单纯侵害到不特定多数人的人身是比较罕见的。因而，其对象主要是不特定或特定数量比较大的公私财产。从司法实践中处理的案件来看，其侵犯的对象也主要是不特定的公私财产，如失火导致烧毁山林、烧毁房屋财物、烧毁工厂仓库等。

二、失火罪的客观方面

失火罪客观方面主要表现为行为引起火灾发生，并且已经造成致人重伤、死亡或者公私财产重大损失的严重后果，危害公共安全。如仅有失火行为，没有造成严重后果的，不构成犯罪。

从我国刑法的规定来看，失火罪客观方面应当具备以下基本的条件：

1. 行为人必须有失火行为

行为人用火不当，引起公私财产燃烧。如果火灾不是由于行为人的过失行为引起的，而是由于自燃原因引起的，就不构成失火罪[①]。

例如，某宿舍发生火灾，起火原因为某人使用蜡烛不慎倒地引燃宿舍衣物、书籍，造成3人死亡，过火面积100平方米，直接财产损失10万元。该行为就是因用火不当而引发火灾。这也是失火罪与过失决水罪、过失爆炸罪、过失投毒罪的区别所在。

再如，辽宁省沈阳市某国际大厦内用户因燃放烟花爆竹引发火灾，造成该大厦A、B座部分区域过火，直接财产损失9 384万元。该商户的行为就是违反了高层建筑不能燃放烟花的常识，属于不该用火而使用的用火不当，引发火灾，主观上存在过失。

总而言之，所谓行为引起火灾发生，必须是行为人在日常生活中，或者在特定的领域内违反与所从事的特定职务、业务活动应当遵守的特定注意义务无关的注意义务，因而引起火灾发生。

2. 失火行为必须实际危害到公共安全

失火行为具有危害不特定多数人的生命、健康或者重大财产安全的属性。

例如，孙某在去邻村看电影的路上，将吸剩下的烟头随手扔在田头一堆稻草上，引燃并将该堆稻草烧毁，损失价值100元。失火行为引起的火灾烧毁的只是一堆价值并不大的稻草，没有危害到不特定多数人的人身或者重大公私财产的安全，不构成失火罪。再如，某宾馆用自己改装的电烤火炉引燃了覆盖在炉上用作烤火保暖的棉质被套，造成了10人死亡，4人受伤，过火面积150平方米，直接财产损失60.4万元。该行为就危害了不特定多数人的人身及重大财产的安全，因而对其应以失火罪论处。

总之，只有引起火灾发生的行为，没有造成人员伤亡或者重大公私财产的损失，或者损失并非重大的，均非危害公共安全犯罪的失火行为，不

---

① 赵群力：《消防刑事案件的立案审查》，载《武警学院学报》，2001年第5期。

应当以失火罪论处。此外，失火行为除了以作为的形式表现出来以外，还可以以不作为的形式表现出来。德国刑法理论认为，行为人由于故意放火行为而燃烧放火目的物以外之物，而不通知消防队灭火，任其烧毁的，属于不作为的失火行为，在这种情况下，行为人的行为构成放火罪与失火罪。

3. 引起火灾发生的行为与造成严重后果之间必须具有刑法意义上的因果关系

所谓具有刑法意义上的因果关系，是指违反利用、使用火的注意义务，必须是造成严重后果发生的直接原因。这是行为人承担刑事责任的客观基础。

例如，2010年4月24日，重庆某公司气焊操作人员胡某、陈某在重庆市某数码广场裙楼进行电焊操作，切割建筑西面北端外墙的广告牌时，违章焊割作业，掉落的高温焊渣引燃二层平台上的可燃物，造成裙楼一至六层过火，导致发生火灾，烧毁计算机、手机、数码设备及配件、耗材等电子产品，过火面积约1.5万平方米，直接财产损失9 800万元。

如果行为人引起火灾发生的行为与造成的严重后果之间不具有刑法意义上的因果关系，或者行为人的行为只是引起火灾发生的条件之一，不能追究行为人的刑事责任。

例如，某工厂保管员王某，违反规章制度，在当班期间吸烟，之后发生火灾，虽奋力扑救，但仍造成该仓库被烧大半，损失惨重。经鉴定，火灾系仓库电线老化引起的，与该保管员的吸烟行为无关。行为人的吸烟行为与火灾没有因果关系，缺乏负刑事责任的客观基础。因而对王某不能以失火罪论处。

再如，江西某建材市场未经消防机构审核、验收和开业前消防安全检查擅自投入使用，未按照国家技术规范要求设置防火分区。市场经营者重经济效益，轻安全，以属特困企业没有资金为由，既未制订火灾隐患整改方案，也未对市场进行整体消防设计。由于市场内的室外消火栓布局不合理，未沿主要道路设置，火灾现场周边水源缺乏，可利用的消火栓水压较低，一旦火灾发生将会迅速蔓延，并影响火灾扑救。2006年1月7日，无业人员李某趁管理疏漏空隙，进入经营储存场所，并用点燃报纸取暖，引发火灾，受灾经营户7户，直接财产损失291.9万元。在该案中，李某点燃报纸的行为虽然主观上不构成火灾的故意，但是该行为是具有直接原因力的行为，具有刑法意义上的因果关系。因此，应当构成失火罪。

理论上也有学者认为，失火罪的客观方面的条件包括：①行为人必须有失火行为；②失火行为必须危害公共安全；③必须造成严重后果；④失火行为与严重后果之间必须有刑法意义上的因果关系。笔者认为，作为失火罪而言，严重后果既是构成犯罪的必需条件，同时也是危害公共安全的具体内容，因此，将“严重后果”与“危害公共安全”分别作为两个不同的条件来理解，是不够确切的。因为，在失火罪中，既不存在属于“危害公共安全”而没有发生“严重后果”的需要区别罪与非罪的问题，也不存在因失火造成“严重后果”而不“危害公共安全”的情况，因此，将“危害公共安全”与“严重后果”并列作为失火罪客观方面的条件是不当的。

三、失火罪的主体

失火罪的主体是一般主体，即凡是达到了刑事责任年龄、具备刑事责任能力，由于自己的过失行为引起火灾，危害公共安全，造成严重后果的自然人，均可成为失火罪的犯罪主体。

四、失火罪的主观方面

失火罪在主观方面表现为过失，即行为人应当预见自己的行为可能引起火灾，由于疏忽大意而没有预见，或者虽然已经预见，但行为人轻信能够避免，结果却发生了严重火灾。这里的过失，是针对造成致人重伤、死亡或者公私财产重大损失的严重后果而言，非指行为是有意还是无意，在司法实践中，也存在对行为本身违反注意义务的“明知故犯”的情形。

行为人对于火灾的发生，在主观心理上既不是希望也不是放任态度，而是在过失心理状态下引起火灾发生。行为人对于违反注意义务而引起的违法结果既可以是由于疏忽大意的过失，即行为人应当预见自己的行为违反注意义务，可能引起火灾，或者，虽然对违反注意义务已经意识到，但是因为疏忽大意而未预见火灾可能发生；也可以是由于过于自信的过失，即行为人已经预见到自己的违反注意义务行为可能引起火灾发生，由于轻信能够避免，以致发生火灾。所以，这里的“疏忽大意”“轻信能够避免”，是指行为人对于火灾发生的心理态度，并不是指对于导致火灾发生的行为的心理态度，同时也不是指行为人的行为是有意还是无意实施的态度。至于行为人违反注意义务，从实践中来看，有的案件行为人对于违反相关的注意义务是“明知故犯”的心理态度，例如，故意违反禁火的规定，在林区生火做饭、取暖等。但是，这里的“明知故犯”不能认定为故意犯罪的心理态度，因为即使行为人主观上对于注意义务的违反是明知故犯的，但是对于发生火灾的结果而言，仍然不是希望或者放任其发生的。总而言之，行为人主观上有过失，是其负刑事责任的主观基础，认定行为人主观有无过失，尤其是对严重危害后果应当不应当预见，即是否存在疏忽大意的过失，是与意外事件相区别的关键所在。根据行为人的具体情况综合分析，如果行为人对火灾的严重后果根本不可能预见，属于意外事件；如果对火灾的严重后果应当预见而未预见，则属于失火罪，是疏忽大意的过失。

例如，2005 年 3 月 6 日，某村村民黄某为给正在生病的丈夫祈福消灾，在某公司东面围墙外烧冥钱，燃烧的冥钱越墙进入了该公司院内，引发了火灾，烧毁制塑机械、原材料、塑料制品等主要设备和物品，过火面积 1 536 平方米，直接财产损失 52.8 万元。黄某虽然既没有主观的引起火灾的希望，也没有放任火灾的发生，但是对于应注意但未注意有众多可燃物的“公司东面围墙外”这一因素，她的客观点火行为与财产损失这一危害结果之间存在因果联系，因此已涉嫌失火罪。

（一）失火罪与消防责任事故罪的区别

失火罪与消防责任事故罪都是与火灾有关的犯罪，而且两种犯罪同属于危害公共安全犯罪中的犯罪。两种犯罪侵犯的客体都是公共安全，在主观方面都表现为对失火事故引起的严重后果的过失心理态度，都以造成法定的严重后果作为犯罪成立的条件。因此，在司法认定中两种犯罪有时比较容易混淆，尤其是由多数人的责任引起的火灾事故，其中什么情况下应当认定为失火罪，什么情况下应当认定为消防责任事故罪，并不简单，这直接关系到行为人的刑事责任的轻重问题。但两种犯罪在理论上的区别是比较明显的，其主要区别是：

1. 主体不同

失火罪的主体为一般主体，根据《刑法》第十七条和第一百一十五条的规定，只要年满 16 周岁具备刑事责任能力的人都可以成为本罪的主体。消防责任事故罪的主体是特殊主体，是负有执行消防监督机构发出的“火险隐患整改通知书”消除火险隐患义务的人，在消防管理法规中这类人员称为消防责任人员。消防责任人员以外的单位其他人员不能成为本罪主体。关于消防责任人员的范围前文已有论述，此处不再赘述。

2. 行为表现形式不同

失火罪通常表现为以作为方式实施的，即行为人在日常生活中与生产活动中用火不慎，引起火灾，造成严重后果。消防责任事故罪只能以不作为方式实施，即行为人在存在火险隐患的情况下，经消防监督机构消防安全检查，发现火险隐患并向行为人发出“火险隐患整改通知书”，要求行为人采取有效措施消除火险隐患，但行为人拒绝执行，造成严重后果。在司法实践中，失火罪也有可能以不作为方式实施，但两种犯罪的作为义务来源不同。失火罪的作为义务来源于行为人的先行行为，由行为人的先行行为产生特定的消除火灾隐患的义务。例如，行为人在禁止抽烟的森林里抽烟，并将烟头扔在草地上，有可能引起森林大火，行为人由于疏忽大意没有将烟头熄灭就走开了，后引起附近草丛大火。在上述情况下，行为人将还有火星的烟头扔到草丛中，有可能引起大火，他此时负有采取措施消除森林大火隐患的义务。行为人不履行这种由其先行行为引起的作为义务，从而造成火灾构成犯罪的，应定为失火罪。而消防责任事故罪的作为义务来源于有关消防管理法规、单位内部关于防火责任的规定。不同的义务来源是两种犯罪相区别的重要标志之一。

3. 引起严重后果的原因不同

引起严重后果的原因不同是指行为（包括作为与不作为两种）与严重后果之间的因果关系表现形式不同。失火罪的严重危害后果是由行为人在日常生活、生产中用火不慎引起的。而消防责任事故罪的严重危害后果是由于违反消防管理法规，拒绝执行消防监督机构发出的“火险隐患整改通知书”引起的，表现为消极不阻止火灾发生。前者是从正面引起火灾，后者是从反面不阻止火灾。

（二）共同过失犯罪

在司法实践中，尤其应当注意火灾中的共同过失犯罪。在一场火灾事故中，往往是由于上述两种不同原因相互作用而引发火灾，形成共同过失犯罪。在追究行为人的刑事责任时，应当按照共同过失犯罪的有关规定，区别不同情况，分别定罪。

所谓共同过失犯罪，是指两人以上由各自的过失心理共同造成某种危害社会的结果的情况。共同过失是否可以构成共同犯罪，这个问题在理论上争论已久，迄今尚未彻底解决，各国立法采用不同做法。例如《意大利刑法》第一百一十三条（过失犯罪之共犯）规定，数人协力通过过失犯罪时，各种以规定之规，这一立法承认共同过失，可以构成共同犯罪，也就意味着共同过失的整体性，适用共同责任原则。我国刑法不承认共同过失可以构成共同犯罪，这意味着共同过失的独立性，适用个人责任原则。我国《刑法》第二十五条第二款规定，“二人以上共同过失罪，不以共同犯罪论处；应当负刑事责任的，按照他们所犯的罪分别处罚。”

为了准确认定火灾事故中共同过失行为人的责任，有必要对共同过失的法律特征加以说明。共同过失不同于共同故意，每个行为人之间不具有主观联系，个人的心理态度没有连为一体。共同过失具有以下特征：

1. 每个行为人在主观上都有过失，这是成立共同过失的前提

对于失火罪的行为人来说，表现为应当预见自己的行为可能会发生危害社会的结果，因为疏忽大意而没有预见，或者已经预见而轻信能够避免，以致发生这种结果的心理态度。而对于消防责任事故罪的行为人而

言，表现为已经预见到自己不执行消防监督机构的整改通知，可能会发生危害社会的结果，但轻信能够避免以致发生这种结果的心理态度。如前文所述，消防责任事故罪中不存在疏忽大意的过失的情况。

2. 每个行为人的过失行为相互作用共同造成一个危害结果，这是成立共同过失的根据

共同过失犯罪只有在共同的危害结果基础上才能形成。共同过失的每个过失行为应当共同造成一个最终的危害结果，而且，每个过失行为都和这一最终的危害结果具有因果关系[①]。对于火灾事故而言，这一最终危害结果就是火灾造成的各种严重后果。如果某人的过失行为与最终危害结果之间没有因果关系，不为共同过失。需要说明的是，行为人的过失行为既可以表现为共同作为形式，也可以表现为一部分人作为，另一部分人不作为，还可以表现为共同不作为形式。不论是何种形式，只要各行为与危害结果之间具有因果关系即可。在火灾事故中，一般表现为失火罪的行为人以作为方式，消防责任事故可以不作为方式共同造成火灾这一严重后果，但是，也不排除两罪的行为都以不作为方式共同造成火灾严重后果的情况。

共同过失的责任原则是独立原则，每个人只能对自己的行为负责，而不对其他人的行为负责。这意味着共同过失的每个行为人只对共同造成的危害结果负部分责任，并不对整个危害结果负完全责任[①]。这是共同过失的责任不同于共同故意的根本所在。这也是处理火灾事故中各行为人刑事责任要特别注意的。我们结合有关案例来对此问题加以进一步论述。

例如，2009年1月31日，福建省某酒吧发生火灾，造成15人死亡、22人受伤，烧毁电视机、音像设备、灯光设备、装修装饰物等物品，直接财产损失近11万元。此次火灾的直接原因是酒吧顾客李某，违法在室内燃放C类烟花，引燃了顶棚聚氨酯泡沫。除这一原因外，该某酒吧经营者郑某未取得法定许可，违法经营娱乐场所，并且违反国家有关消防法律法规、技术规范标准，大量使用聚氨酯泡沫等易燃材料进行装修，对自

① 姜伟:《共同过失与共同混合罪过》，载《法学评论》，1994年第3期。

然排烟窗户进行隔声封闭，导致火灾发生后产生大量有毒浓烟气体无法排出，短时间内充满整个空间。同时，郑某未落实安全生产经营单位主体责任，安全管理混乱，对顾客违法在室内燃放烟花的行为，不仅没有有效制止，还在经营中赠送烟花给顾客燃放。

上述案例中，火灾引起的重大严重后果是多种因素共同作用的结果。他们都应对自己的行为负责，对于顾客李某应当按照失火罪定罪处罚，对于酒吧的其他防火直接责任人员应当追究刑事责任。消防责任事故罪是1997年《刑法》规定的新罪，和一个人过失造成火灾的刑事责任相比，每个人应对危害结果负部分责任，比单纯的个人过失的全部责任要轻一些。在确定个别行为人的刑事责任大小时，除了应当按照个别行为人的行为分别定罪从而决定刑罚外，还应当考虑不同行为人的过失程度以及过失行为人对危害结果的作用，分清每个行为人的责任大小。

小 结

随着社会经济的快速发展，作为过失犯罪的失火罪具备了其生存、发展和壮大的“社会空间”。然而，失火罪在立法、司法上仍有待完善，理论上还有待深入。

失火罪属于危害公共安全犯罪，其主要侵害的是社会法益。然而，目前我国失火罪对于社会法益的侵害在法律上没有一个固定的判断标准，这也直接导致了失火罪在司法认定中的混乱以及在刑罚适用上的错位。因此，失火罪的认定以及刑罚适用就成为失火罪研究的当务之急。本章通过对失火罪的概念以及犯罪构成进行一定程度的解读；对失火罪在此罪与彼罪上进行适当的界定，其中重点分析了失火罪与重大责任事故罪的区别，并辅以案例加以说明，进一步加强失火罪在理论与实践上的契合，从而使失火罪立法更加适应社会发展的需要。

第四章　过失爆炸罪

第一节　过失爆炸罪的概念

过失爆炸罪，是指行为人出于过失引起爆炸，危害公共安全，造成人重伤、死亡或者重大公私财产损失等严重后果的行为。

1979 年以前的刑法草案中并没有规定过失爆炸罪，1979 年《刑法》针对现实生活中不断发生的过失爆炸事件，严重危害到公共安全这一情况，在《刑法》第一百零六条第二款中规定了过失爆炸罪。1997 年《刑法》修订时，没有修正过失爆炸罪，沿用了 1979 年《刑法》中的规定。

第二节　过失爆炸罪的构成特征

一、过失爆炸罪的客体

过失爆炸罪侵犯的客体是公共安全，即不特定多数人的生命、健康、重大公私财产的安全。过失爆炸罪的对象既可以是人，也可以是物，往往是两者兼而有之。

过失爆炸罪的客体特征是其与过失杀人、过失伤害等犯罪区别的关键所在。

例如，被告人杨某（某铁路机务段工人）与李某（某铁路桥梁区工人）酒后闲逛。9 点左右，两人回家路过铁路车站时，发现站内停一列货车，其中有一节油罐车。杨某问李某说：“我们搞点油好不好？”李某表示赞成。两人先后爬上油罐车顶部。李某把油罐盖打开，闻了闻说："是汽油。"当时由于天黑看不清里面到底有多少油，杨某从衣袋内掏出火柴，想用火柴照明看看究竟有多少油。他刚点着火柴，即引燃了油罐内汽油挥发的气体，致使油罐车爆炸，李某当场被炸死，杨某被炸出 17 米，身受重伤，油罐车报废，直接损失 5 万多元。被告人杨某出于偷油的目的，过失引起油罐车爆炸，致使国家财产损失重大，其行为已经构成过失爆炸罪。本案中杨某虽然目的不是危害公共安全，但是行为危害到了公共安全，致使公共财产遭受重大损失，因此构成过失爆炸罪。

二、过失爆炸罪的客观方面

过失爆炸罪在客观方面表现为过失引起爆炸，危害公共安全，造成致人重伤、死亡或者使公私财产遭受重大损失的严重后果的行为。

司法实践中，过失爆炸行为的具体表现形式多种多样，但其共同特点都是由于行为人在日常生活中不注意安全引起的。如在易燃易爆物品仓库中乱扔烟头，引起爆炸等。从行为方式看，过失爆炸行为，既可以是作为，也可以是不作为。以不作为方式完成的，过失爆炸罪，行为人必须负有特定的义务。

构成过失爆炸罪，行为人的行为在客观方面必须同时具备以下几个要件：

（1）行为人实施了过失引起爆炸的行为。如果爆炸不是由于行为人的过失行为引起的，而是由于自然原因或者其他不能预见、不可抗拒的原因引起的，则不成立过失爆炸罪。

例如，绍某是某市农机修造厂电焊工，一日马某在本厂废铁堆内找到一枚旧炮弹头，便拿到车间。经过初步探测，炮弹内的弹药已经失效，于是领导同意绍某用气焊切割弹头，但是意外的情况出现，弹头内竟然仍然含有未失效的炸药，受高温引起爆炸，将在场的工人王某炸死，马某和绍某本人被炸成重伤。本案中，绍某虽然客观上实施了引起弹头爆炸的行为，但是爆炸结果是不能预见、不能抗拒的原因引起的，而不是行为人的过失造成，因此不构成过失爆炸罪。

（2）过失引起爆炸的行为必须危害公共安全，即危害不特定多数人的生命、健康或者重大公私财产的安全。

（3）爆炸行为必须已经造成不特定多数人的生命、健康或者重大公私财产损失的后果，即由于行为引发的爆炸，已经造成人员的伤亡或者重大财产损失，实际发生了危害公共安全后果。也就是说，只有引起爆炸发生的行为，没有造成人员的伤亡、重大财产的损失，或者损失并非重大的，均非危害公共安全犯罪的过失爆炸行为，不应该以过失爆炸罪定罪处罚。可见后果严重是构成过失爆炸罪的重要标志。

（4）过失引起爆炸的行为与严重后果之间必须具有刑法意义上的因果关系。所谓具有刑法意义上的因果关系，指违反应当履行的注意义务，必须是造成严重后果发生的直接原因。这点是行为人承担刑事责任的客观基础。也就是说，过失爆炸罪要求致人重伤、死亡或者使公私财产遭受重大损失的严重后果必须是由于行为人的过失爆炸行为引起的。如果两者之间不具有刑法意义上的因果关系，或者行为人的行为只是引起爆炸发生的条件之一，不能追究行为人的刑事责任。

三、过失爆炸罪的主体

过失爆炸罪的主体为一般主体，即凡是达到法定刑事责任年龄、具备刑事责任能力的，实施了过失引起爆炸行为的自然人均可成为过失爆炸罪的犯罪主体。

四、过失爆炸罪的主观方面

过失爆炸罪在主观方面表现为过失，既可以是过于自信的过失，行为人对其引起爆炸的行为可能造成危害公共安全的严重后果已经预见，但轻信能够避免；也可以是疏忽大意的过失，即行为人应当预见其爆炸行为可能造成危害公共安全的严重后果，由于疏忽大意而未预见，以致发生了危害公共安全的严重结果。这一特征是行为人负刑事责任的主观基础。

过失爆炸罪的过失，是针对致人重伤、死亡或者公私财产重大损失的严重后果而言的，非指行为是有意还是无意，行为人的行为是故意还是过失所在不问。在司法实践中，很多行为人对行为本身违反了注意义务“明知故犯”的情形。过失爆炸罪中要求的过失包括疏忽大意的过失和过于自信的过失，这两者是指行为人对于发生爆炸的心理态度，并不是指行为人对行为所抱的态度是故意还是过失，很多过失爆炸罪的行为人对行为的注意义务是明知故犯的，但是不能因为明知故犯就认为过失爆炸罪是故意犯罪，因为即使行为人主观上对于注意义务的违反是明知故犯的，但是对于发生爆炸的结果而言，主观上不是希望发生的，而是疏忽大意或者过于自信。

另外，有的爆炸行为虽然在客观上造成了危害公共安全的严重后果，但行为人对该结果并未预见，而且根据案件具体情况也不可能预见，则属于意外事件，行为人不负刑事责任。

第三节　过失爆炸罪的认定

一、过失爆炸罪和失火罪

在很多实际案例中，爆炸罪的结果往往会引起火灾的发生，也有的失火行为往往可能引发爆炸，有的情况甚至非常严重，对于这种情况，应当认定过失爆炸罪还是失火罪？失火罪和过失爆炸罪的主体都是一般主体，都是侵犯公共安全的犯罪，而且实际上都造成了危害多数人生命、健康或者公私财产重大损失的严重后果，两者的主观上都是过失。过失爆炸罪和失火罪唯一的区别是客观行为方面的区别，过失爆炸罪的行为是以爆炸行为为主，而失火罪往往表现为只有着火的行为。因此笔者认为，过失爆炸罪和失火罪主要应当从严重后果的发生是由爆炸造成还是火灾造成的方面来考虑。如果是爆炸引起的，应当以过失爆炸罪论处，而不宜以失火罪认定。反之，如果是小规模的爆炸引起的火灾，则应当以失火罪论处。

二、过失爆炸罪与爆炸罪的界限

过失爆炸罪与爆炸罪都是以爆炸行为危害公共安全的犯罪。两者的区别在于：首先，主观方面不同。过失爆炸罪是出于过失，而爆炸罪是由故意构成，这点是过失爆炸罪和爆炸罪的首要区别。其次，客观方面不同。过失爆炸行为只有造成致人重伤、死亡或者公私财产遭受重大损失的严重后果，才构成犯罪；爆炸罪只要故意实施爆炸行为足以危害公共安全，无论是否造成严重后果，均可定罪。再次，主体要件的责任年龄不同，爆炸罪行为人年满 14 周岁就可以负刑事责任，过失爆炸罪行为人年满 16 周岁才能负刑事责任。最后，犯罪形态不同。爆炸罪是危险犯，有既遂、未遂之分；过失爆炸罪是结果犯，必须要发生严重后果才能定罪量刑，所以不可能出现未遂形态。

爆炸罪和过失爆炸罪由于分属故意犯罪和过失犯罪两个不同领域，一般在认定上不会出现问题。但是间接故意心理态度下实施的爆炸罪和出于过于自信而实施的过失爆炸行为在认定上有一定困难。区别的关键是行为人主观上对可能发生爆炸结果的心理态度，如果行为人明知自己的行为会发生爆炸，而放任其爆炸，就应当定爆炸罪。反之，已经预见到可能发生而轻信能够避免以至发生爆炸后果，就应当定过失爆炸罪。在具体认定的时候，主要是看行为人对其行为发生重大危害后果的认识程度以及是否有足以避免严重后果发生的客观条件存在。

此外，如果由于过失而引起爆炸后果的危险本来能够及时补救或者消除，但故意不实施应当实施的行为，放任爆炸后果的发生，就应当构成爆炸罪，而不是过失爆炸罪。即属于由于先行行为引起危险发生，而负有必须履行的特定义务，有能力和条件履行而不履行的情况，主观上应当属于间接故意。区分的关键在于行为人是否具备避免严重后果发生的主观与客观条件，以及行为人对于已经存在的有利条件是否顾及，还有是否利用已经具备的有利条件为避免严重后果发生做出过努力。如果行为人没有，那么就构成故意犯罪，就是爆炸罪，反之是过失爆炸罪。

三、过失爆炸罪与过失致人重伤或致人死亡罪的界限

过失爆炸罪和过失致人重伤或致人死亡罪都是过失犯罪，而且在造成人员伤亡的情况下客观危害后果也是一样的。主要区别在于：一是侵犯的客体和对象不同。过失爆炸罪侵犯的客体是公共安全，即不特定多数人的生命、健康和重大公私财产的安全，其侵犯的对象具有不确定性；过失致人重伤或致人死亡罪侵犯的客体是公民的生命、健康权利，侵犯的对象是特定的人身。二是客观方面表现不同。过失爆炸罪既可以表现为致人重伤或死亡，也可以表现为使公私财产遭受重大损失，过失致人重伤或致人死亡罪虽然也造成他人重伤、死亡的结果，但不危害公共安全。如果过失爆炸的行为只引起特定人的伤亡，而不危害公共安全的，则应以过失致人重伤或致人死亡罪论处。

例如，矿工甲邀请他的同事帮忙倾倒自家家用的液化气钢瓶残液，二人将钢瓶抬到一个小山丘上，开始反转钢瓶，当甲见到残液流出的不是很多，就拿起一个石块，敲打钢瓶，不料引起爆炸，当场将同事炸死，自己也受了重伤。该案件中，矿工甲过失引起爆炸的行为并不危及公共安全，因而只能构成过失致人死亡罪，而不是过失爆炸罪。

四、过失爆炸罪和重大责任事故罪的界限

过失爆炸罪主要是指在日常生活中不注意爆炸物品、易燃易爆物品的使用而引起的爆炸，危害公共安全的行为。重大责任事故罪是指工厂、矿山、林场、建筑企业或者其他企业、事业单位的职工，由于不服管理、违反规章制度，或者强令工人违章冒险作业，因而发生重大伤亡事故或者造成其他严重后果的犯罪。

在司法实践中，重大责任事故罪也可以是在生产、经营活动中利用、使用爆炸物品或者易燃易爆设施，而过失爆炸造成严重后果的行为。一般来说，过失爆炸罪主要是发生在日常生活中，由于违反有关安全使用的注意义务，过失造成爆炸后果的行为。因此，区别过失爆炸罪和重大责任事故罪的关键，应当要考察行为人是否具有法律所要求的特定的职业身份和

特定的职业地位。由于过失爆炸罪的犯罪主体要求年满16周岁的自然人即可，没有特定职业身份和地位的要求，所以，如果行为人不具有法律要求的特定职业身份、职业地位，一般情况下实施的爆炸行为，造成重大后果的就定过失爆炸罪。如果行为人具有上述法律规定的特定的职业身份和职业地位，则应当按照具体情况分析：

（1）要分析行为人违反的注意义务是否属于有关安全生产、作业的规章制度规定的注意义务。如果行为人违反的注意义务，非法律规定在该特定生产领域的注意义务，与规章、制度无关，则一般仍然构成过失爆炸罪，相反则构成重大责任事故罪。

（2）要考察行为人在特定生产、生活领域内违反注意义务的行为，与从事的该生产、作业活动有无直接的关系。如果行为人虽然身处法律规定的特定生产领域，但是，违反注意义务的行为与该特定的生产、作业活动没有直接关系，则应当构成过失爆炸罪，反之则构成重大责任事故罪。

五、过失爆炸罪和危险物品肇事罪的界限

危险物品肇事罪是指违反爆炸性、易燃性、放射性、毒害性、腐蚀性物品的管理规定，在生产、储存、运输、使用中，由于过失发生重大事故，造成严重后果的行为。过失爆炸罪和危险物品肇事罪都是引起火灾的主要原因，两者在主观上和客观造成的严重后果上相同，但从构成要件上说，两种犯罪的主要区别是：

首先，两者的主体不完全相同。过失爆炸罪的主体是一般主体，对于主体的身份、职业没有特别的限制。而危险物品肇事罪的主体，主要是从事生产、保管、运输和使用危险物品的职工，但是在特殊的生活领域，其他人也可以构成危险物品肇事罪。

其次，两种犯罪的行为对象不完全一样。过失爆炸罪的行为对象，法律没有特殊的限制，可以是因过失行为引起的任何爆炸物品的爆炸，而危险物品肇事罪的对象，必须是法律规定的特殊危险物品。

最后，两种犯罪的客观方面有区别。过失爆炸罪的行为发生在日常生

活中，违反生活的一般的注意义务，必须发生的是爆炸的后果；而危险物品肇事罪在客观方面，必须是违反关于法律规定的有关生产、保管、储存和运输危险物品的规定，而且，发生的后果也不限于爆炸后果，可以是危害到公共安全的任何危害后果。

根据上述分析，如果行为人不是在从事法律规定的特殊危险物品的生产、保管、运输和使用，或者不是在特殊的生活领域内发生爆炸的，应当以过失爆炸罪定罪处罚。

小 结

《刑法》第一百一十五条规定，放火、决水、爆炸以及投放毒害性、放射性、传染病病原体等物质或者以其他危险方法致人重伤、死亡或者使公私财产遭受重大损失的，处十年以上有期徒刑、无期徒刑或者死刑。过失犯前款罪的，处三年以上七年以下有期徒刑；情节较轻的，处三年以下有期徒刑或者拘役。该条中明确规定了过失爆炸罪，总的来说，过失爆炸罪是指行为人出于过失引起爆炸，危害公共安全，造成严重后果的行为。本章重点讲了过失爆炸罪的构成要件以及如何认定过失爆炸罪。对于过失爆炸罪的构成特点，笔者从客体、客观方面、主体、主观方面四个方面入手突出表现出过失爆炸罪的特点，而且在客观方面具体写了行为人的行为在客观方面必须同时具备的几个要件，这能使读者更加深入了解本罪的构成特征。对于如何认定爆炸罪，笔者重点介绍了本罪与其相关罪名的界限，指出了本罪与失火罪、爆炸罪、过失致人重伤或致人死亡罪、重大责任事故罪、危险物品肇事罪的区别，这对于司法实践具有重要的现实意义，而且在对如何认定过失爆炸罪的论述中，笔者还列举了一些典型的案例使读者能更好地认识到过失爆炸罪与其他犯罪的区别。

第五章　危险物品肇事罪

第一节　危险物品肇事罪的概念

危险物品肇事罪是指违反爆炸性、易燃性、放射性、毒害性、腐蚀性物品的管理规定，在生产、储存、运输、使用中，由于过失发生重大事故，造成严重后果的行为。

现代社会的发展越来越需要多种资源的使用，其中有大量的危险物品。有机合成材料和放射性物质的出现，使人类在生产、科研活动中可能遭遇的危险变得复杂。除了机械伤害以外，还会遇到电力、高速、化学物质、燃烧、毒害、腐蚀性、放射性的危险威胁等。这种危险不再是以往那种单一的、能感觉到的明显因素，而是与生产过程、科研活动的正常运行、平稳操作、平衡条件紧密相关，与装备水平、工艺技术水平、作业人员的职业素质和教育水平紧密相关的一种潜在的综合因素。一次危险物品的事故，可能会使几十年的基地和实验系统毁于一旦，甚至会造成人员伤亡，后果不堪设想[①]。因此，我国政府历来都是非常重视对危险物品的管理，颁布了一系列的危险物品生产、储存、运输、使用的行政法律和法规。

同时，我国刑事立法也非常重视对危险物品犯罪的规定。早在1957年刑法草案第22稿中就规定，违反邮政法规、交通运输法规，蒙混寄运或者秘密携带有爆炸性、易燃性、侵蚀性的物品构成犯罪，当时将其规定在妨碍管理秩序罪一章中。后来，考虑到危险物品本身的高度危险性，如

① 崔克清：《安全本质的再认识与当代安全问题》，载《化工进展》，1994年第3期。

果发生事故，后果极为严重，危害的不仅仅是社会管理秩序，更主要的是社会的公共安全。1963年刑法草案第33稿对其修订，将之归为危害公共安全罪一章中，其中规定，违反邮政法规、交通运输法规，蒙混寄运或者秘密携带有爆炸性、易燃性、毒害性、腐蚀性的物品，造成严重后果的，处七年以下有期徒刑或者拘役。1979年《刑法》在此基础上做了较大修改，规定：违反爆炸性、易燃性、放射性、毒害性、腐蚀性物品的管理规定，在生产、储蓄、运输、使用中发生重大事故，严重后果的，处三年以下有期徒刑或者拘役；后果特别严重的，处三年以上七年以下有期徒刑。这一规定扩大了本罪的适用范围，增加了客观方面的表现方式和危险物品的种类，同时也增设了量刑档次，使之更为科学完善，基本上囊括了司法实务中有关上述危险物品管理的犯罪情形，符合我国与此类犯罪分子作斗争的实际需要。因此，在1997年修改《刑法》时，保留了该条规定，未做任何修改。

第二节　危险物品肇事罪的构成特征

一、危险物品肇事罪的客体

本罪侵犯的客体是公共安全，即不特定多数人的生命、健康和重大公私财产的安全。本罪的犯罪对象是特定的，即能够引起重大事故的发生，致人重伤、死亡或使公私财产遭受重大损失的危险物品，它包括：①爆炸性物品，是指受到火源、摩擦、撞击、振动等影响后，会在瞬间发生爆炸的物品，如雷管、导火线、导爆管、非电导爆系统等各种起爆器材，雷汞、雷银、三硝基间苯二酚铅等各种起爆药，硝基化合物类炸药、硝基胺类炸药、硝酸类炸药、高能混合炸药、爆破剂等各类炸药，以及烟火剂、民用信号弹、烟花爆竹等。②易燃性物品，主要是指化学易燃物品，如汽油、酒精、液化气、煤气、氢气、胶片以及其他易燃液体、易燃固体、自燃物品等。③放射性物品，是指通过原子核裂变时放出的射线，人接受大量的放射物质，会引起放射性损伤，甚至死亡的物质，如镭、铀、钴等放射性化学元素。④毒害性物品，是指只要小剂量进入人体后就能对人体的生理功能造成暂时或永久性损害，甚至死亡的物质，如甲胺磷、磷化铝、砒霜、五氯酚、氯化钾、氰化钠、氧化乐果、敌敌畏、敌百虫等。⑤腐蚀性物品，是指对人体、物质等有腐蚀性作用的物质，如硫酸、盐酸、硝酸等。

爆炸物、易燃性、放射性、毒害性、腐蚀性物品都具有双重属性。一方面，它们可以造福人类，事实上其中的很大一部分已用于国防建设、经济建设和人民的日常生活，如爆炸性物品广泛用于筑路、采矿、军工事业；易燃性物品多用于交通和能源方面，放射性物品可用于发电和医疗卫生事业；毒害性物品广泛用于农业、林业杀虫，腐蚀性物品是重要的化工原料。而且，随着社会主义现代化建设事业的发展，上述危险物品的使用范围将更加广阔，用途也将更加多样。但是，另一方面，由于上述危险物品本身所固有的危险属性，如在生产、储存、运输、使用中稍有不慎，便极为容易发生重大事故，损害不特定多数人的生命、健康和重大公私财产的安全。因此，本条规定，对于违反危害物品的管理规定，在生产、储存、运输、使用中发生重大事故，造成严重后果的行为，应依法追究刑事责任。

危险物品肇事罪的客体是公共安全，这点是本罪与过失致人死亡、过失伤害罪等侵犯人身权利犯罪区别的关键所在。行为人在生产、制造、储存和运输爆炸物及易燃性、放射性、毒害性、腐蚀性物品时，由于过失造成了损害他人人身安全的后果，是按照过失致人重伤、死亡罪定罪，还是按照危险物品肇事罪定罪，关键就在于要看行为人的行为是针对某个个人，还是危害到了公共安全，也就是说要看行为人的行为侵害的客体，如果仅仅危害到某个特定对象的人身安全，并且造成了重伤或死亡的后果，那就应该定过失致人重伤、死亡罪；如果行为人的行为不仅危害到个人的人身安全，还危害到了公共安全，那就要定为危险物品肇事罪。

二、危险物品肇事罪的客观方面

危险物品肇事罪在客观方面表现为在生产、储存、运输和使用危险物品的过程中，违反危险物品管理规定，发生重大事故，造成严重后果的行为。

1. 行为人必须有违反危险物品管理规定的行为

违反危险物品管理规定，是造成事故的原因，也是构成本罪的前提条件。由于危险物品本身所固有的高度危险性，在生产、储存、运输和使用过程中，一旦使用、管理不当，就可能发生重大事故，造成严重后果，危害公共安全。违反危险物品管理规定，是指违反作为保障危险物品的生产、运输、储存和使用安全的各种规章制度规定的注意义务。管理规定，既包括违反国家颁布的各种与危险物品安全生产、运输、储存和使用有关的法律、法规的规定，也包括企业、事业单位或者有关上级管理机关制定的危险物品生产、运输、储存和使用的安全规章制度。

为了保障安全生产、储存、运输和使用上述危险物品，国家有关部门陆续颁发了一系列有关危险物品的管理规定，如《民用爆炸物品管理条例》《危险化学品安全管理条例》《放射性同位素与射线装置放射防护条例》《中华人民共和国核材料管理条例》《中华人民共和国民用核设施安全监督管理条例》《医疗用毒性药品管理办法》《农药安全使用规定》《危险货物运输规则》《关于搬运危险性物品的几项办法》（已废止）和《关于加强烟花爆竹企业安全生产管理的紧急通知》等。上述危险物品管理规定，就危险物品的范围、种类以及其生产、储存、运输和使用的具体管理办法等都做了明确而具体的规定。在确定行为人是否具有违反危险物品管理规定的行为这一客观特征时，必须严格依照有关危险物品的管理规定，才能做出正确的认定。违反危险物品管理规定，就有可能构成本罪，这是构成本罪的前提条件。如果行为人没有违反危险物品管理规定，即使发生重大事故，造成严重后果，也不构成本罪。

2. 违反危险物品管理规定的行为必须是发生在生产、储存、运输和

使用上述危险物品的过程中

生产危险物品，是指从事危险物品的生产，如制造雷管、炸药等；储存危险物品，是指从事危险物品的保管放置工作；运输危险物品，是指从事把危险物品由甲地运往乙地的运输搬送工作；使用危险物品，是指将危险物品用于实际的生产与生活中，如使用敌敌畏杀虫等。

虽然违反危险物品管理规定在不同过程中的表现形式是多种多样的，但主要有以下具体情形：在生产方面，表现为不按规定要求设置相应的通风、防火、防爆、防毒、监测、报警、防潮、避雷、防静电、隔离操作等安全设施，如厂房、生产设备不符合防火、防爆规定而擅自生产爆炸易燃物品；在储存方面，表现为不按规定设人管理，不设置相应的防爆、泄压、防火、防雷、灭火、防晒、调温、消除静电、防护围堤等安全设施，如不依性能分类等安全规定存放货物；在运输方面，表现为违反有关规定将客货混装，不按规定分运、分卸，不限速行驶，货物的容器和包装不符合安全规定，不按规定选送押运员或押运员擅离职守；在使用方面，表现为不按规定的剂量、范围、方法使用或者不采取必要的防护措施等。行为人只有在生产、储存、运输和使用危险物品的过程中违反危险物品的管理规定，才能构成本罪。如果行为人在其他场合发生与危险物品有关的重大事故，则不构成本罪。

危险物品肇事罪的构成必须是行为发生在危险物品的生产、储存、运输和使用过程中，即与危险物品的生产、储存、运输和使用有直接关系。如果事故的发生与生产、储存、运输和使用危险物品没有关系的，不构成本罪。所谓“必须发生在生产、储存、运输和使用过程中”，是指事故必须发生在该时间段内，如果是在生产、储存、运输和使用结束之后违反的规章制度，那就是与生产、储存、运输和使用危险物品无关的行为，自然也就谈不上构成本罪；“与生产、储存、运输和使用有直接联系”，是指必须是因为生产、储存、运输和使用危险物品的需要而实施的行为，如果超出生产、储存、运输和使用的需要而实施的违反规章制度的行为，则与构成本罪无关。上述两点必须同时具有才符合“违反规章制度的行为必须发生在生产、储存、运输和使用过程中，与生产、储存、运输和使用有直接联系”的条件要求，两者之中有一点不符合，均不能构成危险物品肇事罪。

此外，在认定危险物品肇事罪中的“生产、储存、运输、使用”概念时，笔者认为还应该注意澄清以下几个问题：

（1）危险品肇事罪中的“生产、储存、运输、使用”活动时仅限于合法进行的，还是同时也包括非法进行的生产、储存、运输、使用活动？对于这个问题，我国刑法并没有明确的规定。但是，从我国有关危险物品管理的法律、法规规定中可以看出，这些规定是具有普遍适用性的，任何人只要是从事危险物品的生产、储存、运输、使用，都应该遵守这些规定，而不管他们从事的这些活动是法律、法规允许的，还是法律、法规禁止的[①]。而且从违反危险物品的管理规定而进行的生产、储存、运输、使用活动对社会公共安全的危害程度，并不因为是合法活动还是违法活动而有所不同。因此，不管危险物品的生产、储存、运输、使用活动是否是依法进行的，对发生了重大事故，造成严重后果的情况一律按照危险物品肇事罪追究责任。

但是，根据我国刑法的规定，非法从事某种危险物品的生产、储存、运输活动可能会构成刑法规定的某些特定的犯罪，如非法制造、买卖、运输、邮寄、储存枪支、弹药、爆炸物，危害公共安全的，应构成非法制造、运输、邮寄、储存枪支、弹药、爆炸物罪；非法制造、买卖、运输、储存毒害性、放射性、传染病病原体等物质，危害公共安全的，应当构成非法制造、买卖、运输、储存危险物质罪；非法携带枪支、弹药、管制刀具、危险物品，进入公共场所或者公共交通工具，危及公共安全，情节严重的，应构成非法携带枪支、弹药、管制刀具、危险物品危及公共安全罪；非法携带爆炸物参加集会、游行、示威的，应构成非法携带爆炸物参加集会、游行、示威罪；但是，同时上述行为人在非法生产、储存、运输

① 刘志伟：《危险物品肇事罪若干疑难问题新探》，载《山东公安专科学校学报》，2001年第2期。

弹药、爆炸物等危险物品进行活动时，如果由于违反了有关危险物品的管理规定，发生了重大事故，造成了严重后果，那就又会构成危险物品肇事罪。那么，对于行为人是按照一罪处罚还是数罪并罚，如果按照一罪处罚，那么应该定什么罪呢？笔者认为，前一类犯罪，刑法惩罚的是违反国家有关禁止从事某种危险物品的生产、储存、运输活动本身，而不考虑生产、储存、运输危险物品是否违反有关保障危险物品生产、储存、运输安全的管理规定的情况；后一种犯罪，刑法惩罚的是违反有关保障危险物品安全生产、储存、运输和使用的管理规定而发生重大事故，造成危害后果的行为，而不考虑危险物品的生产、储存、运输、使用活动是否为国家法律、法规所禁止。因此，两者是不同的危害行为构成的犯罪，即便为同一行为人在危险物品的生产、储存、运输和使用活动中所实施，也属于行为人基于两个不同的犯罪而实施了两个性质不同的行为，同时两者之间并不存在刑法理论中所涉及的牵连关系、连续关系或者吸收关系等，而应当按照数罪并罚。

（2）危险物品肇事罪中的“生产、储存、运输、使用”活动是仅限于民用危险物品的生产、储存、运输、使用活动，还是同时包括军用危险物品的生产、储存、运输、使用活动？

从客观上讲，不管危险物品是民用还是军用，在生产、储存、运输和使用中违反有关危险物品的规定，同样会危害公共安全，危害社会的严重程度也没有任何区别。因此，对于在生产、储存、运输和使用民用或军用危险物质过程中，违反危险物品管理规定，发生重大事故，造成严重后果的可以按照危险物品肇事罪定罪处罚。但是，如果军人在使用属于危险物品的武器装备时，违反武器装备的使用规定，情节严重，因而发生责任事故，致人重伤、死亡或者造成其他严重后果的，应以武器装备肇事罪定罪处罚，而不是危险物品肇事罪。

（3）危险物品肇事罪中的“生产、储存、运输、使用”是仅限于在生产、作业活动或者业务活动中的生产、储存、运输、使用，还是包括一般人的日常生活的需要而生产、储存、运输、使用？

从实践上看，虽然由于违反危险物品的管理规定而发生的重大事故主要是发生在企业、事业单位的生产、作业活动中。但是，不可否认，一般人为满足日常生活的需要而生产、使用、储存、运输危险物品的行为还是存在的。从我国对危险物品的管理规定来看，对于危险物品肇事罪中的生产、储存、运输和使用活动不应该进行限制解释，也就是说，不管是在生产、作业活动中生产、储存、运输和使用危险物品，还是出于满足普通生活的需要而生产、储存、运输和使用危险物品，都属于本罪中的客观方面的特征。虽然对于普通人或者从事生产、储存、运输、使用危险物质的专业人员，只要违反了危险物品的管理规定，发生了重大事故，造成了重大后果，都要按照危险物品肇事罪定罪处罚，但是两者在量刑方面应该有所区别，因为专业人员应具有比一般人更多的注意义务。

（4）对保障生产、储存、运输和使用危险物品活动安全的劳动安全设施的管理、维护活动，是否属于危险物品肇事罪中的生产、储存、运输、使用活动？

相关危险物品管理法规中规定的必须安装劳动安全设施而不装备，或者已经装备但是不符合规定的劳动安全设施不更换或不维修的情况，实际上就是违反危险物品管理法规的行为，而且劳动安全设施的管理、维护与保障危险物品的生产、储存、运输、使用密切相关，因此，对保障生产、储存、运输和使用危险物品活动安全的劳动安全设施的管理、维护活动，也属于危险物品肇事罪中的生产、储存、运输、使用活动。

（5）生产、储存、运输、使用活动是否只能在法律不禁止的场所进行？在法律禁止的公共场所进行的，能否构成本罪？

这个问题应该分不同的情况研究，如果行为需要经过公共场所，当法律允许该行为在公共场所进行，只是由于行为人违反危险物品的规定而发生重大事故，造成重大后果的，应当以危险物品肇事罪定罪处罚；当法律禁止该行为在公共场所进行，在已经危及公共安全，情节严重的情况下，应以携带危险物品危及公共安全罪定罪处罚；在由于违反危险物品的管理规定而发生重大事故，造成严重后果的情况下，应以危险物品肇事罪定罪处罚。

3. 必须因违反危险物品管理规定，而发生重大事故，造成严重后果

这是构成本罪的结果条件。如果行为人在生产、储存、运输和使用危险物品过程中，违反危险物品管理规定，未造成任何后果，或者造成的后果不严重的，则不构成本罪。如果符合其他犯罪构成要件的，如非法携带危险物品危及公共安全罪，则以其他犯罪论处。所谓重大事故或严重后果，是指造成人员重伤、死亡或使公私财产遭受重大损失。在具体司法解释尚未出台的情况下，笔者认为可以参照最高人民法院针对其他重大事故指定的一般标准，即死亡 1 人以上，或者重伤 3 人以上，或者造成公私财产损失达到一定数额标准的。

4. 发生重大事故，造成严重后果，必须是由违反危险物品管理规定的行为所引起的，即两者之间存在刑法上的因果关系

这是确定行为人是否应承担刑事责任的客观根据。如果发生重大事故，造成严重后果不是由于行为人在生产、储存、运输和使用危险物品过程中，违反危险物品管理规定造成的，则不构成本罪[①]。

三、危险物品肇事罪的主体

危险物品肇事罪的主体为一般主体。从司法实践中案件情况看，主要是从事生产、储存、运输和使用爆炸性、易燃性、放射性、毒害性、腐蚀性物品的职工，他们在工作中负有遵守、执行危险物品管理规定的职责，如果违反规定并发生重大事故，造成严重后果，当然要追究其刑事责任。此外，不排除其他人也可能构成本罪，其他主体虽然不是生产、储存、运输和使用爆炸性、易燃性、放射性、毒害性、腐蚀性物品的职工，但是如果使用、储存、运输危险物品中，违反了危险物品管理法规，发生重大事故，造成严重后果的，也要定危险物品肇事罪。《中华人民共和国铁路法》（以下简称《铁路法》）第六十条规定，自然人或者企业、事业单位、国家机关、社会团体违反《铁路法》的规定，携带危险品上车或者以非危险品

① 刘志伟：《危险物品肇事罪若干疑难问题新探》，载《山东公安专科学校学报》，2001 年第 2 期。

品名托运危险品，导致发生重大事故的，要以危险物品肇事罪定罪处罚。

在现实发生的多起恶性火灾中，很多就是行为人在运输易燃、易爆等危险物品过程中，违反危险物品的管理规定，发生重大事故，造成重大后果。

例如，被告人驾驶不符合烟花爆竹运输条件的平板货车，拉载鞭炮从湖南省运往内蒙古自治区。2016年1月18日21时19分左右，车辆行驶至济菏高速公路东平路段时发生燃烧。接警后，东平县公安局、消防大队出动50余名警力、20名消防战士进行现场处置，展开灭火救援，至1月19日凌晨4时左右，大火被扑灭。事故致车上鞭炮被烧尽，货车报废，高速公路路面损坏，高速公路中断通车达7个多小时。本案中，被告人就是在运输易燃性物质的过程中，违反有关管理规定，因而发生重大事故，对其应当定危险物品肇事罪。

四、危险物品肇事罪的主观方面

危险物品肇事罪在主观方面表现为过失。即行为人对违反危险品管理规定的行为所造成的危害结果由于疏忽大意而没有预见或者虽然已经预见但是轻信自己能够避免，以至于发生严重后果的心理态度。这里所说的过失是指行为人对于行为所造成的严重后果而言的，至于行为人对违反危险物品管理规定的本身则既可能出于过失，也可能出于故意。但是大部分情况下是明知故犯，这里的明知故犯是指行为人对于违反危险物品管理规定的注意义务而言的，不能因为违反规章制度是明知故犯就认为危险物品肇事罪是故意犯罪。

大部分由于危险物品肇事而引起的火灾的肇事人都是由于对自己使用危险物品过于自信，以至于发生重大的事故。

例如，陈某未经消防部门审批，无工商营业执照经营冷喷油。陈某从某公司购进9吨凝析油，某日18时左右，陈某在从气槽车向储罐倒油过程中，产生的凝析油挥发气体遇到居民火源爆燃，烧伤6人，其中2人死亡。此案经居民报案当地消防局受理。此案中的被告人陈某对于自己违反危险物品管理规定经营易爆物品的行为是明知故犯的，但是他对于发生重大的火灾事件的心理态度是过失，也并不影响对其定危险物品肇事罪。

第三节　危险物品肇事罪的认定

根据前两节论述，明确了危险物品肇事罪的客体、客观方面、主体、主观方面，有利于正确认定危险物品肇事罪。危险物品肇事罪是引起爆炸、火灾等恶性事件的主要诱因，但却不是唯一诱因，因此要正确的处理由于危险物品肇事所引起的火灾事件还需要正确的区分危险物品肇事罪和其他相近犯罪的界限。在危害公共安全犯罪中，重大责任事故罪与危险物品肇事罪在主观方面都表现为过失，在客观上都能引起火灾、爆炸等严重后果，因此在司法实务中往往很难区分这两种犯罪，刑法理论罪对一些实际发生的案件存在不同的观点。

例如，林某原系某农科院水果所副所长。2000 年 11 月，从事龙眼种植研究的被告人林某发现卢某种植的龙眼长势较好，便向卢某询问原因，卢某称系用氯酸钾和硫黄作肥料产生的效果，被告人林某便向卢某购买上述物品进行试验。卢某在卖给被告人林某上述物品的同时告诉林某氯酸钾易燃、易爆，不能碰撞、敲打，否则易发生危险等。被告人林某带水果所临时工吴某等人拿上述物品做试验。2001 年 4 月和 5 月，被告人林某又二次向卢某购买氯酸钾共 1 500 千克，买硫黄共 450 千克运回省农科院存放在水果所仓库内，用于试验。

2001 年 7 月 7 日，被告人林某让吴某购买硫黄三包 120 克，并吩咐吴某和另外一个民工将仓库里存放的氯酸钾分成小包，每包 0.5 千克，以便次日运到基地进行试验。吴某和其他民工在分包过程中，由于有部分氯酸钾结块，吴某便用铁锤将其砸碎。当日 17 时 20 分左右，吴某等人在分包过程中发生氯酸钾和硫黄爆炸，造成吴某和另外 3 名民工当场死亡，8 名民工受伤，其中 1 名民工不治死亡，农科院办公楼被炸塌的严重后果。经鉴定，伤者中 1 人所受损伤属重伤，其他 7 人所受损伤属轻伤，省农科院经济损失人民币 345.457 万元。爆炸事故原因，经公安部门现场勘验调查，后由省公安厅出具“刑事科学技术分析意见书”，分析结论为：①爆炸点是由农科院水果所仓库内存放物质爆炸所产生的；②爆炸的原因是在同一仓库内存放的氯酸钾和硫黄发生化学作用而产生。另查明，2002 年 9 月 30 日，氯酸钾被国务院办公厅通知正式列入民用爆炸物品。此前，氯酸钾只属于化学危险物品中的氧化剂类物品。

公诉机关认为，被告人林某的行为触犯了《刑法》第一百三十六条的规定，构成危险物品肇事罪，请求依法判处。

被告人林某辩称，其不知道“催化药”是氯酸钾，卢某对这些药是保密的，其也想搞清楚药是由什么构成，所以自己送去化验，还让工人专门跟着卢某学习具体操作，最后这次分装药也是按照卢某的方法分装的。公诉机关指控被告人林某“指使吴某违章操作，以致发生爆炸”与本案事实不符，且没有相关证据予以证实。被告人林某的行为不构成犯罪，一是被告人林某不了解使用的白色肥料就是氯酸钾及其性能，二是爆炸发生时氯酸钾并不属于国家明文规定的爆炸物品，被告人林某也就不存在触犯《刑法》第一百三十六条，根据罪刑法定原则，被告人林某不构成危险物品肇事罪。

该案件经过一审法院公开开庭审理，最终认定：林某身为科研工作者，在进行项目研究中，没有严格遵守《危险化学品安全管理条例》，违反了氯酸钾与硫黄应当分开存放的规定，并指令其工人对违章存放的氯酸钾冒险进行分装，导致同存一仓库内的氯酸钾、硫黄发生爆炸，造成 5 死 7 伤的重大伤亡事故及一幢三层的办公楼被炸毁的严重后果。被告人林某对爆炸事故负有责任，已构成重大责任事故罪。公诉机关起诉指控的主要事实清楚，证据充分，但定性为危险品肇事罪不准确，应当纠正为重大责任事故罪。

本案行为人对危险物品管理不当，有关人员又操作不当引起爆炸，造成 5 人死亡，7 人重伤，损失价值人民币 345.457 万元的严重后果，引起社会的广泛关注，本案行为人先是被检察院以危险物品肇事罪向法院提起公诉，最终法院以重大责任事故罪对行为人进行定罪量刑。

本案应定危险物品肇事罪、重大责任事故罪还是无罪是控辩双方的争议焦点。公诉机关认为，行为人组织安排购买的氯酸钾、硫黄存放在同一仓库内，其行为违反了危险物品储存管理规定，爆炸事件与其违反储存管理规定有一定的因果关系，且造成的后果特别严重，行为人对此负有不可推卸的责任，应当以危险物品肇事罪追究其刑事责任；辩方意见则认为爆炸发生时氯酸钾并不是爆炸物品，也不是其他危险物品，故行为人不构成危险物品肇事罪。一审法院认为，根据《刑法》第一百三十六条规定，危险物品肇事罪，只是违反爆炸性、爆燃性、放射性、毒害性、腐蚀性的管理规定，在生产、储存、运输、使用中发生重大事故，造成严重后果，危害公共安全的行为。造成爆炸的氯酸钾在爆炸发生时既不是爆炸性物品，又不是其他危险物品，氯酸钾于2002年9月30日被列为爆炸物品，其没有溯及力，根据"法无明文规定不为罪"的罪刑法定原则，法院不以危险物品肇事罪追究其刑事责任体现了罪刑法定原则，林某的行为构成重大责任事故罪。

从上述法院、检察机关以及辩护方的意见可以看出，危险物品肇事罪和重大责任事故罪的区别是正确认定本罪的关键所在。重大责任事故罪，是指工厂、矿山、林场、建筑企业或者其他企业、事业单位的职工，由于不服管理、违反规章制度，或者强令工人违章冒险作业，因而发生重大伤亡事故或者造成其他严重后果的行为[①]。重大责任事故罪的犯罪主体是特殊主体，只限于工厂、矿山、林场、建筑企业或者其他企业、事业单位的职工，包括负责生产、施工的管理人员，在主观方面表现为过失，客观方面表现为行为人在生产、作业中不服管理、违反规章制度，或者强令工人违章冒险作业，因而造成重大伤亡事故或者其他严重后果的行为。

危险物品肇事罪和重大责任事故罪的区别主要表现在两个方面：

（1）两者的犯罪主体有所不同。危险物品肇事罪的主体既可以是企业、事业单位中从事危险物品生产、储存、运输、使用活动的职工，也可

① 陈妮：《非法采矿罪的认定》，载《山西高等学校社会科学学报》，2003年第12期。

以是从事危险物品生产、储存、运输、使用活动的其他公民；重大责任事故罪的主体只能是企业、事业单位中从事生产、作业的职工[①]。

（2）犯罪的客观表现有所不同。危险物品肇事罪在客观方面表现为违反爆炸性、易燃性、放射性、毒害性、腐蚀性物品的管理规定，在生产、储存、运输、使用中发生重大事故，造成严重后果的行为；重大责任事故罪在客观方面表现为工厂、矿山、林场、建筑企业或者其他企业、事业单位的职工，不服管理、违反规章制度，或者强令工人违章冒险作业，因而发生重大伤亡事故或者造成其他严重后果的行为。危险物品肇事罪仅违反危险物品管理规定，而重大责任事故罪则违反安全生产的所有规章制度，因此，两者的范围有所不同。在生产中违反危险物品管理规定，发生重大事故的，与重大责任事故罪存在竞合关系，但是，因为法律专门规定了危险物品肇事罪，所以对生产储存、运输、使用中违反危险物品管理规定，发生重大事故，造成严重后果的，均按照危险物品肇事罪定罪处罚[②]。

本案中林某身为科研工作者，在进行项目研究中，没有严格遵守《危险化学品安全管理条例》，违反了氯酸钾与硫黄应当分开存放的规定，并指令其工人对违章存放的氯酸钾冒险进行分装作业，导致同存一仓库内的氯酸钾、硫黄发生爆炸，造成严重后果。被告人林某对爆炸事故负有责任，应该构成重大责任事故罪，而不是危险物品肇事罪。

例如，天津港“8·12”特别重大火灾爆炸事故。2015年8月12日，天津市滨海新区某公司危险品仓库发生爆炸。事故造成165人遇难、8人失踪，798人受伤住院治疗；304幢建筑物、12 428辆商品汽车、7 533个集装箱受损，核定直接经济损失68.66亿元人民币。法院经审理查明，该公司董事长于某等人以贿赂、欺骗等手段违法取得经营资质和项目建设许可，非法储存氰化钠等毒害性物质共计49 332.97吨。同时，该公司在未

---

① 刘志伟：《危险物品肇事罪若干疑难问题新探》，载《山东公安专科学校学报》，2001年第2期。

② 柏屹颖，孔晓曼：《危险物品肇事罪探究》，载《法制与社会》，2008年25期。

取得经营资质的情况下非法经营危险化学品，经营数额达人民币 4 780 万余元。因于某等主要负责人在日常经营中违规操作，致使该公司危险品仓库运抵区发生爆炸，造成重大人员财产损失，该起事故属于特别重大责任事故，涉案公司是造成事故发生的主体责任单位。

在本案中于某作为涉案公司直接责任人，违反爆炸性、易燃性、放射性、毒害性、腐蚀性物品的管理规定，非法生产、储存、运输，造成了严重爆炸事故，构成危险物品肇事罪，同时触犯了非法储存危险物质罪、非法经营罪、行贿罪，予以数罪并罚，被依法判处死刑，缓期二年执行，并处罚金人民币 70 万元。该公司副董事长董某、总经理只某等 5 人构成非法储存危险物质罪、非法经营罪、危险物品肇事罪，分别被判处无期徒刑到十五年有期徒刑不等的刑罚。需要特别说明的是，在危险物品肇事犯罪结果发生的原因中，可能包括承担资产评估、验资、验证、会计、审计、法律服务等职责的中介组织的人员故意提供虚假证明文件的行为，犯罪主体可以是单位，也可以是单位中的个人。在本案中，为涉案公司提供安全评价服务的某卫生安全评价监测公司提供了虚假证明文件，情节严重，犯提供虚假证明文件罪，依法判处罚金 25 万元，该卫生安全评价监测公司董事长、总经理赵某等 11 名直接责任人员分别被判处四年到一年六个月不等的有期徒刑。

自 2021 年 3 月 1 日起施行的《刑法修正案（十一）》中，将第二百二十九条提供虚假证明文件罪的内容修改为“承担资产评估、验资、验证、会计、审计、法律服务、保荐、安全评价、环境影响评价、环境监测等职责的中介组织的人员故意提供虚假证明文件，情节严重的，处五年以下有期徒刑或者拘役，并处罚金；有下列情形之一的，处五年以上十年以下有期徒刑，并处罚金……（三）在涉及公共安全的重大工程、项目中提供虚假的安全评价、环境影响评价等证明文件，致使公共财产、国家和人民利益遭受特别重大损失的”。新规定扩大了处罚范围，同时加重了刑罚力度。此前，在消防执法领域，对于消防技术服务机构提供虚假安全评价文件的查处，主要采取行政处罚手段。提供虚假证明文件罪的修改，将消防技术服务机构纳入该罪名的惩处范围之内。同时，在量刑上加大了对出具虚假评估报告行为的惩处力度，将在涉及公共安全领域的重大工程、项目中提供虚假报告，导致国家利益、人民利益或者公共财产遭受特别重大损失的行为，将法定最高刑从五年有期徒刑提高到了十年，追责更加严格，有效打击中介机构出具虚假消防安全评价文件的违法行为。

小　结

危险物品肇事罪是我国现行刑法危害公共安全罪中的一个罪名，在实践中比较多发和常见。本罪在我国1979年《刑法》第一百三十二条就有规定，我国1997年《刑法》又原样地保留了此规定。

本罪的创设对在司法实践当中所发生的危险物品肇事犯罪行为给予了严厉的打击，具有现实的重要意义。但是，本罪在司法实务适用过程中也遇到了不少的困难，尤其是本罪在与其他相关罪名的司法认定上出现过不少的争议和意见分歧，这样就不利于在司法实践当中对本罪准确地认定和处理，不利于有效发挥我国刑法惩罚危险物品肇事犯罪及保障广大人民群众的财产、人身安全的功能。因此本章首先分析了危险物品肇事罪构成要件，然后通过对典型案例的分析重点对危险物品肇事罪的认定以及本罪与重大责任事故罪的区别进行了论述。

第六章　重大责任事故罪

第一节　重大责任事故罪的概念

重大责任事故罪，根据我国刑事立法文献记载，学者们认为首次立法草案是1963年刑法草案修正案。1979年《刑法》在此基础上于第一百一十四条规定，工厂、矿山、林场、建筑企业或者其他企业、事业单位的职工，由于不服管理、违反规章制度，或者强令工人违章冒险作业，因而发生重大伤亡事故，造成严重后果的，处三年以下有期徒刑或者拘役；情节特别恶劣的，处三年以上七年以下有期徒刑。由于1979年《刑法》是我国计划经济的产物，改革开放以后，立法规定滞后于我国国情的现象越来越严重，重大责任事故罪也是其中之一，最高司法机关不断以司法解释的方式对于重大责任事故罪的适用予以补充，以使之适应实际需要。因此在1997年《刑法》中关于重大责任事故罪做了修改。1997年《刑法》第一百三十四条规定，工厂、矿山、林场、建筑企业或者其他企业、事业单位的职工，由于不服管理、违反规章制度，或者强令工人违章冒险作业，因而发生重大伤亡事故或者造成其他严重后果的，处三年以下有期徒刑或者拘役；情节特别恶劣的，处三年以上七年以下有期徒刑。

随着我国市场经济的快速发展，1997年《刑法》对本罪的规定也有些滞后，因此2006年《刑法修正案（六）》中对重大责任事故罪又进行了修改，《刑法修正案（六）》规定，在生产、作业中违反有关安全管理的规定，因而发生重大伤亡事故或者造成其他严重后果的，处三年以下有期徒刑或者拘役；情节特别恶劣的，处三年以上七年以下有期徒刑。从这条规定中，我们可以看出，《刑法修正案（六）》将第一百三十四条分为两个条款，第一款为“重大责任事故罪”，第二款为“强令违章冒险作业罪”。首先，进一步对直接从事生产作业的一般人员和指挥人员、管理人员进行了区分，这一区分直接体现在两者法定刑力度的大小上。修改之后的《刑法》对“强令他人违章冒险作业”的指挥者或管理者的惩罚力度明显地较以往的刑法更强。从客观上看，这种惩罚力度是与犯罪对社会造成的危害程度和犯罪主体的主观方面相匹配的，需要强调的是，近年来我国矿难事故频发，不乏经营管理者在利益的驱使下，不顾矿工的生命安全，强迫其违反安全规定作业的情况。利益动机是事故丑闻频频出现的重要原因，为降低矿难事故的发生概率，打击无良矿主，加大对违法犯罪分子的惩罚力度是十分有效和必要的。其次，《刑法修正案（六）》对重大责任事故罪的犯罪主体进行了扩大，从以往仅限于进行生产、作业的组织，到生产作业组织是企业还是事业单位、是集体还是个体，是合法还是非法，在所不论，并且将重大责任事故罪的主体扩大到职工身份以外，将特殊主体转化为一般主体，这种开放式的规定一方面响应了学界的呼吁，另一方面也有力地体现了法律的预见性。再次，从犯罪的构成要件的客观方面进行分析，将“违反规章制度、不服管理”修改为“违反安全管理相关规定”，很明显进行了简化，并降低了重大责任事故罪的入罪标准。

《刑法修正案（十一）》第一百三十四条增设了“危险作业罪”。危险作业罪是指在生产、作业中违反有关安全管理的规定，有刑法规定情形之一的，具有发生重大伤亡事故或者其他严重后果的现实危险的行为。危险作业罪的设立，意味着在安全生产领域即使未发生重大伤亡事故，只要行为人的行为导致刑法保护的安全生产作业法益处于危险状态时，就会受到刑法的规制，行为人将被追究刑事责任。

《刑法修正案（十一）》中，将第一百三十四条第二款修改为：“强令他人违章冒险作业，或者明知存在重大事故隐患而不排除，仍冒险组织作业，因而发生重大伤亡事故或者造成其他严重后果的，处五年以下有期徒刑或者拘役；情节特别恶劣的，处五年以上有期徒刑。”这一调整主要表现在构成要件的变化。在主观要件中增加了对重大事故隐患的“明知”，“明知”是指行为人在主观上对事故隐患的存在可能导致的危害后果虽然不是积极追求，但存在鲁莽、轻率心态。《安全生产法》第一百一十三条第二款规定：“国务院安全生产监督管理部门和其他负有安全生产监督管理职责的部门应当根据各自的职责分工，制定相关行业、领域重大事故隐患的判定标准。”据此，本条中规定的“重大事故隐患”应当按照法律、行政法规或安全生产监督管理部门发布的有关国家、行业标准确定。在客观要件中增加了对明知存在重大事故隐患而不排除，仍冒险组织作业的情形。“不排除”是指对重大隐患不采取有效措施予以排除危险。实践中，“重大事故隐患”应当包括“重大火灾隐患”，即消防安全责任人和消防安全管理人明知本单位存在重大火灾隐患而不予整改，已发现事故苗头却听之任之、一意孤行，或者通过恶劣手段掩盖安全生产隐患，蒙骗工人作业，在出现险情的情况下仍然继续生产、作业或者指挥工人生产、作业等，导致发生重大伤亡事故或者造成严重后果的，可以此罪论。

第二节　重大责任事故罪的构成特征

一、重大责任事故罪的客体

作为重大责任事故罪所侵犯的客体的生产安全，是公共安全的重要组成部分。危害生产安全，同样表现为能够使不特定多数人的生命、健康或者公私财产遭受重大的损害，其特点是这些损害发生在生产过程中。一般都集中了大量的人力、物力、财力，以维系正常的生产管理活动需要。这些企业、事业单位由于自身生产活动的性质，往往具有一定的危险性，如建筑单位的施工建设、厂矿企业的施工管理等。如果不进行严格的管理，稍有不慎，就会发生重大事故，造成人员重大伤亡或者公私财产遭受重大损失。因此，严格遵守安全管理规定，保障生产安全，维护正常的生产管理活动，是这些企事业单位的基本要求。如果不按照国家有关正常生产、作业的要求进行，不服从管理，违反安全管理规定，或者强令工人违章冒险作业，无疑违反了企事业单位安全生产管理制度，从而给正常的生产安全带来隐患和威胁，严重的还会给国家和人民利益造成不可挽回的重大损失。因此，保障安全生产、作业是每一个企业的首要任务。惩治严重违反生产、作业规章制度，造成重大伤亡事故或者造成其他严重后果的行为，对保障生产、作业安全是有重要意义的。

二、重大责任事故罪的客观方面

重大责任事故罪的客观方面表现为在生产、作业中违反有关安全管理的规定，因而发生重大伤亡事故或者造成其他严重后果的行为。具体地说，构成本罪客观方面必须同时具备以下四个条件：

1. 行为人的行为必须发生在生产、作业过程中，且同有关职工以及从业人员的生产、作业活动有着直接联系

在生产作业、管理指挥活动中违反有关安全管理规定。如果事故的发生与生产、作业没有关系，则不构成本罪。所谓“必须发生在生产、作业过程中”，是指事故必须发生在生产、作业的时间段内，如果是在生产、作业结束之后，则违反的安全管理规定可以说与生产、作业无关，自然也就谈不到构成本罪；“与生产作业有直接联系”，是指必须是因为生产、作业的需要而实施的行为，如果超出生产、作业的需要而实施的违反安全管理规定的行为，则与构成本罪无关。上述两点必须同时具备才符合“违反安全管理规定的行为必须发生在生产、作业过程中，与生产作业有直接联系”的条件要求，有一点不符合，均不构成本罪，当然，不排除可以构成其他犯罪。

例如，某钢铁厂的炼钢车间，在工间休息时，青年工人王某靠窗抽烟，将烟头随手扔在窗外的工棚上，引起一场火灾，损失数万元。王某违反了防火规定，但并非表现在生产活动中。这是上班时与生产无关的失火，而不是在生产活动中违反规章制度所造成的。因此，应当以失火罪论处，而不能定重大责任事故罪。

再如，张某和李某同为某建筑工程公司的工人，一日两人被分派在某

幢楼从事外墙返工、修补贴干石工作，两人分别在不同的脚手架上作业，上下相距五六米。在工作休息的闲谈中两人为争谁的力气大而各不相让，张某对李某说："你把石料丢过来我一只手就能够接住！"李某随手就将自己使用的石料（约有6千克）向张某丢过去。张某因为没有充足的思想准备，慌乱中右手在接石料时脱手，石料砸在张某的右肩，使之失去平衡从脚手架摔下，造成重伤不治死亡。对于本案，有人主张定重大责任事故罪，因为李某的行为发生在生产、作业过程中，违反"建筑、安装施工上下传递物品禁止抛掷"的规定。但是可以看出，本案中李某向张某抛掷石料的行为，虽然发生在工作的时间里，但是，与作业没有任何关系，两人完全是因为争强好胜而发生的事故，因此，李某的行为不构成重大责任事故罪，而应当以过失致人死亡罪论处[①]。

又如，外来务工人员黄某到北京市某建筑工地去找老乡，未经允许进入施工现场内部，踩在一水坑内，恰好该水坑内有一电线漏电，黄某被当场电死。在此事故中，黄某系外来务工人员，又违反了有关安全管理规定，擅自进入施工现场，造成自身死亡的后果，但是，黄某不是该建筑工地施工单位职工，也非在生产过程中的违章作业，因此，此事故不能构成重大责任事故罪[②]。

从本案中，我们也可以看出，作为本罪来说，事故的发生不仅要求必须是在生产、作业过程中，而且要求违反规章制度的行为必须与生产、作业有直接关系，否则，不能构成本罪。

2. 行为人的行为必须违反了有关安全管理规定

违反安全管理规定，是以管理制度的客观存在为前提的。一般而言，这种管理规定应当包括三种情况：一是国家颁布的各类有关安全生产的法律、法规；二是企业、事业单位及其上级管理机关制定的反映安全生产客观规律并涉及工艺技术、生产操作、技术监督、劳动保护、安全管理等方面的规程、规章、章程、条例、办法和制度及不同的单位按照各自的特点所做的有

① 张福雯：《〈安全生产法〉涉及的犯罪与刑罚》，载《安全》，2003年第1期。
② 王章学：《试论重大责任事故罪之构成要件》，载《北京警院学报》，1998年第6期。

关规定；三是该类生产、作业过程中虽无明文规定但却反映了生产、科研、设计、施工中安全操作的客观规律，已为人所公认的操作习惯和惯例等[①]。

危险作业罪客观方面表现为在生产、作业中违反有关安全管理规定。这里的违反有关安全管理规定，是指违反有关生产安全的法律、法规、规章制度。主要表现在以下方面：一是关闭、破坏直接关系生产安全的监控、报警、防护、救生设备、设施，或者篡改、隐瞒、销毁其相关数据、信息的；二是因存在重大事故隐患被依法责令停产停业、停止施工、停止使用有关设备、设施、场所或者立即采取排除危险的整改措施，而拒不执行的；三是涉及安全生产的事项未经依法批准或者许可，擅自从事矿山开采、金属冶炼、建筑施工，以及危险物品生产、经营、储存等高度危险的生产作业活动的。

违反安全管理规定的行为，由于各企事业职工在生产中职责不同，因而表现也有所不同，通常包括两种情况：一种是普通生产作业人员违反安全管理规定，主要表现为不遵守劳动纪律、不按照设计要求盲目蛮干、值班时擅离职守或者打盹睡觉、在严禁烟火的场所生火时不按操作规定冒险作业等。该种行为，可以是作为，也可以是不作为。另一种是领导人员、指挥和管理人员违反安全管理规定的行为，主要表现为不顾有关安全规定瞎指挥，遇有险情采取错误的处置方法，不执行劳动保护法规，在侥幸心理的支配下，强令工人冒险作业，对危险设备不设防护装置，对水上或者高空作业不配备必要的保护设备等。

例如，某独资企业负责人，违反消防部门有关规定，在车间乱堆放易燃材料，并将厂房所有门窗几乎全部封死，只留一条通道和门供工人出入通行，并欺骗、抵制消防部门的检查和纠正，迫使上百名女工在这种极度危险的条件下进行作业。结果某日失火，由于人多拥挤，通道和门狭小，使得数十名工人不能迅速脱离火场，被活活烧死或者窒息死亡。该独资企业负责人的行为，就属于强令工人违章冒险作业的行为，对之应以重大责任事故罪论处[②]。

---

① 廖天虎：《对责任事故犯罪的“责任”的解读》，载《理论与改革》，2013 年第 4 期。

② 赵晓，王长江，张剑：《重大责任事故罪与消防责任事故罪的认定与区分》，载《河南消防》，2001 年第 11 期。

显然，这种违反安全管理规定的行为只能是作为而不能是不作为。如果决定完全符合安全生产、作业的规定，即使有危险且强行命令，也不能认为是强令工人违章冒险作业。

“违反有关安全管理规定”“强令工人违章冒险作业”是重大责任事故罪在客观方面上的两种表现，具备其中之一即符合本罪要求，但不排除同时具有这两种行为表现的情况。总之，要确定某人是否构成重大责任事故罪，首先必须查明其是否有违反安全管理规定的行为，没有违反安全管理规定的行为就不构成犯罪[①]。

3. 新增的“危险作业罪”将安全生产领域重大责任事故犯罪追责标准从“结果犯罪”变为“危险犯罪”和“结果犯罪”并行，从“事后”追责转变为“事前事中事后”全链条追责

在《刑法修正案（十一）》实施之前，对于擅自停用自动消防设施、损坏消防设施器材或重大火灾隐患整改不力等导致火灾事故发生的，必须产生严重后果才能以“重大责任事故罪”“消防责任事故罪”等追究刑事责任；没有发生火灾事故的，只能依照消防法等相关法律法规进行罚款等行政处罚。今后，对于上述行为，如果具有发生重大伤亡事故或者其他严重后果的现实危险的，就可以结合具体情节给予刑事处罚。所谓重大伤亡事故，既包括重大的人身伤残事故，也包括人员死亡事故，或者两者兼而有之。根据《工人职员伤亡事故报告规程》（已废止）和最高人民检察院规定的相关立案标准，重大伤亡事故是指致死亡 1 人以上或者重伤 3 人以上。所谓造成严重后果是指除重大伤亡事故以外的其他后果，包括公私财产遭受重大损失或者情节严重，使生产、工作受到重大损害等情况，公私财产遭受重大损失数额一般以直接经济损失 50 万元以上为立案标准，但如果发生矿山生产安全事故，造成直接经济损失以 100 万元以上为标准。由于各地区经济发展状况不同，在参照执行时，可根据本地区实际情况，自行制定一个适当提高或者降低的数额，但须报请公安部同意后执行。同时，人身伤亡数或者直接经济损失数额虽未达到上述标准，但有造成其他

① 张福雯：《〈安全生产法〉涉及的犯罪与刑罚》，载《安全》，2003 年第 1 期。

严重后果的情形，亦可构成重大责任事故案件的立案标准，但是，此项立案标准的操作性问题值得有关部门做深入探讨[①]。因此，重大责任事故案件只有出现致人死亡1人以上、致人重伤3人以上、直接经济损失50万元、发生矿山生产安全事故，造成直接经济损失100万元以上或者有其他严重后果的等几种情形中的一种，就达到了立案标准。根据最高人民检察院的有关司法解释，本罪中所指的直接经济损失是指由于事故而造成的建筑、设备、产品等的毁坏、损失（即全部或者部分丧失价值或者使用价值），以及因人员伤亡而支付的医疗、丧葬、抚恤等费用。

4. 行为人的违规行为与事故严重后果之间要有刑法意义上的因果关系

这种因果关系是行为人对事故后果负刑事责任的客观基础。从实际情况来看，这种因果关系通常有以下四种情况：一是一因一果，即行为人自己违反安全管理规定造成事故，这种情况下，行为人的刑事责任容易确定，行为人应对事故后果负刑事责任。二是多因一果，即行为人与他人共同违反安全管理规定，或行为人一人违反安全管理规定，但也有机械故障和技术条件的限制等因素，共同作用造成事故。在这种情况下，应查明行为人的行为是事故的主要原因，还是次要原因，从而确定行为人是否应负刑事责任。三是一因多果，在这种情况下，行为人应对全部严重后果负刑事责任。四是多因多果。即行为人与他人共同违反安全管理规定或者与其他原因相结合共同造成严重结果。在这种情况下，应首先查明行为人的行为是否属于主要原因，以及各种严重后果分别是由哪个原因造成的，从而确定行为人是否应负刑事责任。

例如，2004年2月15日11时许，吉林省吉林市某商厦发生火灾，造成54人死亡，70人受伤，过火面积2 040平方米，直接财产损失约426万元。经调查，确定火灾直接原因是该商厦某电器行雇工于某在当时9时许向3号库房送纸板时，不慎将嘴上叼着的烟头掉落在地面上（木板地面），引燃地面可燃物引起的，该案中原因和结果之间存在必然的因果关系。

---

① 王章学：《试论重大责任事故罪之构成要件》，载《北京警院学报》，1998年第6期。

三、重大责任事故罪的主体

从我国刑法对重大责任事故罪的规定看，《刑法修正案（六）》将《刑法》第一百三十四条的重大责任事故罪的主体从特殊主体修改为一般主体，但这并不意味着本罪对于主体上的要求就完全消失了。事实上，要构成重大责任事故罪，其主体必须是从事某项“业务”的人，主体特征仍然是客观存在的。《刑法修正案（六）》中“在生产、作业中”的界定性表述，正是对主体身份的明确要求。从刑法的意义上讲，“在生产、作业中”本身就是指在从事“业务”过程中，这种“业务”一般包括三层含义：一是必须是基于社会生活上的地位的事务，即社会分工的结果，而不是自然的日常行动；二是必须具有反复性、持续性。而这种反复性和持续性是指性质上的反复，而不是单纯的行为人行为上的反复；三是必须具有一定的危险性，即存在对人的生命、身体造成侵害的危险。具体地说，认定本罪的主体必须注意以下几个问题：

1. 正式员工和非正式员工都可以成为本罪犯罪主体

企业、事业单位与其职工之间的关系形式多种多样，有合同工、聘任工、长期工、临时工等，但并不影响其职工能否成为本罪的主体。因为，本罪是职工在从事本单位生产、作业活动的过程中违反规章制度，造成重大责任事故的行为，只要行为人属于企业、事业单位的职工，在从事本单位的生产、作业活动过程中违反了规章制度，造成重大责任事故时，就构成了本罪①。

2. 只有企业、事业单位的职工在从事生产、作业活动时，才可以构成本罪的犯罪主体

企业、事业单位的职工是否符合本罪的主体要件，关键是看该职工的违章行为造成的重大责任事故是否在其从事本单位的生产、作业活动中违反有关保障生产、作业安全的法律法规、规章制度的行为造成的，如果是，

① 刘志伟，梁剑：《重大责任事故罪若干疑难问题研讨》，载《河南省政法管理干部学院学报》，2002 年第 2 期。

就符合了本罪的主体要件，否则，就不能以本罪追究该职工的刑事责任。简言之，只有企业、事业单位的职工在从事生产、作业活动时才可以成为本罪的主体，而不管在其从事生产、作业活动之前从事的是何种工作。

3. 直接从事生产的人员，包括亲自参加生产作业和直接指挥生产作业两类人员

这是法律规定“违反有关安全管理的规定，或者强令工人违章冒险作业”所表明的。如果说不服管理者，是一般工作人员和工人，那么强令工人违章冒险作业者，则只能是领导人员。前一类人员主要指直接从事生产、作业的工人以及科研人员、技术人员，如工程师、技术员、化验员、施工员、设计师、安全员等。后一类人员主要指直接组织、领导、指挥、管理生产作业活动的人员，如车间主任、坑长、矿长、厂长、队长等[①]。这里需要说明，领导人员只有直接指挥生产作业，才能成为本罪主体。在行政管理活动中造成严重后果的，只能构成玩忽职守罪，而不能构成本罪。至于工人是否属于临时工，干部是否属于以工代干，以及其所在的单位是国营性质还是集体性质，都不影响本罪的成立[②]。

4. 在我国刑法中，不仅仅是自然人能构成重大责任事故罪的犯罪主体，单位也是本罪的犯罪主体，只是没有在法律条文中明确列出对单位的刑罚

我国刑法总则规定了单位犯罪，但只有刑法分则中的具体罪名明确单位可构成本罪的，才能以单位犯罪定罪。我国《刑法修正案（六）》对本罪的规定中没有明确规定单位可构成犯罪主体及其处罚，有观点认为可能是考虑到本罪由自然人的过错所导致的事故，从而将主体仅限于自然人。但是这种观点忽略了有些重大责任事故罪中主体并非完全是自然人，比如单位主管或直接负责人在秉承单位意志时并无过错地履行其职责，那么此种情况下就无法追究单位的刑事责任。再者，单位对其本身的生产、作业都负有监督管理责任，无论如何都不能脱离这一职责，若不将单位纳入本罪主体范围，将不能对造成严重责任后果的行为进行有效预防和惩治。

---

① 武亚莉：《对一起烧山案法律定性的看法》，载《林业劳动安全》，2009 年第 1 期。

② 岳峰婷：《从矿难看刑法的完善》，载《理论观察》，2006 年第 1 期。

5. 关于三资企业的职工是否可以成为本罪犯罪主体的问题

三资企业的职工是否可以成为重大责任事故罪的犯罪主体，《刑法》第一百三十四条并未明确规定，有关司法解释也没有做出具体的答复。笔者认为，三资企业的职工违反规章制度，造成重大伤亡事故或者其他严重后果，是可以构成重大责任事故罪的。因为《刑法》第一百三十四条虽未做出明确规定，但其中规定的“其他企业、事业单位的职工”应当理解为包括三资企业的职工。随着我国经济的不断发展和改革开放的进一步深入，三资企业的职工在生产过程中因违反有关安全管理的规定而造成重大责任事故的现象屡见不鲜。所以，规定三资企业的职工可以构成重大责任事故罪的犯罪主体，不但符合立法原意，而且适应司法实践的需要，可以为规范三资企业的正常生产活动，促进其健康发展提供可靠的法律保障。

四、重大责任事故罪的主观方面

（一）重大责任事故罪的主观方面

重大责任事故罪的主观方面是过失，包括疏忽大意的过失和过于自信的过失。这里的过失是指对其行为所造成的重大伤亡事故或者造成其他严重后果的心理态度，即应当预见自己的违反有关安全管理规定的行为可能发生重大事故，因为疏忽大意而没有预见或者已经预见而轻信可以避免。至于不服管理、违反有关安全管理规定或者强令工人违规冒险作业，则可能是明知故犯。当然，这里的“明知故犯”是指行为人对于违反有关安全管理规定的注意义务而言，不能因为违反有关安全管理规定是“明知故犯”而认为是故意犯罪。

例如，2005年2月6日，广东省茂名市某公司中间罐区电源线短路引起火灾，造成1人死亡，1人受伤，直接财产损失171.4万元。此次火灾事故是由于公司工人违章操作引起的。其中，部分人员在易燃易爆场所内违章使用泥浆泵进行抽油操作，直接导致了火灾事故的发生，而且在第一次抽油过程中，发现了电火花的安全隐患仍继续操作，自信技术熟练，能够避免，以至于造成重大伤亡事故，相关人员所持的心理态度属于过于自信的过失。

（二）重大责任事故罪的情节加重犯罪

关于重大责任事故罪的情节加重犯罪，笔者认为在这里有必要提一下。所谓情节加重犯罪，是指某种犯罪由于情节严重或恶劣，法律因而加重其刑罚的情况。

1. 重大责任事故罪的情节加重犯罪特征

（1）行为人的行为本身已构成犯罪。这是法定刑加重的基础。也就是说，即便严重或恶劣的情节尚不具备，行为人的行为，也是危害社会、违反刑法，应受刑罚处罚的犯罪行为。

（2）具有严重或恶劣的情节。这是法定刑加重的原因。所谓严重或恶劣的情节，是指能够表明行为人的行为具有严重的社会危害性或者行为人难于改造的各种因素。例如，卑鄙的动机、目的；残忍的手段、方法；影响较大的时间、地点；特殊的对象，严重的后果；恶劣的态度；同种的数罪等。

（3）法律有加重刑罚的规定。这是情节加重犯与情节犯的重要区别。如果情节严重或恶劣，只是基本犯罪的构成要件，那么，这种犯罪只是情节犯，而不是情节加重犯。法律之所以规定情节加重犯，原因有两个：一是从刑罚的目的来看，对危害严重或行为人难于改造的犯罪，应当加重刑罚，以利于刑罚目的的实现；二是从立法技术上看，能够表明行为人的行为具有严重的社会危害或行为人难于改造的因素很多，在立法上无法一一表述出来，因而需要以情节严重或恶劣来概括。

2. 重大责任事故罪中特别恶劣的情节

我国《刑法》第一百三十四条规定，情节特别恶劣的，处三年以上七年以下有期徒刑。这种规定，就是重大责任事故罪的情节加重犯。

从司法实践来看，重大责任事故罪中的特别恶劣的情节，主要有以下几种：

（1）特别严重的后果。如致多数人死亡或重伤，以及公私财产遭受特别大的损失。对这种情况之所以加重处罚，是因为不加重处罚就违背罪刑相适应原则。

（2）屡教不改的犯罪分子。如已因违反规章制度受过批评教育或行政处罚而不改正，再次违反规章制度，造成重大事故。对这种犯罪分子不加重处罚，不足以促其改过自新。

（3）事故发生后，不积极抢救人员或者防止后果扩大者。这种犯罪分子，已因其过失行为而负有抢救伤残人员或防止后果扩大的义务，有义务而不履行，主观心理态度已由过失转化为故意，只是严重后果中无法区分哪些是已经造成的后果，哪些是扩大了的后果而不按故意罪并罚罢了，但在量刑时应予加重。

（4）破坏现场，隐瞒事实真相者。这类犯罪分子不仅给侦查工作制造障碍，而且无悔过之意，如不予加重处罚，再犯的危险是存在的。

（5）被审查期间，嫁祸于人者。这类犯罪分子把自己的犯罪事实供述为他人的犯罪事实，既妨碍司法机关的正常活动，又侵犯了他人的人身权利，社会危害性更大。因其只是向司法机关被动供述，而不是主动告发，因而，不能另外成立诬告陷害罪。但其刑事责任应当加重。

（三）重大责任事故罪与消防责任事故罪的区别

重大责任事故罪与消防责任事故罪亦同属于刑法中危害公共安全罪一章中的犯罪，两者有很多相似之处，如两者都是过失犯罪，都造成了严重后果，危害了公共安全。而且，在1997年《刑法》新增消防责任事故罪的情况下，对于违反消防管理法规，经消防监督机构通知采取改正措施而拒绝执行，造成严重后果的行为，司法实践中通常是按照重大责任事故罪来进行处罚的，因此，在司法实践中，应当注意区分两种犯罪的界限。两种犯罪的区别主要有：

1. 犯罪主体不同

重大责任事故罪的主体是一般主体，而消防责任事故罪的主体是与消防工作有关联的管理人员、职工或其他人员，关键看与防火有无直接关系。

2. 违反的规章制度不尽相同

重大责任事故罪所违反有关安全管理规定，但是不包括消防责任制度。这些规章制度主要是国家颁布的各种有关安全生产的法规、企业、事业单位生产操作，技术监督、劳动保护、安全管理等方面的规程、规则、章程、条例、办法、制度以及生产、科研、设计、施工中安全操作行之有效的操作习惯。而消防责任事故罪违反的是消防管理法规，包括 1998 年 9 月 1 日施行的《消防法》以及国务院各部委制定的有关消防管理方面的规章，如《公共娱乐场所消防安全管理规定》《高层建筑消防管理规则》等。

3. 行为表现不同

消防责任事故罪只能由不作为方式构成，表现为对火灾事故隐患不处理，不预防整改。而重大责任事故罪既可以是不作为方式，也可以是作为方式，实践中有两种表现：一种是行为人在生产、作业活动中，违反有关安全管理规定，如冒险蛮干、搞错设计、搞错配方、在禁火的情况下使用明火作业或者值班时外出游玩、睡觉等；另一种是行为人在生产、作业活动中，强令工人违章冒险作业，即有关生产、作业指挥、管理人员利用职权强令职工违章冒险作业。

另外，两种犯罪的危害后果表现形式也不尽相同，消防责任事故罪的危害后果只能表现为造成火灾的严重后果，而重大责任事故罪则不仅仅表现为火灾事故，也可以表现为其他事故，如引起粮食腐烂、中毒等。但是，应当注意的是，不能说出现火灾事故，就对行为人定消防责任事故罪。实践中，经常发生企事业单位职工由于不服管理、违反规章，或者强令工人违章冒险作业，因而发生火灾事故的情况。

例如，2010 年 8 月 28 日，辽宁沈阳市铁西万达广场售楼处因楼盘展示沙盘内电气线路接触不良过热引燃可燃物引发火灾，造成 12 人死亡，10 人受伤，过火面积 350 平方米，直接财产损失 9 万元。苏某系沈阳万达房地产有限公司营销副总经理。苏某直接参与了装修改造方案设计，并负责销售中心的全面工作，是其消防安全管理工作的直接责任人。苏某违反《消防法》和《机关团体企业事业单位消防安全管理规定》（公安部令第 61 号），未落实消防安全责任，未建立消防安全制度，未制订灭火与应急疏散预案，也没有对员工进行消防安全教育培训。营销部消防安全管理也十分混乱，沙盘底部堆放大量可燃物，造成沙盘起火后火势迅速蔓延，加之工作人员不具备扑救初起火灾的能力，也没有人员组织有效的疏散，造成重大人员伤亡的严重后果，其行为触犯了《刑法》第一百三十四条第一款，涉嫌重大责任事故罪。

小　结

自刑法1963年的修改稿中首次做出规定后，司法办案中针对类似案件的处理开始具备法律依据，随着市场经济主体的复杂化，本罪随之呈现出新的特点和形式，其呈现的原因也纷繁复杂，导致严重的重大责任事故损害后果，而加强对本罪的犯罪主体的打击，才能对犯罪分子产生威慑力，才能预防和控制重大事故的发生率。因此分析本罪的犯罪构成也是研究本罪的重要问题，只有深入分析本罪各犯罪构成要素的特点才能找出此类事故频发的根源，也才能在司法实践中将本罪与相似罪名予以区分，从而在司法办案中正确认定本罪。因此本章重点阐述了《刑法修正案（六）》关于重大责任事故罪的规定和构成要件，并重点分析了关于本罪的一些争议，并介绍了《刑法修正案（十一）》对相关危害公共安全犯罪的修正。

通过分析得出虽然刑法规定本罪的犯罪主体是一般犯罪主体，但非正式员工，单位以及有些企事业单位的职工等都可以成为本罪犯罪主体；关于本罪客体方面即违反安全管理规定的行为，笔者根据实际情况对该行为进行了具体的分析，这也是司法实践中认定本罪的重点和难点，并通过对典型案例的分析，论述了构成本罪客观方面具备的条件；关于主观方面，指出本罪主观方面只能是过失。

第七章　故意犯罪

第一节　故意犯罪的概念

故意犯罪历来都是我国刑法严惩的对象，因而故意犯罪很早就在立法上有所反映，并且经历了从粗疏到完备的演变过程。

在中国古代刑法中，最初故意犯罪简称为“故”，《尚书》中有“非眚维终，不可不杀”之说，眚是过失，非眚就是故意，可见当时是通过与过失犯罪的比较来界定故意犯罪的，并且当时人们就已经认识到了故意犯罪要比过失犯罪严重，要加重惩罚。

到了秦汉时期，法律对“故意”的规定更为规范化。秦律中对故意犯罪称为“端”或“端为”，并且规定对于故意犯罪要从重处罚。汉朝区分故意和过失，已经上升到法律原则，汉律中有“故”“误”之分，故就是故意犯罪，误指的是过失犯罪。

晋朝的张斐对故意做了理论上的概括，指出：“其知而犯之谓之故”，即明知其行为可能造成某种危害后果而为之，是故意犯罪。到唐朝，唐律基本采用了张斐的这个理论，以“知”为标准，将直接故意和间接故意都划入故意的范畴。自唐朝以后，历代刑律关于故意犯罪的立法基本上都沿袭了唐律对故意犯罪的规定方式。

中华人民共和国成立后，我国先后两部刑法都对故意犯罪的概念做了同样的规定：明知自己的行为会发生危害社会的结果，并且希望或者放任这种结果发生，因而构成犯罪的是故意犯罪。我国刑法同时规定了故意犯罪和过失犯罪两种犯罪，相对于过失犯罪来说，故意犯罪是主观恶性较大的犯罪，也是我国刑法打击的重点。故意犯罪在我国刑法分则中具有举足轻重的地位，我国刑法分则规定的各种犯罪是以故意犯罪为基础，以过失犯罪为例外补充的。

为了准确界定故意犯罪的概念，有必要将故意犯罪和过失犯罪进行比较，主要包括以下几个方面：

1. 犯罪社会危害性的比较

故意犯罪中行为人的行为是由明显的危害社会的意志所支配的，其行为的社会危害性主要是表现在主观上和行为本身之中，而不是主要表现在行为的客观效果上。一个行为不论其在客观上是否造成了危害社会的严重后果，其本身就具有社会危害性。而过失犯罪就不同，过失行为不是由明显的危害社会的意志所支配，所以过失犯罪的社会危害性主要不表现在行为人的主观上，而是主要表现在行为的客观效果上，只有当行为真正造成了严重危害社会的结果时，其社会危害性才能达到构成犯罪的程度。

2. 犯罪客体方面的比较

犯罪客体分为物质性犯罪客体与非物质性犯罪客体，物质性的犯罪客体主要指的是被侵犯的维持生存的活动的各种形式的社会关系，主要包括“生产关系和人基于生存而形成的社会关系”，比如生命权、财产权等。非物质性的犯罪客体则主要体现的是“上层建筑”的社会关系，主要包括人格权和名誉权等。物质性的犯罪客体通常具有可感知性和可计量性，而非物质性的犯罪客体则通常不具有可感知性和可计量性[①]。

故意犯罪和过失犯罪在侵犯的犯罪客体方面有不同，故意犯罪侵犯的客体既可以是物质性的犯罪客体，也可以是非物质性的犯罪客体，而过失犯罪侵犯的犯罪客体只能是物质性的犯罪客体。依据我国法律的规定，只有造成了严重的危害社会的结果的过失行为才能构成犯罪，但通过前文对物质性犯罪客体和非物质性犯罪客体的分析可知，由于非物质性的犯罪客体不具有可感知性和可计量性，因此非物质性犯罪客体受到犯罪行为侵犯

① 陈国柱：《故意犯罪与过失犯罪之比较》，载《青海社会科学》，1997 年第 4 期。

的危害结果不易计算，因而也就没有办法确定过失犯罪是否构成犯罪。只有物质性犯罪客体受到侵害时能够直接地感知和计算出危害结果的严重程度，从而判断过失行为是否构成犯罪的程度。所以说过失犯罪的犯罪客体只能是物质性犯罪客体，而故意犯罪由于没有对危害结果的特别要求，因此故意犯罪的犯罪客体既可以是物质性犯罪客体，也可以是非物质性犯罪客体。

3. 犯罪客观方面的比较

故意犯罪和过失犯罪在犯罪客观方面也有截然不同的表现。在故意犯罪中，犯罪行为与危害结果之间是统一的，行为人的行为目的就是危害结果的发生。而过失犯罪则不同，过失犯罪中的行为目的并不是实际发生的危害结果，实际危害结果的发生出乎行为人的意愿。另外，危害结果对过失犯罪和故意犯罪的意义不同，发生危害结果不是故意犯罪构成的必要条件，但是却是构成过失犯罪的一个必备要件，过失犯罪是结果犯，只有实际发生了危害社会的结果，才能构成过失犯罪。也正是由于对危害结果的特殊要求，使得过失犯罪不存在犯罪停顿状态。而故意犯罪不同，故意犯罪行为人受犯罪目的的支配，行为开始前就会为犯罪行为的实施而准备工具、创造条件，进行犯罪预备；犯罪行为实施过程中还可能出现由于外界影响而使犯罪未得逞的犯罪未遂状态和由于行为人自动放弃追求犯罪目的的犯罪中止状态。

4. 犯罪主体方面的比较

根据我国法律的规定，年满 14 周岁不满 16 周岁的人，犯故意杀人、故意伤害致人重伤或者死亡、强奸、抢劫、贩卖毒品、放火、爆炸、投毒罪的，应当负刑事责任。由此可见，故意犯罪的犯罪主体还包括已满 14 周岁不满 16 周岁的自然人，而过失犯罪的犯罪主体则只能是已满 16 周岁的自然人。

5. 犯罪主观方面的比较

犯罪主观方面是故意犯罪和过失犯罪的主要区别所在，故意犯罪和过失犯罪的主观方面都是由认识因素和意志因素构成。在认识因素方面，故意犯罪行为人对自己的行为会发生危害结果的认识表现为“明知”，而过失犯罪人对自己行为可能发生危害社会结果的认识表现则是“应当预见”和“已经预见”。在意志因素方面，故意犯罪的意志表现是希望（积极追求）或放任危害结果的发生，而过失犯罪的意志则表现为疏忽大意或者轻信能够避免。

第二节　故意犯罪的构成因素

从故意犯罪的概念可以看出，故意犯罪主要由两个方面构成：一是明知自己的行为会发生危害社会的结果；二是希望或者放任这种结果的发生。明知自己的行为会发生危害社会的结果，是故意犯罪的认识方面的特征，故意犯罪是明知故犯，没有明知这一认识因素，就谈不上故意犯罪。希望或者放任危害结果的发生，是故意犯罪在意志方面的特征。意志因素是故意犯罪中起决定性作用的因素，行为人在明知自己的行为会造成危害社会的结果的时候，明明有选择是否继续实施行为的可能，但是行为人决意实施危害行为，这种意志因素体现了行为人的主观恶性。下面具体从认识因素和意志因素两个方面来分析故意犯罪的构成。

一、故意犯罪的认识因素

明知自己的行为会发生危害社会的结果，是故意犯罪的认识因素的特征。具体如何理解故意犯罪中的“明知”内容，要分不同情况分析：

（一）一般情况下的明知

在一般情况下，故意犯罪的明知内容有不同的学说，笔者认为故意犯罪中应当认识的因素包括：①行为的性质，是行为会发生危害结果的性质，对行为性质的认识是故意犯罪中首先需要认识的内容，如果行为人对行为的性质没有认识，那么就根本不存在故意犯罪。②行为的客体，在一定程度上决定某一行为是否会发生危害社会的结果或者发生何种危害结果，因此也是故意犯罪的认识因素。③行为的结果，是指危害社会的结果，这是故意犯罪认识的核心内容。只有认识到行为会造成危害社会的严重后果，才有可能构成故意犯罪。④行为与结果之间的因果联系：如果行为人虽然认识到自己的行为，也认识到了某种危害结果，但是并没有认识到自己的行为与这种危害结果之间有因果关系，同样也不能构成故意犯罪。⑤其他法定事实，如时间、地点、手段等。个别情况下法律将时间、地点规定为犯罪的特殊要件，在这种情况下，对时间、地点以及手段的认识也是故意犯罪构成的必备要件。

除此以外，对于行为人的违法性认识是否是故意犯罪的必备要件，成为我国学者长期以来争论不休的话题，主要有以下几种学说：

1. 违法性认识否定说

在这种学说中具体包括事实性认识唯一说和社会危害性认识说两种观点：①事实性认识唯一说。在该学说看来，违法性认识和社会危害性认识都与故意的成立与否无关，只有犯罪构成事实才应当成为故意唯一明知内容，行为人只要对行为的事实情况有认识，并且追求这种结果的发生而危害了社会，即使误认了社会危害性，也仍然构成故意犯罪[①]。②社会危害性认识说。该学说把否定违法性认识肯定社会危害性认识作为故意的认识内容。其主要理由有：首先，从我国刑法的规定来看，犯罪故意的认识内容是明知自己的行为会发生危害社会的结果，即只要求对其行为的社会危害性有明确的认识，并没有规定要求对行为的违法性有明确的认识。其次，在一般情况下，行为人只要对行为有社会危害性，即对构成犯罪的事实有了认识，也就意味着对其行为的违法性有了认识。所以，在认定行为人主观上有无故意时，通常只需查明他对行为的社会危害性具有认识，就足以说明他对行为的违法性有认识，而不需要另外特别地去查明他对行为的违法性是否有认识。再次，如果把认识因素要求为明知刑事违法性，要求行为人明确知道其行为和结果触犯刑法哪一条文，应怎样定罪量刑，这就不现实、不合理，一般公民难以做到，甚至也难以确定地查明行为人是否真

① 李心鉴：《刑法中违法性错误与故意的关系》，载《政治与法律》，1990 年第 5 期。

的具备或可能具备这种认识，而且也容易使有些人钻空子，借口不懂法律来实施犯罪并逃避罪责。

2. 违法性认识必要说

这种学说看来，违法性认识是故意成立的必要要件，但具体观点又存在着分歧。第一种观点认为，要成立犯罪的故意，行为人不仅应认识行为的社会危害性，同时也应该包括认识行为的违法性。第二种观点主张故意的认识因素只能是违法性认识，而不应是社会危害性认识。这些学者认为社会危害性不能成为犯罪故意的认识因素，理由在于：首先，犯罪故意的认识内容是行为人主观上对自己行为的有关情况主观的认识，而不是社会对其行为所作的价值判断。因此，所谓社会危害性，就是指行为危害社会的特性，即行为对社会关系和社会秩序造成这样那样损害的事实特征。可见，社会危害性不仅是一种事实判断，也是站在国家立场对行为做出的政治法律评价，因而社会危害性并非法律规范上的概念。其次，社会危害性认识这一概念的模糊与不确定性，有违罪刑法定主义的主旨。最后，犯罪故意的成立要求行为人具有社会危害性认识，抹杀了犯罪故意和一般违法故意的界限。

对于故意犯罪行为人是否要求对社会危害性或者行为违法性有认识这一问题，笔者认为，我国刑事司法一向贯彻主客观相统一的刑事责任原则，根据这一原则，在认定犯罪和追究刑事责任的时候，不仅要求行为人的行为在客观上具有社会危害性，而且要求支配其客观行为的主观心理具有恶性或者反社会性，这就要求行为人在实施故意犯罪的时候对其行为的社会危害性或者违法性具有认识。

至于故意犯罪的认识要素是仅包括违法性认识，或者仅包括社会危害性认识，还是必须两者兼有？上述几种观点各执一词，都有道理却都不全面，笔者认为故意犯罪中的认识因素既不是仅包括社会危害性，也不是仅包括违法性认识，更不是要求两者同时具有，而是两者具有其一即可，这个观点是最近一些学者所提出的所谓“择一说”。行为人在主观上无论是具有社会危害性认识，还是具有违法性认识，都可以成立故意犯罪。因为只要行为人在实施故意犯罪行为的时候，主观上认识到了行为的社会危害性或者违法性，就足以表明行为人在主观上具有反社会的主观恶性，在这种主观恶性的支配下实施的犯罪行为应当予以惩罚，这完全符合我国主客观相统一的刑事责任原则。

（二）特定情况下的明知

除了一般情况下的明知，我国刑法还规定了特殊故意犯罪，要求犯罪人明知某种情况才能构成犯罪。这种情况的故意犯罪包括窝赃罪、销赃罪、重婚罪、破坏军婚罪等。比如窝赃罪，行为人不仅要认识到自己的行为性质、行为客体、行为的结果、行为与结果之间的因果关系，还要认识行为人代为保存的是犯罪所得的财物。如果行为人不明知其为犯罪所得的财物而代为保存，那么行为人就没有主观恶性，也就不能构成窝赃罪。

二、故意犯罪的意志因素

故意犯罪中的意志因素，是指行为人在明知自己的行为会发生危害结果的基础上，决意实施这种行为的主观心理态度。意志因素在故意犯罪中具有决定性的意义，意志是将犯罪行为付诸实施的一种主观意图，在这种主观意图中包含着危害社会的主体倾向[①]。如果行为人只停留在认识因素上，并未在认识的基础上产生犯意并付诸行动，那么也就不能追究行为人的故意责任，否则便是主观归罪。我国刑法理论的通说认为希望或放任危害结果的发生，是故意在意志方面的特征，因此一般将故意的意志因素分为希望意志和放任意志两种形式。

（一）希望意志

所谓希望意志，就是在明知自己的行为会发生某种危害社会的结果的基础上，希望这种结果发生的主观心理状态。故意犯罪中的认识因素中包括必然与可能两种情况，因而希望意志也分为两种基本的类型：一是在明知自己的行为必然会发生危害社会的结果的基础上，希望这种结果的发

① 陈兴良：《主观恶性论》，载《中国社会科学》，1992 年第 2 期。

生；二是在明知其行为可能会发生危害社会的结果的基础上，希望这种结果的发生。

日常生活中的“希望”是指心里想着达到某种目的或出现某种情况。故意犯罪中的“希望”就是行为人对其意图实施的危害行为将要达到某种目的或出现某种情况的主观能动倾向。这种能动倾向表现为行为人对危害行为的控制状态，即行为人以一定的行为及结果为控制对象和控制内容，主观见之于客观，希望引起外部世界发生客观变化的过程。具体地讲，故意犯罪中的“希望”是指行为人在对自己行为的性质有明确认识的基础上，利用自己对行为的控制能力，把自己的行为控制在自己对行为性质认识的范围内，即有意识地控制自己行为的手段、方法使其具有某种客观性质，并将其指向自己所认识的犯罪对象，使自己对于自己行为的认识按自己的意愿转化为客观现实，从而导致了危害结果发生的意志活动。

（二）放任意志

所谓放任意志，就是在明知其行为会引起某种危害社会结果的基础上，有意放任这种结果发生的主观心理态度。对于放任意志的认识程度，我国刑法理论界的观点存在分歧，有的认为只能表现为对自己行为可能造成危害社会结果的明知，如果明知是必然，则无放任可言。有的则认为无论是明知可能还是必然，都存在放任的可能。

关于故意犯罪中这种放任意志因素的具体理解，考察各国的刑事立法，在理论上可以概括为四种学说：一是放任说，认为这种故意犯罪是指行为人认识到自己的行为对社会的危害性，并预见到它对社会的危害结果，而且有意识地放任这种结果发生的行为。二是同意说，认为这种故意犯罪是指行为人意识到自己的行为可能产生为法律所禁止的结果，并同意这一结果发生的行为。三是容忍说，认为这种故意犯罪是行为人明知有危害结果发生的可能性，却对其结果采取了容忍的态度。四是不违背本意说，认为这种故意犯罪是指行为人对于构成犯罪之事实，预见其发生并不违背其本意的行为。

我国刑事立法和刑法理论采用的是"放任说"。但是对如何理解这种故意犯罪中的"放任"，我国学者的观点纷呈，归纳起来，大致有以下几种：第一种可称为"不希望说"。这种主张强调了放任故意与希望故意的区别：放任就是不希望危害社会的结果发生，只是采取了听之任之的态度。第二种可称为"中立说"。从中立的立场表述放任，"放任就是对结果的发生与否采取听之任之、满不在乎、无所谓的态度，发生不违背他的本意，不发生他也不懊悔。"第三种可称为"放任发生说"。此学说认为放任态度并不是在两种可能之间采取中立态度，而是放任这种结果的发生。第四种是"纵容说"，放任并非听之任之、漠不关心，而是有意地放纵危害结果的发生。这样能够揭示出间接故意的主观恶性。

笔者认为，我国故意犯罪中的放任应该具有以下几个特性：

1. 放任并不是单纯的希望，它对结果的发生是听其自然，不加干涉，因此包含了希望和不希望两方面

放任是一种不计后果的态度，但又不是漠不关心。放任是一种行为人在明知自己行为可能发生特定危害的情况下，为了达到自己的既定目的，仍然决意实施这种行为，对阻碍危害结果的障碍不去排除，但也不设法阻止危害结果的发生，而是自觉听任结果发生的心理态度。漠不关心的说法过于消极，没有揭示放任中"放纵"的自觉的一面。"放任"并不是行为人在发生和不发生危害结果两种可能之间保持完全"中立"的态度，而是在放任心态下，行为人不但没有制止可能导致危害结果的行为，反而发动既定的行为，甘冒危害结果发生的风险，说明放任意志的自觉性[①]。有的理论一味强调放任就是听之任之、漠不关心，实际上是割裂了放任意志与危害结果发生的内在联系，抹杀了放任意志的自觉意识，无法说明放任是犯罪故意的一种意志。事实上，危害结果的发生，与行为人的放任具有不可分割的联系，从积极意义上讲，放任是行为人有意识地造成某种危害结果的发生；从消极意义上讲，放任是行为人不想用任何措施

① 刘艳红：《间接故意犯罪的认定》，载《武汉大学学报（社会科学版）》，2003年第6期。

避免危害结果的发生。正是行为人不抑制自己的危害行为，最终才会发生危害社会的结果[①]。放任实际上反映出行为人为追求某种目的，甘愿发生危害社会结果的风险而豁出去的心理态度。结果发生与否，都不违背行为人的本意，因为行为人既无阻止结果发生的心态也无追求结果发生的积极企图。

2. 放任包含不希望的态度

放任是否包含不希望的态度，刑法理论界存在有三种不同观点：一是“等同说”，认为放任就是不希望危害结果的发生，只是采取了听之任之的态度。二是“独立说”，对等同说进行了批评，认为任何犯罪，就行为人对危害结果的发生所持的态度，大致有以下三种：希望危害结果发生、不希望危害结果发生、放任危害结果发生。这三种态度是相互区别的，三者不能混淆更不能等同。所谓放任危害结果的发生，是指行为人对可能发生的危害结果采取顺其自然、不加干涉的态度。在这种心理状态的支配下，如果发生了危害结果，不违背行为人的意志，因为行为人本身就无意防止它的发生。如果没有发生危害后果，也同样没有违背行为人的意志，因为他并没有追求这种危害结果发生的企图。总之，行为人放任危害结果的发生这种心理状态既不同于希望危害结果的发生，又不同于不希望危害结果发生这两种心理状态，它是一种独立的心理状态[②]。三是“折中说”，认为放任就是虽然没有希望结果的发生，但又不设法防止，采取听之任之的态度[③]。

独立说是目前我国刑法理论上的通说。折中说对听之任之的表述虽然不是十分恰当，但是与此同时，它考虑到放任中包含不希望的心态则是可取的。放任的重要功能在于区分直接故意和间接故意，除了明知必然性而放任的情况外，直接故意的意志因素都是希望，间接故意的意志因素都是放任。放任是对可能发生的结果的排除，而没有排除希望结果不要

① 姜伟：《论间接故意》，载《烟台大学学报（哲学社会科学版）》，1995 年第 2 期。

② 张璐：《浅析间接故意与直接故意的界限》，载《法制与社会》，2008 年第 30 期。

③ 方加亮：《试论刑法中的放任》，载《天中学刊》，2003 年第 4 期。

发生[①]。

3. 放任具有附属性

放任是附属在行为人希望其他结果发生的心态下的一种意志因素。在间接故意犯罪中，行为人是为了追求自己意欲实现的行为而放任其他结果的发生，因此，它首先存在着对目的行为的希望意志，当然，这种希望意志的结果有犯罪结果也有非犯罪结果。为了追求目的行为结果的发生，行为人对于该结果的附属结果持顺其自然的心态。显然，放任是在希望的心态之上产生的，它是伴随着行为人追求某种利益并积极实现某种利益的希望心态所滋生的[②]。放任的附属性决定了放任还具有心理上的不完整性，也就是说放任不是在表现其他心理状态下所表现出来的主观恶性；放任的附属性也决定放任意志具有他行为性，也就是指支配行为人实施一定行为的并非放任心理，而是原先的意志心理；放任的附属性也决定了在放任心态下所发生的危害结果具有伴随性。行为人为了追求其希望达到的其他目的，对可能发生的危害结果在一种不确定性的心态下，放任这一结果的发生，可能结果的发生正是伴随着希望结果出现的，前者是后者的附属物、派生物。正如边沁指出："一个结果，当它是故意引起的时候，既可以是直接故意，也可以是间接故意。当预期产生某种结果构成促使行为人决心实施其行为的因果锁链中的一个环节时，就可以说，行为人对这一结果的态度是直接故意或直接产生的故意。当结果虽然是预料之中的，并且是在行为的实施过程中很可能伴随出现的，但预期产生这种结果不构成上述因果锁链中的一个环节时，就可以说，行为人对该结果的态度是间接故意或伴随的故意[③]。"

4. 放任具有转化性

在放任心理支配的故意犯罪中，行为人开始产生的意志的确不是针对

---

① 刘艳红：《间接故意犯罪的认定》，载《武汉大学学报（社会科学版）》，2003 年第 6 期。

② 石慧，周铭川：《论间接故意中的放任》，载《江西财经大学学报》，2007 年第 1 期。

③ 贾宇：《直接故意与间接故意的新探讨》，载《法律科学 . 西北政法学院学报》，1996 年第 2 期。

危害结果的发生，但这种不希望并非放任意志心态的真正含义。这类故意犯罪也都是以追求某种目的结果为前提的，正是这种目的结果，导致行为人原本不希望危害结果发生的意志形态产生了性质上的变化。这种变化表现为，行为人既然明知自己的行为可能会发生某种危害结果，也不希望这种结果发生，只要停止实施预定行为，危害结果就不会发生。但行为人为了追求另一目的结果，执意实施预定行为。此时，行为人在主观上会产生一种矛盾，既不希望危害结果发生，又想实施会引起这种结果发生的行为。矛盾斗争的结果仍然是决意实施预定行为，于是，原有的不希望意志形态转化为对危害结果的发生抱听之任之的放任意志[①]。

第三节　故意犯罪的分类

一、故意犯罪的法定分类

根据我国刑法的规定，故意犯罪分为直接故意犯罪和间接故意犯罪。

明知自己的行为会发生某种危害社会的结果，并且希望这种结果发生，从而构成犯罪的是直接故意犯罪。具体来说，犯罪的直接故意通常表现为以下两种形式：一是明知自己的行为有引起某种危害社会结果的必然性，并希望这个结果发生。二是明知自己的行为有引起某种危害社会结果的可能性，并希望这个结果的发生。

明知自己的行为会发生危害社会的结果，并且放任这种结果发生，因而构成犯罪的是间接故意犯罪。认识因素方面，间接故意表现为行为人明知自己的行为会发生危害社会的结果；意志因素方面，行为人为了追求某种其他结果的发生，而对危害结果的发生持放任态度。

但是，如果行为人认识到自己的行为必然会发生危害社会的结果，而放任结果发生，这种情况是直接故意犯罪还是间接故意犯罪？对此，理论

① 杜澎：《间接故意犯罪形态论》，载《法学家》，2000年第2期。

上有针锋相对的两种看法。一是间接故意论，认为判断直接故意和间接故意，只能以意志因素的“希望”或“放任”为根据，而不能以认识因素“可能”或“必然”为根据。二是直接故意论，行为人虽然不是希望危害结果的发生，但明知结果的必然发生而放任的，仍是直接故意。

笔者认为，故意犯罪中的意志因素是为了与过失犯罪相区别的，并不是用来区别直接故意犯罪和间接故意犯罪。因此，放任这一意志因素不是间接故意犯罪所独有，直接故意犯罪中也可能存在放任的意志因素。要区别直接故意犯罪和间接故意犯罪，必须将认识因素和意志因素结合起来看，意志因素以认识因素为前提，但是，反过来它又限制认识因素的内容。如果行为人预见到自己的行为必然导致某种危害结果的发生，而仍然置之不理，那就不能说他对结果发生或不发生是抱着放任的态度了。在结果发生的唯一可能性之下，行为人为了追求其他目的的实现，而仍然实施其他目的行为，这表明了行为人主观意志的自觉性，这与希望的心态下行为人积极追求某种结果的发生而实施危害行为的故意心态并无本质区别。另外，从听任的本意来看，放任是对结果发生与不发生两种态度都允许、不反对的心态。这表明，放任其前提应该是存在着结果发生的两种可能，即发生或不发生某种危害结果情况①。因此如果对结果的发生是必然性的，没有发生与不发生的可能，也就不可能有放任的心态。笔者认为在明知结果必然发生的情况下，不可能产生放任的犯罪意志，而只能是希望的犯罪意志，因此也只能是直接故意犯罪。

综上所述，直接故意犯罪和间接故意犯罪的构成因素有以下几点不同：

1. 认识因素不同

直接故意犯罪行为人既可以明知自己的行为必然发生危害结果，也可能是明知自己的行为有可能发生危害结果；而间接故意犯罪中行为人只能是明知自己的行为可能发生危害结果，认识到了危害结果发生的必然性不

---

① 刘艳红：《间接故意犯罪的认定》，载《武汉大学学报（社会科学版）》，2003年第6期。

能构成间接故意犯罪。

2. 意志因素不同

直接故意犯罪中行为人所抱有的心理是希望，即积极追求危害结果的发生。在这种心理支配下，行为人往往会不择手段、想方设法地克服困难、排除障碍，以达到犯罪目的。间接故意犯罪中行为人对危害结果的发生则抱有放任的态度，对结果的发生既不反对，也不追求，在这种心理支配下，行为人一般既不会想方设法达到危害结果的发生，同时也不会想办法避免危害发生。

3. 直接故意犯罪和间接故意犯罪对特定危害结果的发生与否要求不同

直接故意犯罪中，只要行为人主观上有犯罪的故意，客观上实施了危害行为，危害结果是否发生都不影响定罪。而间接故意犯罪则不同，只有发生了某些特定危害结果才能认定构成间接故意犯罪。

二、故意犯罪的学理分类

除了法律上将故意犯罪分为故意犯罪和过失犯罪以外，理论上也从各种不同角度对故意犯罪进行了分类，主要有以下几种：

1. 偶然故意犯罪和预谋故意犯罪

根据犯罪故意形成时间的长短，可以分为偶然故意犯罪和预谋故意犯罪。偶然故意犯罪是指行为人并非预谋而是出于一时起意实施危害行为的犯罪心理。预谋故意犯罪是指行为人经过深思熟虑和反复思考之后着手实施的犯罪行为。由于预谋故意犯罪犯意形成的时间比较长，因此一般情况下预谋故意犯罪的主观恶性比偶然故意犯罪大。

2. 危险故意犯罪和实害故意犯罪

危险故意犯罪是指行为人明知自己的行为会对某种法益足以发生危害结果的危险，并且希望或者放任这种危险发生的故意犯罪。实害故意犯罪是指行为人明知自己的行为会对某种法益发生实际损害的结果，并且希望或者放任这种结果发生的故意犯罪。

小 结

明知自己的行为会发生危害社会的结果，并且希望或者放任这种结果发生，因而构成犯罪的，是故意犯罪。行为人对自己的行为会发生危害社会的结果，必须是明知的。行为人必须是希望或者放任这种危害结果的发生。不论行为人明知的是危害结果必然发生，还是可能发生，只要希望或者放任这种危害结果的发生，就构成故意犯罪。

故意犯罪的认识因素以“明知”为标准，同时认识因素也成为故意犯罪的最先考虑因素，有了好的起点便能对整个刑事法律起到良好的带头作用，也会使刑法更具有衡平性。刑事法律的判定里，“明知”同样可以作为罪与非罪的评判基础出现，找出具有“明知”的犯罪以及不具有“明知”的犯罪，这在刑事立法中是有很高的水平要求的，要在初始阶段找出需要惩治的犯罪。并且，“明知”在司法实践中也是对我国司法工作人员能否把控好法律对犯罪的惩罚尺度，能否把握好程序的公正性的很大考验。如果对上述所说稍微处置不当，则会使整个法律出现不可想象的漏洞，也会让人民对法律的信任度降低。从这里可以看出，认定好“明知”，对我国刑事司法实践的实际意义具有深远的影响。

第八章　放　火　罪

第一节　放火罪的概述

一、放火罪的立法体例

火在人类的起源、进化和文明发展的过程中发挥着极为重要的作用。但火是一把“双刃剑”，它既能为人类造福，也能给人类带来灾难。基于此，为了引导人们正确用火，防止人为的火灾的发生，中外刑法都毫不例外地规定了放火罪。

从各国刑法的规定来看，对放火罪立法上和性质上的归纳，却不完全相同。根据学者的研究，立法的归类大体上有以下三种情况：

1. 把放火罪规定为侵害财产罪

该种立法例的代表是1810年的《法国刑法典》。该刑法第2章“侵害公共财产之重罪、轻罪”第3节第434条规定，故意放火烧毁现有人住或供人居住的建筑物、船舰、店铺、工地者，处死刑，故意放火烧毁有人在的汽车或车厢，或无人在而附属于有人乘坐列车或车厢者，亦同。故意放火烧毁无人所在且非供人居住的建筑物、船舰、店铺、工地或不归其所有的森林、丛林、已成熟而未收割的物品者，处无期徒刑。放火或放火烧毁自己所有之前项物品并故意损害他人者，处10年至20年有期徒刑。依所有权人命令而为放火者，亦同。故意放火烧毁稻堆、木堆、载有或不载有商品的汽车车厢或不属于其所有的动产者，处10年至20年有期徒刑。放火或使放火烧毁自己所有之前项物品并故意损害他人者，处5年至10年有期徒刑。依所有权人之命令放火者，亦同。故意放火烧毁任何物品，而传播火灾烧毁前各项物品，亦同。因故意放火，致人死、伤或者有第309条第3项所称生理上有永久缺陷者，处死刑。此外，属于该立法例的还有1985年的《加拿大刑事法典》。

2. 把放火罪规定为公共危险罪

把不足以危害公共安全的放火行为排除在放火罪之外，仅对足以危害公共安全的放火行为以放火罪论处。属于此立法例的是1980年修正的《德国刑法典》和1968年修正的《意大利刑法典》，如1980年修正的《德国刑法典》第27章危害公共安全的犯罪规定了放火罪。第306条规定的是重大纵火、第307条规定的是情节特别严重的纵火、第308条规定的是一般纵火。1968年修改的《意大利刑法典》分则第6章对公共安全的犯罪第1节以暴力危害公共安全之罪规定了放火罪。该节第423条规定："纵火者，处3年以上7年以下有期徒刑。上项规定对于纵火烧毁自己之物，致生公共危险者，亦适用之。"第424条规定："仅意图损害他人之物，而将自己或他人之物放火致生火灾之危险者，处6个月至2年有期徒刑，如发生火灾者，适用前款规定，但减轻三分之一至二分之一。"

3. 把危害公共安全的放火行为和侵害个人法益的放火行为都规定为放火罪

这种立法例又被称为折中制，有以下两种情况：一是把危害公共安全的放火规定为危害公共安全罪，把侵害财产的放火规定为侵犯财产的犯罪。如1997年1月1日生效的《俄罗斯联邦刑法典》第24章危害公共安全的犯罪中第205条规定的恐怖行为罪中就包括为了破坏公共安全实施的纵火。再如1995年修改公布的《日本刑法典》分则第9章规定的是放火和失火罪，该章第108条对现住建筑物等放火规定，放火烧毁现有人居住或者现有人在内的建筑物、火车、电车、船舰或者矿井的，处死刑、无期或者5年以下惩役。第109条对非现住建筑物等放火规定："放火烧毁现非供人居住而且无人在内的建筑物、舰船或矿井的，处2年以下有期惩役。前项所列之物属于自己所有的，处6个月以上7年以下惩役。但未发生公共危险的，不处罚。"第110条对建筑物以外之物防火规定，"放火烧毁前两条规定以外之物，因而发生公共危险的，处1年以上10年以下惩役。属于自己所有的，处1年以下惩役或者10万元以下罚金。”

在我国历史上，很早就把治火纳入律令管理的渠道。据史料记载，我国商代法律已开始规定用刑罚手段管理火政。殷代的“殷之法”中就有“弃灰于公道者断其手”的条款，即意指将火的灰烬遗弃在道路上，由于可能致余火复燃而酿成火灾，因此要处以“断其手”的刑罚。这是我国最早制定的以刑罚方法处罚不注意用火安全的法律规定。周朝的法制较殷代更完备，规定：“凡国失火，则有毗屋延烧之忧；野焚莱（烧荒），则有焚及山林之害。大则有刑，小则有罚。亦权罚之轻重耳。”汉代治火的法律也很严厉，如：“百鼓之后燃火者鞭一百，延烧一家斩五部都督。”西晋制定的《晋律》和南北朝北周制定的《火律》中都有水、火篇。唐代的《永徽律》，其中有关火灾的刑罚共7条，对违反防火与救火法令，对失火、防火等各种违法犯罪行为都做了具体的刑罚规定。例如：“诸故烧官府廨（房）舍及私家舍及财产者徒三年，五匹流二千里，十匹绞，烧伤人者以故杀伤论。”宋代治火法律基本上沿用唐律，对失火犯、放火犯和救火失职者给予严厉的制裁。例如，“放火者斩，乃没其家；以火烧屋宇、军墓及财物积聚通什钱；贯足以上者斩；军中有火救火人皆军备，若辄离本职部等处斩者……”明代的《大明律》较前代更加完备，明确区分了失火罪和放火罪，补充了看守人员趁起火之机侵吞财物者以监守自盗论罪等条款，并强调对放火犯必须查获证据，以防诬告等。清代的《大清律例》则与《大明律》基本相同。

我国1950年刑法大纲草案将放火等行为规定在妨害国家统治秩序罪中；1954年刑法指导原则草案将放火等行为视为故意破坏行为而规定在破坏公共财产罪中；1957年刑法草案第22稿根据放火的对象的不同意义如区分公共设施和公共设施以外的公私财产等，规定在五个条文中，非常烦琐；1963年刑法草案第33稿将放火行为缩短在两个条文里加以规定；1979年《刑法》则把放火、决水等的犯罪对象由第33稿规定的工厂、矿坑、仓库、住宅、森林、谷场、牧场、公共建筑物扩展到油田、港口、河流、水源等，从而使1979年《刑法》对放火的规定得到了充实、完善。1997年《刑法》修正，仍然保持了1979年《刑法》关于放火罪的立法体例——公共危险制，即把足以危害公共安全的放火行为和已经造成危害公共安全的严重后果的放火行为均规定为放火罪。

二、放火罪的概念

对于放火罪规定于危害公共安全犯罪中在我国刑法理论界已经达成一致意见，但是具体如何界定放火罪仍然存在分歧，大体上有以下几种观点：

第一种观点：放火罪是指故意用放火焚烧公私财物的方法，危害公共安全的行为。

第二种观点：放火罪是指故意放火焚烧公私财物，足以危害公共安全的行为。

第三种观点：放火罪是指以故意放火焚烧公私财物的方法危害公共安全，尚未造成严重后果的行为。

第四种观点：放火罪是指故意放火焚烧公私财物，危害公共安全的行为。

上述对放火罪的界定，可以说没有原则性的区别，特别是第一、二、四种观点的表述。但是笔者认为，第三种观点在对放火罪界定的概念逻辑上不周延。危害公共安全，尚未造成严重后果的表述，固然是与《刑法》第一百一十四条的规定相符，但是,《刑法》第一百一十五条有放火“致人重伤、死亡或者使公私财产遭受重大损失的”严重后果的规定，对照来看，第三种观点对放火罪的界定，概念中似包含着“未造成严重后果”不属于放火罪的含义。当然，这并不是论者的意思，但是，作为概念来说，如果不能包含放火未造成严重后果仍然是放火罪的含义，则是不够准确的。而第一、二、四种观点以危害公共安全来表述，已经完全将所有的应当属于放火罪的放火行为包含在其中，是科学的表述。因此，笔者赞同第一、二、四种观点对放火罪的界定，即所谓放火罪，是指故意用放火焚烧公私财物的方法，危害公共安全的行为。

第二节　放火罪的构成特征

一、放火罪的客体

放火罪侵犯的客体是公共安全，即不特定多数人的生命、健康和重大公私财产的安全。是否危害公共安全，是放火罪与用放火的方法实施的故意杀人、故意毁坏财物等罪相区别的主要标志。基于火具有蔓延燃烧的特点，针对特定财物的放火焚烧，不仅可能烧毁特定财物，而且也可能逐次蔓延燃烧至其他不特定多数物，对周围不特定多数人的生命、健康和重大公私财产造成严重威胁，这也是放火罪具有严重社会危害性的所在。如果放火行为人能够将火势有效地控制在一定较小的范围内，没有也不足以危害不特定多数人的生命、健康和重大公私财产的安全，不成立放火罪。根据案件的不同情况，可认定为故意毁坏财物罪、故意杀人罪、故意伤害罪等。

放火罪对公共安全的危害主要表现在以下四个方面：一是放火危害不特定多数人的生命、健康安全；二是放火危害重大公私财产的安全；三是放火危及多数人的生命、健康的安全；四是放火同时危害不特定多数人的生命、健康和重大公私财产的安全。从司法实践来看，由于放火依附的附着物是物质（财物），所以，通常情况下，放火属于最后一种情况的比较常见，既危及不特定多数人的生命、健康安全，同时又危及重大公私财产的安全。

根据放火焚烧的对象性质以及所处的环境，放火罪对该公共安全的危害程度有两种情况：一是已经危害公共安全，即放火行为给公共安全造成了实际的危害，导致了实际危害后果的发生。在这种情况下，不特定多数人中的一人或者数人的生命被剥夺、身体受到了伤害或者重大公私财产被损毁、灭失。二是足以危害公共安全，即放火行为虽然未造成不特定多数人的伤亡和重大公私财产的毁灭，但行为人的行为已经使不特定多数人的生命、健康或者重大公私财产的安全受到了现实威胁。也就是说，公共安全遭受到的实际危害后果尽管未发生，但存在发生的危险。

例如，马某因赌博输钱，对赌友王某心怀不满，一晚在途经王某家时，见王某家没有人，随起放火之念头，当即取出随身携带的火柴，点燃堆放在楼里公共过道内的废纸堆。这时，恰好王某的女儿外出回家，发现火情，迅速将火扑灭，才未酿成火灾。马某的放火行为已使不特定多数人的生命、健康和财产的安全受到威胁，足以危害公共安全，构成放火罪。

在国外刑法中，关于放火罪侵犯法益，在立法上曾有不同的规定。例如，日本旧刑法曾受法国刑法的影响，将放火罪规定为“对财产的犯罪”，在明治四十年刑法改正案时，考虑到放火罪对社会安宁的危害，遂将放火罪修正为日本现行刑法的规定，即将公共危险作为保护的第一法益，财产作为保护的第二法益。我国刑法理论对放火罪的客体没有多少争议，因为在通说观点理解的危害公共安全含义中，本身就包含人身和财产这两个方面的内容。

另外，关于放火罪的对象还有一个有争议的问题，那就是本罪的对象是否仅限于他人的财物？是否包括行为人自己的财物？对于这个问题，我国刑法上没有做出明确的规定，但理论上的通说认为，放火烧毁自己或家庭所有的房屋或者其他财物，只要足以引起火灾、危及公共安全，就应以放火罪论处。但是，也有学者曾经主张，放火烧毁自己或家庭所有的房屋或者其他财物，总是事出有因，行为人并非想以放火方法危害公共安全，因此，一般不以放火罪论处为宜，即使对引起火灾、危及公共安全的，以放火罪论处也要慎重。笔者认为，放火对于公共安全的危害，并不因为是针对他人的财物还是自己的财物而有所区别，从放火罪的立法精神来看，也并不存在这一区别。我国刑法规定放火罪的目的是保护公共安全，并未明文限定放火罪的对象只能是公共财产或他人的财物。放火烧毁自己的财物，如果足以危害公共安全，原则上也构成放火罪，只是在量刑上应与放火焚烧他人财物或者公共财产构成的放火罪加以区别。所以，不存在因放火焚烧的是属于自己或家庭所有的财物就不构成犯罪的问题[①]。

例如，王某长期受丈夫的虐待、折磨，因而心灰意冷，觉得日子实在过不下去了，产生了烧毁自家房屋的念头，于是，有一天，她趁丈夫不在家的时候，点燃了自家的房屋，由于四邻八舍的房屋挨得比较近，再加上当天风力比较大，火势迅速蔓延，幸好发现及时，没有造成太大的损失。此案中，尽管王某放火烧的是自家的房屋，但考虑到当时的情势，她的行为已经使不特定多数人的生命、健康和重大公私财产受到了威胁。因而，对王某的行为应以放火罪论处。

这一问题也说明我国刑法对此没有明文规定的不完善之处。国外有些国家的立法，在这一方面的规定是有借鉴意义的。例如，《德国刑法典》第308条第1项规定："前项所列之物属于自己所有的"，也构成放火罪，"但未发生公共危险的，不处罚。"上述立法例，显然都表明即使放火焚烧的是自己的财物，也可以构成放火罪。有区别的是，《德国刑法典》的规定表明，在放火焚烧自己财物时，如果造成火势蔓延而危及"礼拜集会用的建筑物""居住用的建筑物、船舶或者房舍""有时供人居住，纵火时适逢有人居住的场所"等属于他人的财物时，构成放火罪，没有表明是否要求对公共危险构成威胁。而《日本刑法典》的规定表明，放火焚烧属于自己的财物，只有在发生公共危险的情况下，才构成犯罪，并予以处罚。

二、放火罪客观方面

放火罪客观方面表现为放火，即用引起公私财物燃烧的方法，危害公共安全的行为。所谓放火，也称纵火，是指使用各种导火材料，点燃目的物，或者利用既存的火种（引起火灾的危险因素），引起公私财物的燃烧，制造火灾的行为。放火同决水、爆炸、投毒等一样属于危险方法，其特点：能够在一定条件下同时造成不特定多数人死伤或者公私财产的广泛破坏，其危害的范围和程度往往是行为人所难以预料和控制的。

---

① 刘广超：《烧自家财物也犯罪》，载《河南消防》，2002年第9期。

放火一般是利用各种引火物直接点燃犯罪对象，因而表现为作为方式，如行为人直接用引燃物把公私财物点燃。但是，也可以用不作为方式实施。例如，电气设备维修工人，发现其负责维修的电气设备出现电线短路起火的危险，却故意不维修，希望火灾发生，就应以放火罪论处。以不作为方式实施的放火罪必须具备以下三个条件：一是行为人负有实施防止火灾发生的特定法律义务，这种特定的法律义务不仅仅限于法律的明文规定，除了法律明文规定的以外，还有职务或者业务上要求的义务，如工厂、矿场、谷场、油田等单位的安全员。另外，行为人的先行行为引起的防止火灾的义务，也属于这里的特定法律义务，例如，青年李某，不慎将烟蒂扔在火场一堆货物上，发现货物着火燃烧，他就负有扑灭、防止火灾发生的义务。从司法实践来看，行为人防止火灾的特定法律义务，主要是后两种情况。二是行为人有能力履行这种特定的法律义务。行为人虽有防止火灾发生的特定法律义务，但由于某种原因而不具备履行该项义务的实际可能性，则不构成不作为的放火罪，如负有防火义务的油田安全员被罪犯捆绑，不能履行其防火的义务，就不能认为该安全员构成不作为放火罪。三是行为人没有履行特定的防止火灾发生的法律义务，如果履行了这种特定的法律义务，也就不可能成立不作为放火罪。以作为方式实施的放火行为，也必须具备三个条件：一是要有火种，即引燃物；二是须有目的物，即要烧毁的财物；三是需将火种与目的物接触。在这三个条件已经具备的情况下，及时将火种撤离或者扑灭，目的物仍可以独立继续燃烧，放火行为就被视为实行终了。

放火行为的着手，历来是司法实践中的难题之一，我国刑法理论对此尚未展开充分的探讨。不过，放火行为虽然有作为与不作为之分，但是，从司法实践情况来看，不作为的放火行为，由于只有造成严重后果才能认定，所以，无须讨论着手的问题。因此这里的着手，是针对作为的放火行为而言，笔者认为，放火行为的着手，是指直接使目的物燃烧或者通过媒介使目的物发生燃烧的一段时间内的行为。要求“一段时间”，是指在通常情况下放火的着手行为并不是在“瞬间”，而是指行为从开始到目的物在脱离火源内“完成”，也可以是持续一段时间才可能达到。比如，在使用媒介物使目的物燃烧的情况下，只要使用发火物（如火柴）经导火材料（纸张）传递到目的物，同时根据目的物的物理性质，导火材料使目的物燃烧，即应当认定为放火的实行行为已经着手。至于目的物在脱离导火材料后是否能够继续燃烧，并不影响对已经着手的认定。

放火可能给不特定多数人的人身或者财产造成重大损失，但是，并非必须已经造成上述损失才可构成放火罪，而是只要根据行为时的具体时间、地点环境等条件分析，存在足以造成上述损失的危险，即可构成本罪。如果放火行为造成了实际的危害后果，便构成本罪的结果加重犯，适用较重的量刑幅度处罚。如果行为人选择特定的侵害对象和特定的环境，有意识地把危害控制在特定对象范围内，确实不足以危害公共安全的，例如，刘某放火将高某堆放在田地里的数千斤稻草烧毁，不危及其他财产安全的，不构成放火罪。放火烧毁他人财物，不危及公共安全，但情节严重的，可以构成故意毁坏公私财物罪。

三、放火罪的主体

放火罪的犯罪主体是一般主体，即只要达到了法定刑事责任年龄、具有刑事责任能力，实施了放火焚烧公私财物，危害或者足以危害公共安全行为的自然人，都可以构成放火罪的犯罪主体。但由于放火罪严重的社会危害性，所以《刑法》第十七条第二款规定，已满 14 周岁不满 16 周岁的人犯放火罪的，应当负刑事责任。因此，已满 14 周岁，具有刑事责任能力的人均可构成本罪的犯罪主体。

四、放火罪的主观方面

放火罪在主观方面表现为故意，即行为人明知自己的行为会危害公共安全，并希望或者放任这种结果发生的心理态度。放火罪故意的认识因素和意志因素具有自己的特点。从认识因素上看，行为人对自己的行为会造成危害公共安全的结果必须是明知的，即有清楚、明确的认识。明知的内容包括以下几方面：一是明知放火行为是有害社会的行为，至于该行为是否为刑法所禁止，则不要求行为人有认识。从实际情况来看，放火罪行为人，有的知道法律规定有放火罪，有的也可能不知，尤其是针对自己的财物放火。但是，不知法律不能免除责任已成为当代各国追究刑事责任的普遍原则。已满14周岁、精神和生理功能健全、智力与知识发展正常的人具备了辨别大是大非的能力，对其实施的放火行为是否有害于社会，已能够认识。在认识到自己的放火行为对社会有害的情况下仍然故意实施该行为，应承担故意犯罪的刑事责任。二是明知放火行为的结果是危害公共安全的，体现犯罪客体的犯罪对象是人和物，人数的特定与不特定，财物是否重大，行为人是能够辨别的。行为人对放火行为的结果是危害公共安全的结果是明知的，这是放火罪和以放火的手段实施的故意杀人罪、故意毁坏财物罪主观方面的重要区别。三是明知自己的放火行为会发生危害公共安全的结果，即认识到自己的放火行为可能造成不特定多数人的伤亡和重大公私财产的毁损，至于其放火行为事实上是否会造成危害公共安全的结果则不要求有所认识。行为人无论是认识到放火行为与危害公共安全结果之间因果联系的可能性还是必然性，都不影响放火罪故意的认定。从意志因素上看，行为人对公共安全受到危害持希望或者放任的心理态度。行为人实施放火行为，是希望危害公共安全的结果发生，还是放任危害公共安全的结果发生，分别构成放火罪的直接故意和间接故意。直接故意是指行为人明知自己的行为会危害公共安全，而希望这种结果发生的心理态度。希望表现为积极追求。

例如，某市印刷厂工人刘某，因工作不负责任，被厂里扣发工资，即产生放火报复的念头。刘某于某晚夜深人静之时潜入工厂保管室，提着内装15千克液压油和约7.5千克锭脂油的油桶各1只，然后撬开工厂库房，把油洒在纸张和机器上，用火柴点燃纸、油，引起火灾。行为人刘某的主观罪过形式就是直接故意，即明知自己的放火行为会危害公共安全，而积极追求这种结果发生。

间接故意是指行为人明知自己的行为可能危害公共安全，而放任这种结果发生的心理态度。

例如，赵某因琐事与村民小组组长田某发生争执、打架，因而心怀不满。某晚，赵某路过田某家时，见田某家没人，于是将吸剩下的半截香烟扔在田某家羊圈的草棚上，致使羊圈棚子着火，烧毁羊圈，烧死大、小羊共10只。由于羊圈与田某家住房相连，以致火势蔓延，烧毁了田某家住房和与田某家相邻的谷某家住房数间，后村民及时将大火扑灭，才未酿成更严重的后果。本案中，赵某明知自己的放火行为可能导致火势蔓延而造成田某以及不特定的其他人的财物遭受损失，但为了达到报复田某的目的，对田某家的羊圈放火，放任田某以及其他人的住房等财物遭受损失的结果发生。其主观上的罪过形式是间接故意。

在犯罪构成上，行为人究竟是出于何种故意，并不影响犯罪的成立。只是由于直接故意的主观恶性大于间接故意，因此，司法机关在具体裁量刑罚时应予考虑。

放火罪的犯罪动机是多种多样的，有的是对领导的批评教育不满；有的是为了发泄私愤，报复他人；有的是为了嫁祸他人；有的是为了毁灭罪证、湮灭罪迹；有的是因为婚姻、恋爱发生纠纷或由于奸情等发生矛盾；还有的是为了骗取保险金等。但无论行为人的犯罪动机如何，都不影响本罪的成立，只是作为一个情节，在量刑时予以考虑。

通过以上对放火罪的介绍，可知放火罪与消防事故罪都属于危害公共安全的犯罪，两者既有相同点，也有不同点。两者的区别主要有以下几点：①从客观方面上看，放火罪表现为使用引火物或者其他方法使财物燃烧，毁坏公私财物的行为，通常是以作为的方式实施的，如用引燃物直接把焚烧对象点燃。而消防责任事故罪只能由不作为的方式实施，客观方面表现为经消防监督机构通知采取改正措施而拒绝执行的行为。②从主体上来看，放火罪的主体是一般主体，根据《刑法》第十七条的规定，凡已满14周岁具有刑事责任能力的人都可以成为本罪的主体；消防责任事故罪的主体则是特殊主体，只有单位中具有防火责任义务的人才可以成为本罪的主体。③从主观方面上来看，放火罪是故意犯罪，包括直接故意和间接故意两种，即行为人明知自己的放火行为会发生危害公共安全的结果，并且希望或者放任这种结果发生。而消防责任事故罪在主观方面只能是过失犯罪，而且仅限于过于自信的过失一种。因此，实践中两罪一般不会发生混淆。

但是，当防火责任人发现有着火的危险，能够采取措施防止而不防止，放任火灾发生，导致火灾发生的行为，如何定罪处理，能否构成放火罪？我国有的学者认为可以构成放火罪。如有人认为，负有防火义务的油区安全员，发现油区有着火的危险，能够采取措施防止而不防止，导致火灾发生的行为，应当定放火罪。可见，当行为人以不作为的方式引起火灾时，就应当准确判断行为人对于行为造成的后果持什么样的心理态度，持间接故意的，应定放火罪，持过于自信过失的，则可能构成消防责任事故罪。

司法实践中，判断行为人对于火灾事故的心理态度是间接故意还是过于自信过失，应当从以下几个方面进行：①从主观方面的认识因素看，间接故意的行为人对于不作为行为引起火灾的可能性转化为现实性并未发生错误的认识和估计，并不是认为这种可能性不能转化为现实性，因而在发生危害结果的情况下，行为人的主观认识与客观结果之间并未产生错误。而过于自信过失的行为人对于不作为行为引起火灾的可能性转化为现实性发生了错误认识，行为人往往凭借自身的能力、技术、经验和某些外部条件，不作为对认为火灾事故也不会发生，在危害结果发生的情况下，其主观与客观是不一致的。②从主观方面的意志因素来看，间接故意的行为人虽不希望火灾发生，但也并不反对，不排斥火灾发生。而过于自信过失的行为人不仅不希望火灾事故发生，同时也不放任危害结果的发生。③从客观表现来看，间接故意的行为人在客观上不会凭借什么条件和采取什么措施去防止火灾的发生，火灾发生后，往往也无任何反应，而过于自信过失的行为人在客观上有一定根据认为火灾不会发生，当火灾发生时，行为人则会采取措施扑救，火灾发生后，行为人往往表现出后悔、自责等。

总之，实践中，应当结合主客观情况进行综合分析认识考察行为人对于火灾危害后果的不同态度，进行准确认定。

小 结

放火罪是指故意放火焚烧公私财物，危害公共安全的行为。根据《刑法》第一百一十四条的相关规定，放火罪是危害公共安全罪的具体罪名之一，是指故意放火焚烧公私财物，危害公共安全的行为。放火罪是一种故意犯罪，其侵犯的客体是公共安全，即不特定多数人的生命、健康或者重大公私财产的安全。放火危害公共安全，一般包括三种情况：一是危及不特定多数人的生命、健康的安全；二是危及重大公私财产的安全；三是既危及不特定多数人的生命、健康安全，同时又危及重大公私财产的安全。放火罪的构成特征简单来说就是客观方面实施了放火行为；主体是已满14周岁、具有辨认和控制自己行为能力的自然人；主观方面只能是故意，即明知自己的放火行为会发生危害公共安全的结果，并且希望或者放任这种结果的发生。放火的动机可能多种多样，但它们只影响量刑。

放火罪是一种以危险方法危害公共安全的犯罪，具有极其严重的社会危害性。自古以来，“杀人、放火”经常被相提并论，同属于性质极为严重的自然犯。实务中，放火罪也属于常见多发的治安犯罪之一，对人民群众的生命财产安全和社会稳定构成严重威胁，属于应当予以重点打击的犯罪。在放火罪的认定中，至今仍有不少存在争议的疑难问题。未来应该从放火罪的既遂、未遂与着手等方面入手，对放火罪做更深一步的研究。

第九章　爆　炸　罪

第一节　爆炸罪的概念

在学术界对于爆炸罪的概念表述，主要有以下两种：第一种认为，爆炸罪，是指行为人故意用爆炸的方法，杀伤不特定多数人，破坏公共建筑或者其他公私财物，危害公共安全的行为。相似的表述还有，爆炸罪是指故意用爆炸的方法，杀伤不特定多数人，或者破坏公私财产，危害公共安全的行为。第二种认为，爆炸罪是指故意引起爆炸物爆炸，危害公共安全的行为。

笔者认为，虽然上述的表达本质上没有区别，但是第一种表述方式更为科学，因为虽然我国刑法立法规定中没有要求构成爆炸罪必须造成“杀伤不特定多数人，或者破坏公私财产”的严重后果，只是以是否危害公共安全为构成犯罪的最低限度条件。但是，笔者认为，所谓概念就是要对法条解释，而不是法条的简单重复，“杀伤不特定多数人，或者破坏公私财产”是危害公共安全的表现形式，在爆炸罪的概念中提出，可以使人更加明确本罪的构成特征。因此，所谓爆炸罪，是指行为人故意用爆炸的方法，杀伤不特定多数人、毁坏公共建筑或者重大公私财物，危害公共安全的行为。

1979 年以前的刑法草案修正案并没有对实践中常发的爆炸行为做出专门规定。1950 年的刑法草案，是包含在第六十条、第六十一条广义上的“破坏”行为中，在此后的历次草案中，也仍然没有对爆炸行为规定单独的犯罪。直到 1979 年《刑法》制定时，立法机关考虑到这一缺陷，在危害公共安全犯罪中，对爆炸行为做出了专门的规定，并扩大了犯罪行为的对象，使规定更加完整。这次制定刑法，从立法的指导思想上看，爆炸方法是被认为与放火、决水有一定区别，但是都是危害公共安全的一种行为。1997 年《刑法》修正时对爆炸罪没有做任何修正，完全吸收了 1979 年《刑法》的规定。

爆炸罪是危害公共安全的一种严重犯罪，也是我国刑法严厉打击的对象。从 1980 年 10 月 29 日发生中华人民共和国成立以来罕见的北京火车站爆炸案后，全国相继发生了一系列恶性爆炸案件。近年来，爆炸犯罪更是有增无减。如 2012 年 5 月 10 日上午，云南巧家县某社区便民服务大厅发生爆炸，导致 3 人死亡、16 人受伤；2017 年 6 月 15 日下午，江苏省徐州市某幼儿园大门外东侧发生一起爆炸事件，造成 8 人死亡、65 人受伤，犯罪嫌疑人许某当场被炸身亡；2018 年 12 月 5 日下午，被告人卢某自制炸弹报复社会，导致一辆公交车发生爆炸，造成 17 人受伤。爆炸行为不仅有单独的爆炸威力，会使现场的人炸伤、炸死，同时爆炸行为是造成恶性火灾的主要原因，而且由于爆炸引起的火灾往往很难扑灭，这种火灾给广大消防救援人员的工作带来了挑战，因此惩治爆炸行为势在必行。

第二节　爆炸罪的构成特征

一、爆炸罪的客体

爆炸罪侵犯的客体是公共安全，即不特定多数人的生命、健康或者重大公私财产的安全。

爆炸行为危害公共安全，可以包括四种情况：一是危及不特定人的生命、健康的安全；二是危及多数人的生命、健康的安全；三是危及重大公私财产的安全；四是既危及不特定多数人的生命、健康安全，同时又危及重大公私财产的安全。对于爆炸罪的对象表述，从我国目前的大多数的著作、教科书中来看，与立法的规定不完全相同。在很多的教科书中不包括“河流、水源、森林、农场、谷场、牧场”这些对象。从司法实践中可以看出，爆炸罪主要针对的对象是工厂、矿山、油田、港口、仓库、住宅、重要管道、公共建筑物或者其他公私财产，所以通常情况下，爆炸罪既危及不特定多数人的生命、健康安全，同时又危及重大公私财产的安全。至于河流和水源是否是本罪的犯罪对象，笔者认为，法律中没有禁止就意味着河流和水源也有可能成为爆炸罪的对象，一概地将河流和水源排除在爆炸罪的犯罪对象之外是不妥当的。

爆炸罪侵犯的客体是不特定多数人的生命、健康和重大公私财产的安全。这点是爆炸罪区别于以爆炸方式实施的侵犯财产罪、侵犯公民人身权利罪的重要特征。如果行为人针对特定的人的人身或者财产实施爆炸行为，没有也不可能危及公共安全即不危及不特定多数人的生命、健康或重大公私财产安全的，就不构成爆炸罪。但是，即使行为人的爆炸行为事先有特定的侵犯对象，而在实施过程由于爆炸行为本身的特点等原因，致使爆炸行为危害或者足以危害公共安全的，就构成爆炸罪。

例如，周甲是江西省吉水县某村村民。2000 年 5 月，周甲在村山场砍伐一棵松树，被村委会罚款 200 元，周甲认为是村支书周乙有意整他，因而对周乙心存不满。2003 年 4 月 5 日，村支书周乙带领镇政府干部到周甲家中宣传计划生育，不允许他再生第三胎。4 月 6 日下午 1 时左右，周甲在家中想自己这一生只能有两个女儿，不可能再生育儿子，家中从此“绝后”，心中越想越恼火，并把这一切都归罪于村支书周乙，心中怨恨难消，即产生了报复的念头。随后，周甲在家中用原先采石剩下的六管炸药制成两个炸药包，于当日下午 2 时 20 分左右，窜至周乙家院内。周甲从窗外窥视周乙正在午睡，便将窗户玻璃砸碎，点燃用四管炸药制成的炸药包，扔进周乙家院内。周乙惊醒后，迅速从前厅跑进另一间卧室，叫醒正在熟睡的儿子，一起躲进屋内。周甲见未炸着周乙，又点燃了用两管炸药制成的炸药包，从前厅窗户扔进房内，结果仍未炸着周乙。后在群众的协助下，周乙将周甲扭送公安派出所。周甲的两次爆炸，使周乙的家具等财物遭到损坏，造成经济损失 3 500 元。

本案在审理过程中，对周甲的行为已构成犯罪没有异议，但对周甲是构成爆炸罪，还是构成故意杀人罪存在分歧。一种意见认为，周甲在主观上有犯罪的故意，在客观方面采用了爆炸的方法，其行为使周乙周围的不特定多数人的生命、健康或重大公私财产的安全受到了威胁，已构成爆炸罪。另一种意见认为，周甲的行为构成故意杀人（未遂）罪。

上述案例所涉及的情况就是爆炸罪与故意杀人罪等具体侵犯人身、财产的犯罪的竞合。在这种情况下，行为人出于杀人意图，放任其所采用的爆炸方法可能危及公共安全的结果而实施爆炸行为，结果危及了公共安全并且也侵犯了他人的生命权，构成了爆炸罪和故意杀人罪罪名。这种竞合属于刑法中的想象竞合情况，主要特征有以下几点：一是行为人仅实施了爆炸行为一个行为。二是行为人具有杀人的直接故意和危害公共安全的间接故意。三是爆炸行为危及了公共安全，危害到了多数人的生命、健康和财产安全，同时也侵犯了他人的生命权。四是该爆炸行为既触犯了爆炸罪罪名，也触犯了故意杀人罪罪名。对于这种想象竞合犯，刑法的处罚原则是择一重罪定罪处罚，我国爆炸罪的处罚重于具体的侵犯生命权和财产权的犯罪，因此，对于这种情况一般以爆炸罪定罪处罚。

笔者同意周甲的行为构成故意杀人（未遂）罪的意见，理由如下：爆炸罪是指故意使用爆炸的方法危害公共安全的行为。其与故意杀人罪的主要区别在于其爆炸行为是否危及公共安全，即不特定多数人的生命、健康或重大公私财产的安全受到威胁。如果行为人虽使用爆炸的方法杀人，但其行为并没有危及公共安全，应当认定为故意杀人罪；如果危及公共安全，则应认定为爆炸罪。从本案来看，①被告人周甲的主观故意是要用爆炸的方法将被害人周乙杀死，而不是要危害公共安全。当他见到扔进的第一个炸药包未将被害人杀死，接着又扔进第二个炸药包，欲置被害人于死地。其故意杀人的目的是明确的，仅仅因为意志以外的原因未能得逞。②周甲爆炸的对象是特定的被害人周乙，而不是指向不特定多数人。他制作的两个炸药包都是投入被害人的房内，并没有投掷在公共场所。③被告人周甲实施爆炸的结果，只是危及周乙父子的生命，没有危及其他不特定多数人的人身安全。他的爆炸行为虽然损坏了被害人的家具等财物，造成了 3 500 元的损失，但还未达到危害大量公私财产安全的程度。因此，对周甲的行为应定故意杀人（未遂）罪。

需要说明的是，周甲的爆炸行为，损坏了被害人周乙的财物，情节严重，又构成了刑法规定的故意毁坏财物罪。但由于周甲是出于一个犯意，实施一个犯罪行为，却触犯了故意杀人罪和故意毁坏财物罪两个罪名，在刑法理论上属于想象竞合犯，故只按其中一个重罪即故意杀人罪定罪量刑。

此外，爆炸罪侵害的对象一般是工厂、矿场、港口、仓库、住宅、农场、牧场、公共建筑物或者其他公私财产，以及不特定的人、畜。如果用爆炸的方法破坏火车、汽车、电车、船只、飞机等交通工具；或者破坏轨道、桥梁、隧道、公路、机场等交通设备，虽然使用的是爆炸的方法，也危害了公共安全，但由于破坏的是特定的危险对象，所以应当分别以破坏交通工具罪或破坏交通设备罪定罪处罚。

二、爆炸罪的客观方面

爆炸罪的客观方面表现为对公私财物或人身实施爆炸，危害公共安全的行为。爆炸行为，必须符合以下条件：

1. 必须具有引爆爆炸物的行为

从实践来看，行为人使用的爆炸物品是多种多样的。所谓爆炸物品，指的是《民用爆炸物品安全管理条例》中规定的用于非军事目的、列入民用爆炸物品品名表的各类火药、炸药及其制品和雷管、导火索等点火、起爆器材。至于爆炸物来源以及获得的方式，法律并没有做出具体的规定，也就是说，爆炸物无论是军用的、民用的、自制的，还是盗窃、抢夺、抢劫或者通过合法手段，或其他非法手段获得的，都不影响爆炸罪的成立。当然，如果行为人以非法手段获取爆炸物而触犯其他罪名的，要具体分析。如果没有触犯其他罪名，也应该作为决定刑罚轻重所必须考虑的情节。

实施爆炸的方式方法很多：有的在室内安装炸药包，在室内或者室外引爆；有的将爆炸物直接投入室内爆炸；有的利用技术手段，使锅炉、设备发生爆炸；有的使用液化气或者其他方法爆炸。实施爆炸地点主要是在人群集中或者财产集中的公共场所、交通线等处，如将爆炸物放在船只、飞机、汽车、火车上定时爆炸，在商场、车站、影剧院、街道、群众集会地方制造爆炸事件。

概括起来，爆炸行为有作为和不作为两种基本方式。如直接点燃爆炸物品引发爆炸，就是积极的作为方式，而行为人负有防止爆炸发生特定义务，并且有能力履行这种特定的义务而不履行，以致引发爆炸，就构成不作为爆炸犯罪。

例如，锅炉检修员陆某在上班时间检修锅炉时，发现锅炉气压过高即将引发爆炸，但是由于陆某一直对单位的领导不满，因此，在他有义务并且有能力排除爆炸危险的情况下没有排除危险，结果导致锅炉爆炸，炸死炸伤多人，陆某的行为就是以不作为方式实施的爆炸犯罪。

2. 爆炸行为足以危害不特定多数人的生命、健康或重大公私财产的安全

所谓足以危害公共安全，就是指行为人实施的爆炸行为，由于主观和客观方面的原因，如行为人自动中止爆炸犯罪，炸药的破坏性没有行为人主观想象的那么大，炸药受潮失效，没有将爆炸物投掷到所要求的位置，爆炸物被他人发现而被拆除等，实际上并未造成危害公共安全的结果，但如果排除这些原因，是可能造成危害公共安全的结果的。无论哪种原因存在，只要行为人实施了爆炸行为，足以危害公共安全的，就构成爆炸罪。爆炸罪的成立并不要求发生危害公共安全的实际后果。

理论上认为爆炸罪不是结果犯，而是属于危险犯的范畴。爆炸行为只要是足以危害到公共安全就构成爆炸罪，而不论是否实际发生了严重后果。对于尚未发生严重后果，危害到公共安全的认定，必须结合实施爆炸行为的地点、时间等环境条件以及行为人使用的爆炸物品的性质、破坏能力等综合条件予以考察，不能将只要有爆炸行为而不论场合、地点，都作为爆炸罪认定[①]。

例如，被告人李某是一名矿工，因为与女友分手所以对女友产生了仇恨心理，他利用春节放假期间，将采矿剩下的炸药收集组装成一个小炸药

① 江星苒：《浅议新闻犯罪》，载《前沿》，2012 年 17 期。

包。一天，他将女友骗至矿工住宅地下面的一个山坡处，企图以爆炸炸药来要挟其女友和他复合，最终因为女友的苦苦哀求，李某放弃行为。这个行为中，李某虽然企图使用爆炸手段伤害女友，但是从他实施行为的地点环境看，行为并不会危害到公共安全，所以李某的行为不能定爆炸罪。

爆炸行为指向的对象是不特定多数人的生命、健康和重大公私财物。某些爆炸行为，行为人主观上是指向特定的人或者物，但发生在人群密集或者财物集中的公共场所，客观上危害了不特定多数人的生命、健康或者重大公私财产的安全，也可以爆炸罪论处。因为在这种场合用爆炸的方法杀人、毁物，对这种行为会危害公共安全不可能没有预见，有预见而放任危害结果的发生，就是一种故意犯罪。

如果行为实施的爆炸行为是指向特定的人或者特定的公私财物，并且有意识地把破坏的范围限制在不危害公共安全的范围，客观上也未发生危害公共安全的结果，则不应定爆炸罪，而应根据实际情况，构成什么罪就定什么罪。

需要说明的是，如果用爆炸的方法炸坍江、河、湖泊、水库的堤坝，造成水流失控，泛滥成灾，危害公共安全，则应定决水罪。因为本法已对决水罪做了专门规定，而且爆炸只是决水的一种手段，正如用爆炸的方法破坏交通工具、交通设施、电力设备、煤气设备、易燃易爆设备和广播电视设施、公用电信设施，应分别定破坏交通工具罪、破坏交通设施罪、破坏电力设备罪、破坏易燃易爆设备罪和破坏广播电视设施、公用电信设施罪，而不应定爆炸罪一样。

三、爆炸罪的主体方面

爆炸罪的主体为一般主体，即达到法定刑事责任年龄、具有刑事责任能力的人，均可成为本罪的主体。由于爆炸罪严重危害公共安全，破坏社会秩序，所以法律规定这种犯罪处罚年龄的起点较低。根据《刑法》第十七条第二款的规定，已满 14 周岁不满 16 周岁的人犯爆炸罪，应当负刑事责任。

根据我国刑法规定，14周岁到16周岁的未成年人对八种犯罪承担刑事责任，即故意杀人，故意伤害致人重伤、死亡，强奸，抢劫，贩卖毒品，放火，爆炸，投毒罪。爆炸罪之所以被规定在这八种犯罪中，与爆炸罪的严重社会危害性是密不可分的。根据刑法理论，爆炸罪属于传统的犯罪，未成年人完全有可能认识到爆炸罪的危害性，并有能力控制自己是否实施爆炸行为。而且在司法实践中，14周岁到16周岁的未成年人实施的爆炸行为占有相当大的比例，因此我国刑法规定14周岁到16周岁的未成年人对爆炸罪承担刑事责任是完全必要的。

四、爆炸罪的主观方面

爆炸罪的主观方面表现为故意，包括直接故意和间接故意。即行为人明知其行为会引起爆炸，危害不特定多数人的生命、健康或重大公私财产的安全，并且希望或者放任这种危害结果的发生。如果行为人是出于过失而引起爆炸，因而致人重伤、死亡或者使公私财产遭受重大损失的，就不构成爆炸罪，而应该构成过失爆炸罪。

爆炸罪的故意既可以是直接故意也可以是间接故意。但是在一般情况下，行为人大多出于直接故意。

例如，某铁路通信段转岗职工詹某因下岗对领导不满，于2005年2月4日9时5分，向五楼段长办公室内泼汽油后用打火机引爆，爆炸造成室内人员4死1伤。本案詹某的行为是典型的直接故意的爆炸行为，他既认识到了自己的爆炸行为会发生危害社会的严重后果，也希望这种结果发生。

当然，在某些情况下，行为人可能是出于间接故意而实施爆炸行为。

例如，甲外出务工后，与外地一女青年勾搭成奸，逼其妻离婚未成，便产生了谋杀妻子的念头。他私下买来了炸药，自制爆炸装置。一天，他以与妻子一起外出采购物品为名，诱骗妻子一同到某百货公司。正当妻子专心选购物品时，他悄悄地引燃了炸药，以致发生爆炸，当场炸死其妻子和营业员，还炸伤多名顾客，并炸毁大量货物。甲的爆炸行为是针对特定的个人，但是对于爆炸行为可能发生危害公共安全的结果即造成其他不特定多数人的伤亡和财产损毁来说，他主观上虽然预见危害的结果但采取了放任的态度，即间接故意。

爆炸罪的犯罪动机多种多样，如出于报复、嫉妒、怨恨、诬陷等，犯罪动机如何并不影响本罪的成立。

五、爆炸罪的结果加重犯

上面论述的主要是我国《刑法》第一百一十四条规定的是爆炸行为足以危害公共安全，无须实际危害后果发生的危险犯。如果行为人实施的爆炸行为造成了致人重伤、死亡或者公私财产重大损失等实际严重危害结果，根据《刑法》第一百一十五条的规定，应处以较危险犯更重的法定刑。这种因故意实施爆炸，危害公共安全，造成了严重的后果而加重法定刑的情况，就是爆炸罪的结果加重犯。对于爆炸罪的结果加重犯的认定应该注意以下几个问题：

（1）危害公共安全严重后果的发生，必须是爆炸行为造成的，而且也只有致人重伤、死亡或者公私财产遭受重大损失的结果实际出现，才能成立爆炸罪的结果加重犯。爆炸行为和严重后果发生之间存在刑法上的因果关系，是爆炸行为人对严重后果承担较重刑事责任的客观基础。这里的致人重伤、死亡，就被害人的人数而言，并不以实际伤亡多人为必要。因为，不特定多数人作为公共安全的体现，法律规定仅仅从行为人的主观意图和客观可能性来说，并非以客观结果而言。而从实际造成的客观结果看，被害人不论人数多少，当然都是特定的。

例如，甲纠集其他几名被告，采用爆炸的手段报复仇人乙，将炸药包安放在室外靠近乙卧室的墙上，点燃了导火索，结果将卧室墙壁炸开了一个大洞，当场炸死乙，并将乙上小学的女儿炸成重伤，周围居民住宅也在不同程度上遭到破坏。此案中虽然炸死炸伤各一人，可以说是特定的，但是行为人在人口稠密的居民区实施爆炸，其行为具有的危害公共安全的性质是客观存在的。

（2）造成严重后果的爆炸行为，在行为人实施该行为时是出于故意的。如果过失引起爆炸致人重伤、死亡或者公私财产遭受重大损失，则构成过失爆炸罪，而不是构成爆炸罪的结果加重犯。因为过失致人重伤、死亡或者使公私财产遭受重大损失，只是过失爆炸罪成立所必需的条件，而不是法定加重刑加重所必需的条件。

第三节　爆炸罪的认定

一、爆炸罪既遂与未遂的界限

划分既遂和未遂的界限应以是否符合法定构成要件为标准。根据刑法的规定，爆炸罪是危险犯，即只要行为人实施爆炸，危害公共安全，即使尚未造成严重后果，就已经是具备爆炸罪全部构成要件，即为既遂。如果致人重伤、死亡或者使公私财产遭受重大损失，应按《刑法》第一百一十五条作为爆炸罪的结果加重犯处罚。至于爆炸罪的未遂，从立法精神来看，不存在实行终了的未遂。因为爆炸行为已经实行终了，在一定条件下就足以危害不特定多数人的生命、健康或重大财产的安全，无论是否引起严重后果，都是既遂。爆炸罪未遂只能发生在爆炸行为尚未实行终了的阶段，比如刚着手引爆或者在引爆过程中，被人发现夺下炸药，使爆炸未能得逞。这种情况属于未实行终了的爆炸未遂。

但是，如果行为人主观认识错误，而又实施完爆炸行为，但是由于炸药潮湿、雷管失效等客观方面的原因没有引起爆炸物爆炸的，究竟是既遂还是未遂呢？对于这个问题，学术界存在两种观点，一种观点认为是未遂，因为这种爆炸行为是由于行为人意志以外的原因，没有也不可能达到行为人的预期目的；另一种观点认为，我国刑法规定的爆炸罪是危险犯，不以危害后果的发生作为爆炸罪的要件，因此，只要行为人实施完刑法分则规定的爆炸罪构成要件的行为，足以危害公共安全的，就成立既遂，爆炸罪只有爆炸行为未实施终了的未遂，没有爆炸行为实施终了的未遂。笔者赞成第二种观点，根据刑法规定，如果因炸药潮湿、雷管失效等客观原因而没有引起的爆炸物爆炸，是行为人主观上的认识错误造成的，是违背行为人意志的原因，符合我国刑法规定的由于行为人意志以外的原因而未得逞的犯罪未遂的特征，但是，作为实施爆炸行为的行为人而言，只要其已经实施完毕爆炸行为，就已经充分地表明了主观上存在危害公共安全的故意。也就是说，通常行为人是追求实际危害结果的发生，但是只是根据原因是否属于违背其意志而决定是既遂还是未遂，是不全面的。实际上，爆炸物是否爆炸，是否造成实际的危害结果，并不是爆炸罪的法定构成要件，而是否构成结果加重犯才是处罚轻重的依据。所以，行为人只要实施爆炸行为完毕，即使其主观认识错误，由于客观原因没有发生爆炸的后果，行为人也是爆炸罪既遂。

二、爆炸罪和其他相似犯罪的界限

1. 爆炸罪与故意毁坏财物罪的界限

这两种犯罪，其使用的爆炸方法和造成公私财产损毁的后果，都有相同之处。但是两者也有明显不同，主要表现在：一是侵犯的客体不同。爆炸罪侵犯的是公共安全即不特定多数人的生命、健康或重大公私财产的安全；故意毁坏财物罪侵犯的是公私财产的所有权。二是侵犯的对象范围不同。故意毁坏财物罪毁坏的是特定的公私财产，而爆炸罪侵犯的是不特定多数人或者多数单位的公私财产；而且故意毁坏财物罪侵犯的对象仅限于公私财物，不涉及人身，而爆炸罪既可以是公私财产，也可以是人身。因此，行为人使用爆炸的方法毁坏特定的公私财产不危及公共安全的，其结果也没有同时危害到公共安全，侵犯公民的人身权利和其他大量公私财产的，则不构成爆炸罪，应该按照故意毁坏财物罪定罪处罚。三是主观故意内容不同。爆炸罪的主观故意内容必须是具有危害公共安全的故意内容，即危害不特定多数人的生命、健康或者重大公私财产安全。而故意毁坏财物罪的主观内容，是故意毁损某些特定的公私财物，而不是具有危害公共安全的主观故意。

2. 爆炸罪与使用爆炸方法破坏交通工具、交通设施、电力设备、易燃易爆设备等犯罪的界限

使用爆炸方法破坏交通工具、交通设施、电力设备、易燃易爆设备等

犯罪与爆炸罪在行为方式、侵犯客体、危害后果等方面的犯罪构成要件上有很多相同之处。但是，由于刑法中对使用爆炸方法破坏交通工具、交通设施、电力设备、易燃易爆行为有专门规定，因此，如果行为人实施这些行为的，应按照特别法条优于普通法条的原则，分别以破坏交通工具罪、破坏交通设施罪、破坏电力设备罪、破坏易燃易爆设备罪论处。

爆炸罪与使用爆炸方法破坏交通工具、交通设施、电力设备、易燃易爆设备等犯罪属于法条竞合，爆炸罪和这些具体的法条规定之间存在交叉重合，根据法条竞合犯的特征，在法条竞合的情况下，只有一个法条可以适用，而排除其他法条的适用，通常的适用原则是特殊法优于一般法，或者重法优于轻法，这要根据具体案情分析定罪。

3. 爆炸罪与危险物品肇事罪的界限

危险物品肇事罪，是指违反爆炸性、易燃性、放射性、毒害性、腐蚀性物品的管理规定，在生产、储存、运输、使用中发生重大事故，造成严重后果的行为。

爆炸罪中行为人使用的爆炸物品虽然属于危险物品，但是两种犯罪之间存在重大的区别：一是爆炸罪的主观方面是故意，而危险物品肇事罪只能由过失构成。

例如，某县工厂非法生产硝氨炸药。因设备陈旧，厂房也不符合炸药生产规定，又没有安全措施，该县公安局曾几次正式通知他们停止生产。但该工厂拒不执行，继续生产，以致在生产中发生爆炸，造成6人当场被炸死、整个厂房（10间房子）被夷为平地的严重后果，本案中被告人对发生重大危险后果的主观态度是过失，所以属于危险物品肇事罪。

二是两罪发生的场合不同。爆炸罪发生的场合一般无特定要求，可以发生在危险物品的生产、储存、运输、使用过程中，也可以发生在其他任何场合。而危险物品肇事罪必须发生在危险物品的生产、储存、运输、使用过程中，因违反生产、储存、运输、使用管理的规定，发生重大事故。因此，爆炸行为如果发生在危险物品的生产、储存、运输、使用过程中，那就要具体查明是否违反危险物品的生产、储存、运输、使用管理的规章制度，如果是由于违法规章制度而引起的爆炸结果，那就构成危险物品肇事罪，相反则可能构成爆炸罪。

三、爆炸罪和其他犯罪的竞合

在前面论述爆炸罪的构成特征时，已经将爆炸罪和故意杀人罪等的竞合情况进行了分析。在司法实践中，爆炸罪还可能和其他犯罪发生竞合情况而不易定罪量刑。

1. 爆炸罪和盗窃罪（预备或者中止）的竞合

行为人出于盗窃的意图而实施爆炸行为，虽明知爆炸会危及公共安全而放任这一危害结果的发生，但行为人最终没有实施盗窃行为。这种情况下，爆炸罪是和盗窃罪的预备犯或者中止犯发生竞合。这些行为通常具有下列特征：一是行为人只实施爆炸行为，没有实施盗窃行为，或者这个行为是爆炸罪的实行行为，是盗窃罪的预备行为。二是行为人具有盗窃的直接故意和危害公共安全的间接故意。行为人往往是在盗窃的意图支配下实施爆炸行为的。三是爆炸行为足以危及公共安全，危害到多数人的生命、财产安全。四是行为人实施的爆炸行为既触犯爆炸罪，也触犯了盗窃罪。

例如，行为人采用爆炸的方式偷鱼，行为人明知道爆炸有可能危害到其他在鱼塘里工作的人而放任不管，实施了爆炸行为，结果炸死1人，炸伤3人，行为人见状逃跑。其行为就构成爆炸罪和盗窃罪（中止）的竞合。

2. 爆炸罪和破坏生产经营罪的竞合

这种情况是指行为人出于泄愤报复或者其他个人目的，采用爆炸的方式毁坏机器设备，残害耕畜等生产经营工具、设施而触犯爆炸罪和破坏生产经营罪。这些行为具有以下特点：一是行为人主观上具有泄愤报复或者其他个人目的。二是行为人具有破坏生产经营的直接故意和危及公共安全的间接故意。三是行为人仅实施了一个爆炸行为。四是爆炸行为既侵犯了正常的生产经营活动，也侵犯了公共安全。

例如，甲因与车间主任不和，为泄私愤，携带炸药进入车间打算炸毁生产设备，最终不仅生产设备、厂房被炸毁，还炸死2名工人。甲的行为就是爆炸罪和破坏生产经营罪的竞合。

上述列举的爆炸罪和盗窃罪（预备或者中止）、破坏生产经营罪的竞合，属于想象竞合犯的范畴，根据刑法规定，对于想象竞合犯的处罚原则是择一重罪处罚，也就是选择法律规定的法定刑比较重的犯罪定罪处罚。

小　结

总的来说，爆炸罪是指故意以爆炸的方法杀伤不特定多数人或损害重大公私财物，危害公共安全的行为。本罪的犯罪主体为一般主体。主观方面表现为故意。侵害客体为不特定多数人的生命、健康或者重大公私财产的安全。客观方面表现为用引爆爆炸物或者其他方法制造爆炸，危害公共安全的行为。以爆炸方式故意杀死特定个人的应以故意杀人罪论处，而不以本罪论处。爆炸行为有作为和不作为两种基本方式。如直接点燃爆炸引发爆炸，就是积极的作为方式，而行为人负有防止爆炸发生的特定义务，并且有能力履行这种特定的义务而不履行，以致发爆炸，就构成不作为爆炸犯罪。

作为典型的严重危害公共安全的犯罪之一和恐怖活动的主要手段之一，在恐怖主义呈蔓延之势的当代社会，爆炸罪越来越引起全社会的广泛关注。由于目前刑法中的某些基础理论还存在着一定的缺陷，导致我们对爆炸罪的认识还存在一定的偏差，我们应着重探讨爆炸罪认定中存在的一些疑难复杂问题，但因为囿于理论功底和实践经验，这些探讨还是停留在相对浅显的层面，某些自认为有创新之处的观点也是较为生涩的。笔者认为，研究者应沿着这些思考的路径，继续在刑法学的研究之路上不懈地跋涉，以期获得对爆炸罪更深入、更透彻的认识。

第十章　滥用职权罪

第一节　滥用职权罪的概念

滥用职权罪，是指国家机关工作人员超越职权，违法决定、处理其无权决定、处理的事项，或者违反规定处理公务，致使公共财产、国家和人民利益遭受重大损失的行为。现实中的很多起火灾正是由于消防工作人员或者是一些单位的国家机关工作人员违法决定事情，最终导致火灾事件发生。

《刑法》第三百九十七条规定的滥用职权罪是1997年《刑法》新增加的罪名。在1997年《刑法》实施以前滥用职权的犯罪行为是按照1979年《刑法》第一百八十七条所规定的玩忽职守罪定罪处罚的。1979年《刑法》第一百八十七条对玩忽职守罪规定，国家工作人员由于玩忽职守，致使公共财产、国家和人民利益遭受重大损失的，处五年以下有期徒刑或者拘役。但是对一般的滥用职权行为却没有明确规定，只是在《刑法》第一百四十六条报复陷害罪的罪状中直接使用了“滥用职权”一词，但是报复陷害罪侵犯的客体主要是公民的民主权利，而不是国家机关工作人员职权行为行使的正当性和国家机关的正常管理秩序。随着司法机关对国家工作人员犯罪打击力度的加大，大量的国家工作人员滥用职权的案件呈现出来。这种滥用职权的犯罪行为无论是从对社会造成的危害后果还是所反映出的行为人主观恶性方面都很严重，但是1979年《刑法》对于此类国家工作人员滥用职权的行为如何进行处罚却没有明确的规定，这就不免给司法实践带来困惑。

1987年8月31日，最高人民检察院《关于正确认定和处理玩忽职守罪若干意见（试行）》（已废止）中，根据玩忽职守的特点，归纳了13个方面64种具体的玩忽职守犯罪行为，其中将一些国家工作人员滥用职权的行为作为玩忽职守犯罪的具体表现形式加以规定，如其中所规定的在安全生产管理方面“滥用职权，擅自变更规章制度或原定方案和决定，盲目蛮干，造成严重后果的”“擅自批准不具备有关法规规定的必要的安全生产条件的群众合作经营组织和个体经营户从事经营或者擅自批准在国家严禁开采经营的地区进行开采经营，造成重大伤亡的”；在基本建设和固定资产更新改造方面“违反基本建设和固定资产更新改造的有关规定，任意批准工程建设项目上马，造成重大事故的”“擅自将工程项目的勘察设计和施工任务，委托给不具备相应等级资格的单位和个人，造成重大事故的”；在财会工作方面“单位行政领导人，上级主管单位行政领导人，对明知是违反国家统一的财政制度、财务制度规定的收支，决定办理或者坚持办理，情节严重，给国家造成重大经济损失的”；在工商、税收、海关、审计管理方面“工商行政管理人员违反规定，擅自给非法经营组织登记注册，造成严重后果”“鉴证人员对不真实、不合法的经济合同，违法予以鉴证，致使公共财产遭受重大损失的”等。除此以外，全国人大常委会通过的一些单行刑事法律、经济法律、行政法律中，也规定了国家工作人员滥用职权造成严重后果的，依照1979年《刑法》第一百八十七条玩忽职守罪定罪处罚。这些司法解释和法律规定在一定程度上解决了国家工作人员滥用职权造成严重后果的犯罪行为的定罪处罚问题，但是仅仅以这些显然不能适应司法实践惩治这类犯罪行为的需要。并且滥用职权无论是主观方面还是客观方面都与玩忽职守罪有明显的区别，不能为玩忽职守罪所包容，因而，对滥用职权罪与玩忽职守罪追究刑事责任，一方面不能准确地反映滥用职权罪的本质特征，另一方面，由于规定滥用职权罪的法律法规过于分散、笼统，所以很难正确把握本罪的犯罪构成。

基于上述理由的考虑，1997年对《刑法》进行修正时，在《刑法》第三百九十七条第一款保留原来的玩忽职守罪罪名的同时，明确增设了滥用职权罪，并将其与玩忽职守罪并列为犯罪行为，这样解决了长期以来对国家工作人员滥用职权行为的惩治无法可依的问题，也使滥用职权罪正式成为我国刑法中一个独立的罪名。

第二节 滥用职权罪的构成特征

一、滥用职权罪的客体

关于滥用职权罪的客体，理论界上存在着不同认识，有学者认为滥用职权罪侵害的是简单客体——国家机关的正常管理活动，而致使公共财产、国家和人民的利益遭受重大损失不过是滥用职权罪的社会危害性的客观表现形式。而有学者认为滥用职权罪侵犯的是复杂客体，不仅侵犯了国家机关工作人员职务行为的正当性和国家机关的正常管理活动，而且侵犯了国家和人民的人身、财产等合法利益。国家机关的正常管理活动是指实现国家基本职能的国家机关的正常管理活动，滥用职权罪作为渎职犯罪的一种，必然侵犯了国家机关的正常管理活动和国家机关工作人员的职务正当性。同时根据我国《刑法》第三百九十七条的规定，滥用职权罪是结果犯罪，必须使公共财产、国家和人民的利益遭受重大损失的才能构成本罪。也就是说，虽然只要行为人一实施滥用职权的行为就侵犯了国家机关工作人员职务行为的正当性和国家机关的正常管理活动，但是这种行为并不必然构成滥用职权罪，只有造成严重后果的才构成本罪。因此现在理论界的通说是认为滥用职权罪侵犯的是复杂客体，不仅侵犯了国家机关工作人员职务行为的正当性和国家机关的正常管理活动，而且侵犯了国家和人民的人身、财产等合法利益。

滥用职权罪侵犯的是复杂客体，但根据滥用职权罪的本质特征可知，本罪侵犯的两个客体中，国家机关的正常管理活动是主要客体，国家和公民的人身、财产等合法权益是次要客体。同时，滥用职权罪侵犯的次要客体中既可能是其中的数种，也可以是其中的一种，即不是必然的侵犯公民的人身权利、财产权利以及公共财产安全等客体中的每一种。

二、滥用职权罪的客观方面

根据我国刑法的规定，滥用职权罪在客观方面表现为国家机关工作人员违反法律规定的权限和程序，滥用职权致使公共财产、国家和人民利益遭受重大损失的行为。1999 年 8 月最高人民检察院《关于人民检察院直接受理立案侦查案件立案标准的规定（试行）》（以下简称《立案标准》）中将滥用职权行为解释为超越职权，违法决定、处理其无权决定、处理的事项，或者违反规定处理公务，致使公共财产、国家和人民利益遭受重大损失的行为。可见要从以下方面分析滥用职权罪的客观方面特征。

1. 存在着滥用职权行为

所谓职权，是指国家工作人员代表国家处理公共事务的职责和权力。至于滥用职权行为，其具体表现为：

（1）超越职权，即行为人违法决定、处理其无权决定、处理的事项，也就是行为人手中本没有此项权力，却超越其职权范围，擅自行使此项权力，违法地做出决定。对于一切国家机关工作人员来说，国家赋予的一定职责都是有范围界限的，不能允许其侵越其他机关和其他工作人员的权限，处理本人权限范围之外的事项，否则必然会引起混乱。例如，公安机关和检察机关共同担负着同违法犯罪作斗争的使命，但是他们在职权范围方面是有分工的，如国家检察机关擅自插手公安机关侦察的案件，或者公安机关对国家检察机关的自侦案件进行干涉都是超越职权的行为。此外，除了这种超越部门界限的越权以外，一个部门的国家机关工作人员超越其自身的权力范围，行使同部门其他工作人员职权的行为，也属于超越职权行为。

（2）不正确行使职权，是指行为人违反规定处理公务，或者利用手中的权力随心所欲，滥施淫威，胡作非为，违法地处理公务。具体表现为违反规定，应该这样做而那样做，应该那样做而这样做，不应该做而做，应该做而不做等。这类行为有两个特点：一是行为人处理的事项性质都是行为人职权范围内的事项，具有形式上的合法性；二是行为人所做出的处理不符合有关法律法规的规定，其处理结果具有实质上的违法性。

不正确行使职权与超越职权的区别在于行为人所滥用的权力是否属于其依法所应有的权力，属于其应有的权利而滥用，属不正确行使权力；不属于其应有的权利而滥用，则属超越职权[①]。不正确行使权力，如果市场监督管理人员对合法经营者处以罚款、吊销营业执照，即属于不正确行使职权；如果市场监督管理人员擅自决定对经营者强制纳税，则属于超越职权。

（3）不履行自己的职责，即表现为职务上的不作为。滥用职权罪是否可以由不作为构成，目前学术界有两种不同的观点：一种主张只能由作为构成，这些学者认为即使应该做而不做的滥用职权行为，似乎是不作为，但实际上却是作为。另一种主张则认为，既可以由作为构成，也可以由不作为构成，这部分学者主张擅权妄为、超越职权是对职权的滥用，应履行职责而拒不履行的不作为，也是对职权的滥用[②]。

在刑法理论上，一般都把不作为犯罪分为纯正不作为犯罪与不纯正不作为犯罪两种。纯正不作为犯罪，是指只能由不作为构成的犯罪，如我国刑法规定的遗弃罪，拒绝提供间谍犯罪证据罪，拒不执行判决、裁定罪，拒不救援友邻部队罪，战时拒不救治伤病军人罪等。不纯正不作为犯罪，是指以不作为形式而犯通常以作为形式实施的犯罪，即在大多数情况下由作为构成的犯罪而实际上却由不作为形式构成的犯罪，如故意杀人罪、放火罪等。笔者认为，滥用职权罪也属于这种不纯正不作为犯罪，即通常情况由作为构成，当其滥用权力拒不履行正当职责义务，造成严重后果，符合犯罪构成要件时，便是以不作为形式构成的滥用职权罪。如果我们在刑法理论上不承认不纯正不作为犯罪可以构成滥用职权罪，就会导致实践中一些滥用手中权力，以拒不履行法律规定的正当职责义务的形式损害国家和人民利益的行为，受不到法律的制裁。

在实践中，虽然滥用职权罪大多表现为利用职权积极实施其在职务上能够实施而不应当实施的行为，或者实施超越其职权的行为。但是，同样

---

① 陈雷：《论国际反腐公约中滥用职权罪的特点——兼与我国刑法滥用职权罪比较》，载《福建公安高等专科学校学报》，2006 年第 2 期。

② 彭凤莲，王永虎：《执行判决、裁定滥用职权罪认定中疑难问题研究》，载《法学杂志》，2011 年第 7 期。

不可否认的是，掌握某种权力的人，完全有可能利用其手里的权力，通过不作为的方式，来达到和积极滥用职权行为一样的目的[①]。国家赋予国家机关工作人员的权力不是可以任意放弃的，它的内容既包括正确的行使权力，也包括行使权力。无论是滥用权力还是应该行使权力而不行使的行为都是违反法律规定的。因此，国家机关工作人员职位上的不作为，也是滥用职权罪的客观方面的行为特征之一。

2. 行为人滥用职权的行为造成了公共财产、国家和人民利益的重大损失

根据《立案标准》中关于滥用职权罪的立案标准，涉嫌下列情形之一的，应予立案：①造成死亡1人以上，或者重伤2人以上，或者轻伤5人以上的；②造成直接经济损失20万元以上的；③造成有关公司、企业等单位停产、严重亏损、破产的；④严重损害国家声誉，或者造成恶劣社会影响的；⑤其他致使公共财产、国家和人民利益遭受重大损失的情形；⑥徇私舞弊，具有上述情形之一的。此外，在《最高人民检察院关于人民检察院直接受理立案侦查的渎职侵权重特大案件标准（试行）》中规定，对人民检察院直接受理立案侦查的渎职侵权重特大案件立案标准为：一是重大案件：①致人死亡2人以上，或者重伤5人以上，或者轻伤10人以上的；②造成直接经济损失50万元以上的。二是特大案件：①致人死亡5人以上，或者重伤10人以上，或者轻伤20人以上的；②造成直接经济损失100万元以上的。

3. 滥用职权行为与危害结果之间存在因果关系

刑法中的因果关系是指危害结果与危害行为之间有引起与被引起的关系。滥用职权罪在犯罪构成的客观方面要求危害行为与危害结果之间是什么因果关系问题，在理论上和司法实践上都有不同看法。有的认为是必然、直接因果关系；有的认为是“或然”因果关系，既可能发生又可能不发生，只要有因果关系，发生了刑法规定的危害结果就应追究刑事责任。

滥用职权罪是结果型犯罪，不论其危害行为有多严重、有多恶劣，只要没有发生危害结果就不构成犯罪，只有发生了危害结果并达到一定程度

---

① 张雅维：《玩忽职守罪与滥用职权罪辨析》，载《中华女子学院山东分院学报》，2001年第3期。

时才构成犯罪。从《刑法》第三百九十七条对本罪构成的要求可以看出，滥用职权罪的危害行为与危害结果的关系不是必然的，而是“或然的”，滥用职权行为可能发生危害结果，也可能不发生危害结果，只有发生了严重的危害结果才构成犯罪。而且从司法实践上看，大部分被以滥用职权罪追究刑事责任的行为，其危害行为与危害结果之间的关系明显是“或然的”关系。

三、滥用职权罪的主体

滥用职权罪的主体是特殊主体，即国家机关工作人员。根据《刑法》第九十三条第一款的规定，国家机关工作人员应是指国家机关中从事公务的人员。根据我国宪法和其他法律规定，我国国家机关具体是指各级国家权力机关、国家行政机关、司法机关（包括人民法院和人民检察院）、军事机关。在这些机关依法从事公务的人员是国家机关工作人员。我国消防部门是属于应急管理系统的国家机关，因此消防部门中依法从事消防公务的工作人员，属于国家机关工作人员，可以构成滥用职权罪。

根据《刑法》第九十三条第二款的规定，国有公司、企业、事业单位、人民团体中从事公务的人员，以及国家机关、国有公司、企业、事业单位委派到非国有公司、企业、事业单位、社会团体中从事公务的人员，应以国家机关工作人员论。这些以国家机关工作人员论的人员如果在依法履行职务过程中滥用职权并致使公共财产、国家和人民利益遭受重大损失的，应可以成为滥用职权罪的主体，并以滥用职权罪处罚。非国家机关工作人员，包括非国有公司、企业、事业单位、人民团体中从事公务的人员，以及非国有公司、企业、事业单位、人民团体委派到非国有公司、企业、事业单位、社会团体中从事公务的人员，都不能成为滥用职权罪的主体。如果这些非国家机关工作人员在工作中滥用职权，并致使国有公司、企业破产或者严重亏损，应按照《刑法》第一百六十八条规定构成国有公司、企业、事业单位人员滥用职权罪；如果这些非国家工作人员在工作中有其他滥用职权的行为，比如折股、出售国有资产等，就可能构成徇私舞弊低价折股、出售国有资产罪，还有可能会构成非法经营同类营业罪、为亲友非法牟利罪、用账外资金非法拆借、发放贷款罪等。而如果刑法没有对非国家机关工作人员的某种滥用职权行为做出具体规定，也就不能定罪处罚。

另外，在界定滥用职权罪的主体时还要注意一个概念——公务。并非所有在国家机关中工作的人员都是国家机关工作人员，只有在国家机关中从事公务的人员才是国家机关工作人员。何谓“从事公务”？从词义上讲，公务泛指一切公共事务，包括国家性质的公务和集体性质的公务。国家公务是指国家在政治、经济、文教、卫生等各个领域中实施的组织领导监督管理活动。集体公务则是指在集体单位、群众性组织中的公共事务。

从我国法律规定可以看出，国家机关工作人员从事的公务只能是国家公务而不包括集体公务，只有从事国家公务的人员才是国家机关工作人员。国家机关工作人员从事的公务活动应该具有以下法律特征：一是具有国家代表性，国家公务活动是代表国家而进行的管理活动，是国家权力的行使。二是具有专门的管理性，国家机关工作人员从事的公务活动是体现国家对国家事务的管理，而不是一般性质的物质生产活动或社会服务活动，是具有公共管理性质的，能反映国家对社会的管理职能。三是具有职务性。从事公务的国家机关工作人员必须是具有一定的职务身份，被赋予了相应的管理权限。四是公务活动必须是权责统一的，国家机关工作人员从事公务活动不仅是拥有了对公共事务的管理职权，同时也必须承担一定的职责，要正确地行使自己的职责。

四、滥用职权罪的主观方面

犯罪行为的主观方面特征是指犯罪主体对自己的危害行为及其危害结果所持的心理态度，分为故意和过失两种。对于滥用职权罪的主观方面，由于我国刑法中没有做明确的规定，所以在理论界和司法实践中众说纷呈，主要有三种观点：第一种观点认为滥用职权罪是故意犯罪，行为人对危害结果持希望或放任的心理态度；第二种观点认为滥用职权罪为结果犯罪，只能由过失构成；第三种观点认为滥用职权罪的罪过形式既存在故意，也存在过失。

笔者认为，根据现行法律的规定滥用职权罪的主观只能是故意，过失论和故意过失均有可能的理论是不成立的，主要理由如下：

（1）虽然滥用职权罪是结果犯罪，但是这并不意味着所有的结果犯罪都是过失犯罪。从刑法规定上来看，结果犯罪是法定的犯罪结果作为成立要件的犯罪，它既包括故意犯罪也包括过失犯罪，比如故意伤害罪就要求有受害人的伤害结果为成立要件，但是故意伤害罪是很典型的故意犯罪。因此，不能以滥用职权罪是结果犯罪为由而得出滥用职权罪的主观是过失的结论。

（2）如果将滥用职权罪的主观界定为过失，就无法解释渎职犯罪一章中以特别法条形式规定的特殊滥用职权行为的犯罪与滥用职权犯罪的关系。如《刑法》第四百零三条固定的滥用管理公司、证券职权罪，第四百零七条规定的违法发放林木采伐许可证罪，第四百一十条规定的非法批准、征用、占用土地罪，非法低价出让国有土地使用权罪等，这些犯罪和滥用职权罪之间都是特别法和一般法的关系，而这些犯罪刑法中都明确的规定为故意犯罪，因此，如果将滥用职权罪的主观界定为过失，就会出现刑法中特别法条和一般法条规定的犯罪主观特征自相矛盾的情形。

（3）认为滥用职权罪的主观既包括故意也包括过失的观点，表面看来很好地解决了问题，给理论研究和司法实践工作减轻了负担，但其实是一种不负责任的调和。主张滥用职权罪的罪过形式包括故意和过失的观点，实际上就是认为一个基本犯罪构成可以有两种不同的罪。从刑法规定来看，任何一种具体的犯罪只有一种罪过形式，在不同的罪过形式支配下实施的相同的危害行为，其犯罪的社会危害性及其程度是有区别的，是属于不同罪质的犯罪。因此，在同一个罪名里，行为人的主观罪过形式或者属于故意，或者属于过失，不可能既表现为故意，又表现为过失[①]。所以，我国刑法规定的滥用职权罪的主观形式也只能是一种罪过形式。

（4）从滥用职权罪的立法背景上也可以看出其主观方面的特征只能是故意。滥用职权罪是从玩忽职守罪中分离出来的，1979 年《刑法》中并没有规定滥用职权罪，而仅仅规定了玩忽职守罪，并且主观方面只能是过

① 陆诗忠：《新论丢失枪支不报罪的主观罪过》，载《政法论丛》，2005 年第 1 期。

失。但是随着国家机关工作人员滥用职权致使国家和人民利益受损情况的增多，立法机关在一些附属刑法中将玩忽职守罪的主观扩大为故意，这点在前面介绍滥用职权罪的概念时曾详细论述。1997年《刑法》修正时，正是考虑到玩忽职守罪和滥用职权罪在主观方面存在的显著区别，才单独规定滥用职权罪的。因此，将滥用职权罪的主观方面理解为故意是符合立法原意的。

此外，从《立案标准》中对滥用职权罪的规定来看，虽然对罪过形式未做明确的表述，但分析起来不应包括过失犯罪。对于相同性质的行为和结果，即使刑法规定处刑相同，但如果不区分主观上是故意还是过失，追诉条件相同的话，不仅在理论上难以自圆其说，违背了罪刑相适应原则，在实践中也是不可想象的，将导致司法不公。所以，从《立案标准》对滥用职权罪同一标准的规定来看，对过失犯罪是排斥的。

综上所述，滥用职权罪的主观表现仅为故意。但是，本罪的故意是直接故意、间接故意还是两者都有，仍有分歧。一种观点认为滥用职权罪的故意是间接故意；另一种观点认为既可以是直接故意也可以是间接故意。所谓直接故意，是指行为人明知自己的行为会发生危害社会的结果，并且希望这种结果发生。而间接故意则是行为人明知自己的行为会发生危害社会的结果，放任这种结果发生。对滥用职权罪而言，行为人对自己的滥用职权行为一定是故意实施的，明知是滥用职权的行为而故意实施，即明知故犯。这点一般是毋庸置疑的，但是，关键问题在于，实施上述滥用职权行为的国家机关工作人员对于自己行为造成的公共财产、国家和人民利益遭受重大损失的结果是否也持直接故意态度呢？笔者认为滥用职权对危害结果的发生持故意态度是完全可能的，即使不是直接故意，至少也是间接故意。比如执法人员出于报复心理，滥用职权、查封、扣押或冻结个人单位财产、银行款项，或者滥用职权、罚没财产、限制营业、吊销营业执照等致使公共财产、国家和人民利益遭受重大损失的行为，一般是出于直接故意的心理态度。而国家机关负责人由于接受宴请、接受不正当的服务等，明知购进的办公设备不符合规定的标准，或明知合作的项目不符合规定的要求，仍决定购进或批准合作致使公共财产、国家和人民利益遭受重大损失的行为，一般则出于间接故意的心理。

小 结

总体来说，滥用职权罪，是指国家机关工作人员在行使职权的过程中，故意违反相关法律、法规或制度，或界外擅权，或界内擅权，进而导致物质损失或非物质损失的严重后果的行为。关于滥用职权的种类，根据不同的分类标准可做不同划分，具体可分为一般滥用职权罪和特殊滥用职权罪、行政滥用职权罪和司法滥用职权罪、职权范围内的滥用职权罪和超越职权的滥用职权罪、作为的滥用职权罪和不作为的滥用职权罪。

本罪侵犯的客体是国家机关的正常活动。侵犯的对象可以是公共财产或者公民的人身及其财产。客观方面表现为滥用职权，致使公共财产、国家和人民利益遭受重大损失的行为。主体是国家机关工作人员。本罪主观方面表现为故意，行为人明知自己滥用职权的行为会发生致使公共财产、国家和人民利益遭受重大损失的结果，并且希望或者放任这种结果发生。

现实生活中，滥用职权产生的原因复杂，社会危害性大。只有不断地进行滥用职权罪理论的深入研究，构建出一套专门针对滥用职权的完整体系，才能在根本上打击滥用职权的行为，预防和减少国家机关工作人员滥用职权行为的发生，为我国政治、经济、文化等各领域的发展起到法律的保障作用。滥用职权罪的立法完善，应当充分认识本罪应保护的法益，理解本罪的立法本意。而且，应当借鉴域外合理、科学的立法模式和架构，构建符合中国国情的滥用职权罪刑罚体系。关于滥用职权罪的探讨和研究，时日已久，但它依旧是刑法学术界亟待攻破的难题。

第十一章　玩忽职守罪

第一节　玩忽职守罪的概念

玩忽职守罪，是指国家机关工作人员严重不负责任，不履行或者不认真履行职责，致使公共财产、国家和人民利益遭受重大损失的行为。一些消防工作人员在工作中不认真地履行防火、灭火的职责，致使发生重大的火灾事件，为有效地灭火、将火灾损失降低到最低限度，必须严惩消防工作人员玩忽职守的行为。

《刑法》第三百九十七条所规定的玩忽职守罪，源于1979年《刑法》第一百八十七条所规定的玩忽职守罪。1979年《刑法》第一百八十七条规定，国家工作人员由于玩忽职守，致使公共财产、国家和人民利益遭受重大损失的，处五年以下有期徒刑或者拘役。据此，1986年3月24日《最高人民检察院关于检察院直接受理的法纪检察案件立案标准的规定（试行）》规定，"玩忽职守罪，是指国家工作人员由于玩忽职守，致使公共财产、国家和人民利益遭受重大损失的行为。"1987年8月31日《最高人民检察院关于正确认定和处理玩忽职守罪的若干意见（试行）》（已废止）规定，"玩忽职守罪，是指国家工作人员由于严重不负责任，不履行或不正确履行自己的工作职责，致使公共财产、国家和人民利益遭受重大损失的行为。"

1997年《刑法》修正过程中，考虑到玩忽职守罪的规定过于笼统，处罚也较轻，于是将十几年来民事、经济、行政法律中"依照""比照"玩忽职守罪追究刑事责任的条文改为刑法的具体条款，对玩忽职守罪进行了分解，将7种特殊的玩忽职守行为分离出来，并单设罪名单独规定了法定刑；明确规定故意滥用职权行为不再定为玩忽职守行为，以便于更好地惩治玩忽职守罪行为。同时区分了玩忽职守罪行为所造成的不同后果，对法定刑进行了修正，一般的规定为三年以下有期徒刑或者拘役；严重的为三年以上七年以下有期徒刑；徇私舞弊犯玩忽职守罪的，一般为五年以下有期徒刑或者拘役；严重的为五年以上十年以下有期徒刑。

《最高人民检察院关于正确认定和处理玩忽职守罪的若干意见（试行）》（已废止）中将玩忽职守行为归纳为13个方面64种，有安全生产管理方面，基本建设和固定资产更新改造方面，购销业务活动方面，外贸工作方面，信贷工作方面，仓储管理方面，财会工作方面，民政管理方面，文教、医药卫生方面，邮电管理方面，工商、税收、海关、审计管理方面，司法工作方面及其他方面。

第二节　玩忽职守罪的构成特征

一、玩忽职守罪的客体

玩忽职守罪的客体是国家机关工作人员违反国家机关工作人员职务职责的勤政性原则，侵害了国家机关的正常管理活动。同时，国家机关工作人员的玩忽职守行为致使公共财产、国家和人民的利益遭受重大损失，也侵犯了公民的人身权利、财产权利以及公共财产安全和社会主义市场经济秩序等，玩忽职守罪的客体具有一定的复杂性，属于复杂客体。

玩忽职守罪侵犯的是复杂客体，但根据玩忽职守罪的本质特征可知，本罪侵犯的两个客体中，国家机关工作人员职务职责的勤政性原则和国家机关的正常管理活动是主要客体，国家和公民的人身、财产等合法权益是次要客体。

从以上分析可以看出，玩忽职守罪侵犯的主要客体是国家机关工作人员的职务职责。所谓职务职责，是指国家机关工作人员根据法律选举或者任命担任一定职务的职责范围。例如，部长有部长的职务职责，司局长有司局长的职责范围，处长有处长的职责范围，国家机关每个岗位上的工作人员都有一定职务，都有自己的职责范围。每个国家工作人员都应当认真履行职责范围内规定的义务。如果玩忽职守，不履行或者不正确履行职责规定，就是对国家机关的正常活动的侵犯，是对社会有危害的行为。

职务职责与职业职责是不同的。职业职责，是指企业、事业单位的职工从事某种职业的职责范围。每个单位的职工，都要从事某种职业工作，每个岗位职业工作都有自己的业务范围。例如，医生有医生的职责范围，教师有教师的职责范围，营业员有营业员的职责范围，工人有工人的职责范围。单位职工应当认真地履行自己的职业职责，在职责范围内做好自己的本职工作。如果单位职工不履行或不正确履行自己的职责，就是对职责的侵犯，侵犯国家对社会的管理秩序，是对社会有危害的行为。

职责的范围和内容有的是由法律规定的，有的是由规章制度规定的，有的是由习惯形成的，但是无论是什么样的职责，其对该岗位上的工作人员都有约束力，都必须尽心尽力做好职责内的工作，完成职责范围内的任务。但并不是所有的违反职责都要受到刑法处罚，更不是都要以玩忽职守罪来定罪处罚。根据我国刑法的规定，玩忽职守罪的客体是职务职责，不包括职业职责，因为玩忽职守罪的主体是国家机关工作人员，而国家机关工作人员是指一切国家机关、企业、事业单位和其他依法从事公务的人员。按照我国的实践情况，凡是从事公务的人员都具有职务，都有职务职责。对于国家工作人员来说，他们拥有的是国家赋予的职权，而并不是一般的职业，因此玩忽职守罪的客体是国家机关工作人员的职务职责，而不是职业职责。

二、玩忽职守罪的客观方面

玩忽职守罪的客观方面表现为国家机关工作人员违反工作纪律、规章制度，擅离职守，不尽职责义务，或者不正确履行职责义务，致使公共财产、国家和人民利益遭受重大损失的行为，具体分析如下：

1. 必须有违反国家工作纪律和规章制度，玩忽职守的行为，包括作为和不作为

所谓玩忽职守的作为，是指国家工作人员不正确履行职责义务的行为。包括工作马马虎虎、草率从事、敷衍塞责、违令抗命、极不负责任、阳奉阴违、弄虚作假、欺上瞒下、胡作非为等。所谓玩忽职守的不作为，是指国家工作人员不尽职责义务的行为。即对于自己应当履行的，而且也有条件履行的职责，不尽自己应尽的职责义务。包括擅离职守，撒手不管；有的虽然未离职守，但却不尽职责，该管不管，该做不做，听之任之等。

由于各个机关、单位都有自己的活动原则、组织纪律和规章制度，以及工作人员的职责和权利、义务，这些都是必须遵守的工作纪律和规章制度。有关的国家机关工作人员只有违反了这些工作纪律和规章制度，才能成为玩忽职守的行为。因此，玩忽职守的行为方式多样，涉及面广，在不同的领域、不同的部门，有不同的规定。例如，在粮食保护、防火护林、商品检验、食品卫生、文物保护、防止伤亡事故及金融管理等方面，对玩忽职守行为以及依法应予追究的情况，有关单行法规都有明确具体的规定。因此在处理某个具体的玩忽职守案件时，必须严格按照有关法律法规规定，对照实际情况，实事求是地进行分析，这是认定构成各个方面玩忽职守罪的具体依据。

玩忽职守罪的行为包括不履行职责和不认真履行职责行为，具体构成玩忽职守罪的犯罪行为有时是单独一种，有时是几种混合在一起，既有不履行职责的行为，也有不认真履行职责的行为；既有单个人的玩忽职守行为，也有多人共同玩忽职守行为。多人共同玩忽职守罪责任人员的划分，应该注意以下几点：

（1）要划清直接责任人员和间接责任人员。直接责任人员是指行为人的行为与重大损失结果之间有直接的因果关系，是对后果发生起决定性作用的人员。间接责任人员是指行为人的行为与重大损失结果之间存在间接

的联系，对后果发生不起决定性作用的人员[1]。对于直接责任人员和间接责任人员的处罚是不同的。

（2）要划清主要直接责任人员和次要直接责任人员。对于有多个直接责任人员时，要根据他们在重大损失结果发生的过程中所起作用的大小，分清他们是主要直接责任人员还是次要直接责任人员，以此确定其罪责地位是主犯还是从犯，分别追究刑事责任。

（3）要划清实施人员和负责人的责任。有的玩忽职守罪中的行为人包括负责人和具体实施人，这种情况要分别处理，如果是具体实施人员受命于负责人而实施行为，甚至是曾经提出过反对意见，但是没有被负责人采纳而最终发生了重大后果，由负责人负主要责任。相反，如果是具体实施人员提出了违反有关法规的主张和建议，由于负责人轻信，同意实施，或者具体实施人员虽然受命于负责人员，但是对违反法规规定的情况没有向负责人反映，仍继续实施而造成重大损失的，则具体实施人员和负责人员都要负主要责任。

（4）要分清职责范围与直接责任的关系。如果行为不是其法定职责和特定义务范围内的作为或者不作为，而造成重大损失的，不负直接责任；如果分工不清，职责不明，则以其实际工作范围和群众公认的职责范围作为认定的依据。

2. 必须具有因玩忽职守，致使公共财产、国家和人民利益造成重大损失的结果

所谓重大损失，是指给国家和人民造成的重大物质性损失和非物质性损失。物质性损失一般是指人身伤亡和公私财物的重大损失，是确认玩忽职守罪行为的重要依据；非物质性损失是指严重损害国家机关的正常活动和声誉等。认定是否重大损失，应根据司法实践和有关规定，对所造成的物质性和非物质性损失的实际情况，并按直接责任人员的职权范围全面分析，以确定应承担责任的大小。根据《立案标准》中关于玩忽职守罪的规

---

① 杨矿生：《论玩忽职守案件中直接责任人员的确定》，载《法律学习与研究》，1989年第2期。

定，涉嫌下列情形之一的，应予以立案：①造成死亡1人以上，或者重伤3人以上，或者轻伤10人以上的；②造成直接经济损失30万元以上的，或者直接经济损失不满30万元，但间接经济损失超过100万元的；③徇私舞弊，造成直接经济损失20万元以上的；④造成有关公司、企业等单位停产、严重亏损、破产的；⑤严重损害国家声誉，或者造成恶劣社会影响的；⑥海关、外汇管理部门的工作人员严重不负责任，造成巨额外汇被骗或者逃汇的；⑦其他致使公共财产、国家和人民利益遭受重大损失的情形；⑧徇私舞弊，具有上述情形之一的。

3. 玩忽职守行为与造成的重大损失结果之间，必须具有刑法上的因果关系

这是确定刑事责任的客观基础。玩忽职守行为与造成的严重危害结果之间的因果关系错综复杂，有直接原因，也有间接原因；有主要原因，也有次要原因；有领导者的责任，也有直接责任人员的过失行为。构成本罪，应当追究刑事责任的，则是指玩忽职守行为与造成的严重危害结果之间有因果联系的行为，否则，一般不构成玩忽职守罪，而是属于一般工作上的错误问题，应由行政主管部门处理。玩忽职守罪的因果关系具有其自身的特点，表现出一定的复杂性和特殊性。

（1）偶然性。许多玩忽职守罪的危害后果得以发生，并不是行为人所实施的玩忽职守行为所必然导致的。在很多情况下，行为人实施了一定的玩忽职守行为可能发生重大的危害社会的后果，也可能不发生，只有发生了重大的后果才对行为人的玩忽职守行为定罪处罚。也就是说，行为人所实施的玩忽职守行为并不是必然地导致玩忽职守罪成立的客观危害后果的发生，往往是由于介入了某种其他的原因才使结果发生。因此，就玩忽职守行为与客观危害后果之间的联系而言，具有偶然性，也就是属于偶然因果关系。

例如，一个会计因为要办自己的私事，便委托别人替他到银行存巨款，结果该人不慎在去银行的路上将巨款丢失，致使国家财产遭受重大损失。这种情况虽然巨款不是直接由会计丢失，但是按照会计的职责要求，

该会计本应该自己亲自到银行存款，但是他却因办私事而违背职责的要求，擅自将存款的工作委托给别人，显然是没有履行或没有认真履行自己的职责，并且最终该玩忽职守行为造成了重大的损害后果，应该构成玩忽职守罪[①]。

（2）间接性。与玩忽职守罪因果关系偶然性相适应，许多玩忽职守罪因果关系呈现间接性的特点，也就是客观危害后果的发生并不是行为人玩忽职守行为所直接造成，而是由于与行为人玩忽职守行为有关的他人的行为所直接造成的。因此就行为人玩忽职守行为与发生的客观危害后果的联系而言，两者具有间接性，也就是属于间接因果关系。

例如，某县政府决定修建粮库，交由办公室主任陈某组织施工，但是陈某不按规定办事，不计算库房的承受量，不认真审查就将工程交给一家没有营业执照和相关技术力量的施工队来施工，并且在施工队施工过程中，陈某既没有监督也没有按期检查，最终该库房在使用过程中发生崩塌，致使12人死亡，12人重伤，直接经济损失1万余元。这起案件中，最后的重大损害后果虽然不是陈某的行为直接造成的，是因为施工队的施工质量不合格造成。但是陈某不认真履行自己的职责，擅自将粮库工程交给不具备施工条件的施工队施工，并且不履行组织设计、监督检查的职责，属于玩忽职守行为。尽管最终的人员伤亡和经济损失不是由陈某直接造成的，陈某同样要承担玩忽职守罪的刑事责任。

三、玩忽职守罪的主体方面

玩忽职守罪的主体是特殊主体，是国家机关工作人员。也就是说，只有国家机关工作人员才能成为玩忽职守罪的主体，并单独构成玩忽职守罪。根据《刑法》第九十三条第一款的规定，国家机关工作人员是指国家机关中从事公务的人员。根据宪法和其他有关法律的规定，国家机关是指国家权力机关、各级行政机关和各级司法机关，因此，国家机关工作人

① 白春华：《试论玩忽职守罪的客观方面》，载《河南省政法管理干部学院学报》，2000年第5期。

员，是指在各级人大及其常委会、各级人民政府、各级人民法院和人民检察院中依法从事公务的人员。我国消防部门是属于应急管理系统的国家机关，因此消防部门中依法从事公务的工作人员是国家机关工作人员，可以成为玩忽职守罪的犯罪主体。

根据《刑法》第九十三条第二款的规定，国有公司、企业、事业单位、人民团体中从事公务的人员，以及国家机关、国有公司、企业、事业单位委派到非国有公司、企业、事业单位、社会团体中从事公务的人员，应以国家机关工作人员论。这些以国家机关工作人员论的人员如果在依法履行职责过程中玩忽职守并致使公共财产、国家和人民的利益遭受重大损失，应可以成为玩忽职守罪的主体，并以玩忽职守罪论处。

非国家机关工作人员，包括非国有公司、企业、事业单位、人民团体中从事公务的人员，以及非国有公司、企业、事业单位、人民团体委派到非国有公司、企业、事业单位、人民团体中从事公务的人员，都不能成为玩忽职守罪的主体。如果这些非国家机关工作人员在工作过程中玩忽职守，并致使公共财产、国家和人民利益遭受重大损失，应按刑法有关章节中关于该玩忽职守行为的具体规定定罪处罚。如果国有公司、企业、事业单位直接负责的主管人员在签订、履行合同的过程中，因严重不负责任被诈骗，致使国家利益遭受重大损失的，应以《刑法》第一百六十七条的签订、履行合同失职被骗罪定罪处罚；银行或者其他金融机构的工作人员违反法律、行政法规的规定，向关系人发放信用贷款或者发放担保贷款的条件优于其他借款人同类贷款的条件，造成较大损失的，银行或者其他金融机构的工作人员违反法律和行政法规的规定，向关系人以外的其他人发放贷款，造成重大损失的，应以《刑法》第一百八十六条的违法向关系人发放贷款罪或者违法发放贷款罪定罪量刑。

玩忽职守罪的主体是国家机关工作人员，但并不是只要在国家机关中工作的人员，其行为玩忽职守并致使国家和人民利益遭受重大损失就构成玩忽职守罪。在国家机关中依法从事公务的人员才可能成为玩忽职守罪的主体，不是依法从事公务的国家机关工作人员不能构成玩忽职守罪的主体。国家机关中的司机、工人、厨师、清扫人员等从事生产、经营、服务性的人员都不能构成玩忽职守罪。比如，消防部门中的保安人员不认真履行自己的职责，而耽误了消防部门的灭火工作，虽然造成了严重后果，但是也不能构成玩忽职守罪。因为上述人员不存在职务，不符合玩忽职守罪是职务犯罪的特征。只有依法从事公务即拥有相应职权的国家机关工作人员，才具有玩忽职守的基本条件，才能构成玩忽职守罪。

1979年《刑法》规定玩忽职守罪的主体是国家机关工作人员，根据法律规定，国家工作人员是指一切国家机关、国有公司、企业、事业单位和其他依法从事公务的人员，即凡是从事公务的人员都可以构成玩忽职守罪的犯罪主体。1997年《刑法》修正时，有一部分学者提出，根据我国的情况，一些私人企业、事业单位、中外合作企业和中外合资企业中的工作人员也有可能玩忽职守，给国家和人民的利益造成重大损失，也应该以玩忽职守罪定罪处罚，因此建议将玩忽职守罪的主体修正为“国家工作人员，公司、企业、事业单位、人民团体、社会团体的工作人员和其他依法从事公务的人员”，使玩忽职守罪的主体扩大；然而，有一些学者持相反意见，他们主张将玩忽职守罪的主体缩小到国家机关工作人员。最终立法机关修正刑法时采纳了后一部分学者的主张，其主要目的是考虑到玩忽职守罪是渎职罪的一种，是职务犯罪的一种，有其自身的特殊性，不宜将主体范围扩大。将玩忽职守罪的主体限制在国家机关工作人员可以集中力量惩治国家机关工作人员的玩忽职守犯罪行为，确保国家机关的工作效率。对于其他公司、企业、事业单位、人民团体的工作人员的玩忽职守行为按照法律规定的其他犯罪定罪处罚。

现实生活中，很多重大的火灾事件都是由于部分单位的工作人员玩忽职守造成的，但是对这些直接责任人员是否都以玩忽职守罪定罪处罚，要分别对待。

例如，2014年12月15日零时26分，某县某歌厅发生一起重大火灾事故，造成12人死亡，28人受伤，过火面积123平方米，直接经济损失

957.64 万元。起火直接原因是该歌厅在吧台处放置了具有易燃易爆危险化学品属性的空气清新剂，歌厅管理人员及其员工缺乏对空气清新剂化学危险性的认知，将其靠近电暖器放置，直接导致了空气清新剂的爆炸燃烧。火灾发生时，吧台内共放置了 60 瓶 18 升的空气清新剂，存放量较大，爆炸起火后的 1 分钟内接连发生多次爆炸燃烧，造成火势迅速蔓延。间接原因是县公安消防部门审批把关不严、日常监管不力，县文化广电旅游局履行审批、监管职责不到位，县市场监督管理局办理工商注册登记审核把关不严，县人民政府落实消防安全法律法规不到位和办事处落实消防安全监管职责不到位，等等。最终，县文化局副局长王某，综合服务科科长赵某，县公安局副局长赵某，区派出所副所长牛某，时任县消防大队大队长于某、代大队长职某均因玩忽职守罪被追究刑事责任。

在这起火灾事件中，玩忽职守行为是决定性的诱因。王某等人玩忽职守，不认真履行自己的职责，违反职务规定，履职尽责严重不到位、监督执法不作为，对发生重大事故、造成严重后果负有不可推卸的责任。王某等人的行为完全符合玩忽职守罪的客观方面特征。根据我国刑法规定，玩忽职守罪的主体是特殊主体，必须是国家机关工作人员，也只有国家机关工作人员在从事公务的过程中不认真履行自己的职责，才构成玩忽职守罪。如果王某等人不是国家机关工作人员，也不是从事公务的人员，他们不认真履行的职责不是职权职责，而是一般的企业负责人的职责，那么对于王某等人就不能以玩忽职守罪定罪量刑，而是根据刑法规定按照重大劳动安全事故罪追究刑事责任。

四、玩忽职守罪的主观方面

在我国的刑事立法资料中，玩忽职守罪最早出现在 1954 年 9 月 30 日由中央人民政府法制委员会起草的《中华人民共和国刑法指导原则草案》（以下简称《草案》）中。《草案》第七十六条规定："国家机关工作人员玩忽职守，不负责任具有下列情形之一，使公共财产、人民利益遭受严重损害的，判处三年以下有期徒刑、劳役或者予以行政处罚；情节严重，判处三年以上有期徒刑：（一）违反法律、法令、安全纪律、操作规程或者其他规定的；（二）明知有遭受严重损害的可能或者已经发生有遭受严重损害的象征，可能防止而不积极防止的；（三）对于及时防止遭受严重损害的正确建议，置之不理的。”但是《草案》中未明确规定玩忽职守罪的主观特征及罪过形式。后来1979年《刑法》和1997年《刑法》都没有对玩忽职守罪的罪过形式进行明确规定。

由于我国刑法未明文规定玩忽职守罪的罪过，因此，理论界和实务界对玩忽职守罪的罪过有不同的看法。第一种观点认为，玩忽职守罪的罪过是过失。第二种观点认为，玩忽职守罪的罪过一般是过失，也可以是间接故意[①]。

笔者认为玩忽职守罪在主观方面只能由过失构成，故意不构成本罪，也就是说，行为人对于其行为所造成重大损失结果，在主观上并不是出于故意而是由于过失造成的。也就是说，他应当知道自己擅离职守或者在职守中马虎从事对待自己的职责，可能会发生一定的社会危害结果，但是他疏忽大意而没有预见，或者是虽然已经预见到可能会发生，但他凭借着自己的知识或者经验而轻信可以避免，以致发生了造成严重损失的危害结果。行为人主观上的过失是针对造成重大损失的结果而言，但并不排斥行为人对违反工作纪律和规章制度或对自己的作为和不作为行为则可能是故意的情形。如果行为人在主观上对于危害结果的发生不是出于过失，而是出于故意，不仅预见到，而且希望或者放任它的发生，那就不属于玩忽职守的犯罪行为，而构成其他的故意犯罪[②]。

例如，深圳市某批发市场由深圳市某农副产品贸易公司经营，该批发市场分为A、B、C、D四个区和宿舍区，其中A区为市场配套设施和仓库，B区为水果专营区，C区为蔬菜及干果区，D区为装饰家居广场。起火建筑位于B区，B区占地面积4.5万平方米，建筑面积约1.5万平方米。2016年12月11日1时26分，该批发市场B区某商铺店主陈某发现

① 张雅维：《玩忽职守罪与滥用职权罪辨析》，载《中华女子学院山东分院学报》，2001年第3期。

② 楼献：《浅议科学劳动中的失误和玩忽职守罪的界限》，载《工业技术经济》，1993年第6期。

异常，最先跑出店铺敲打周边商铺的门，随后邻近商铺附近出现火光并迅速向南北两侧蔓延。1时28分，深圳市公安消防支队指挥中心接到报警，先后调集8个中队的29辆消防车、145名消防救援人员赶赴现场扑救，于3时许将火灾完全扑灭。该起火灾共造成16人死亡，5人受伤。据现场调查，该起火灾过火面积1 290平方米，烧毁商铺25间，烧毁商铺内物品和通道摆放的货物等物品一批，直接财产损失为187万元。经调查，该起事故为一起违法搭建、消防安全责任不落实、管理不到位等原因造成的生产安全责任事故。本案中该农副产品贸易公司安全生产主体责任不落实；商铺经营户消防安全责任不落实；违法组装销售自制冷藏室；消防部门、土地监察及规划国土部门、环保部门、市场监管部门、属地办事处和区政府履职不到位；深圳市安全监管体系不够完善等。该区办事处负责人黄某、麦某等对该起事故负有直接监管责任，造成了严重后果，涉嫌玩忽职守罪，被依法提起公诉。

第三节　玩忽职守罪的认定

在消防工作中遇到的火灾事件，很多是由于单位的工作人员玩忽职守行为造成的，因此消防工作人员要正确认定玩忽职守罪，但是认定玩忽职守罪除了要明确玩忽职守罪的构成要件特征外，还应注意划清以下几种界限：

一、玩忽职守罪与工作失误的界限

工作失误是行为人由于政策不明确、业务能力和水平低等原因，以致决策失误，造成公共财产、国家和人民利益损失的行为。一般在此情况下，行为人主观上缺乏犯罪所具备的主观罪过，而是主观上想把事情办好，但实际却事与愿违。这同玩忽职守有本质区别，故对此不能认定为玩忽职守罪①。

① 季明珠：《浅析环境监管失职犯罪》，载《人民检察》，2003年第5期。

因工作失误往往也会给国家和人民的利益造成重大损失，在这一点上与玩忽职守罪存在相同之处，但两者有严格的区别：①客观行为特征不同。工作失误，行为人是认真履行自己的职责义务；而玩忽职守罪则表现为行为人不履行或不正确履行自己的职责义务。②导致发生危害结果的原因不同。工作失误，是由于制度不完善，一些具体政策界限不清，管理上存在弊端，以及由于国家工作人员文化水平不高，业务素质较差，缺乏工作经验，因而计划不周，措施不当，方法不对，以致在积极工作中发生错误，造成国家和人民利益遭受重大损失；而玩忽职守罪，则是违反工作纪律和规章、严重官僚主义、对工作极端不负责任等行为造成国家和人民利益遭受重大损失。在实践过程中，出现一些失误，造成某些严重的损失是难免的，但是必须与玩忽职守罪严格区别开来。

二、滥用职权与玩忽职守的界限

玩忽职守和滥用职权行为在侵犯的客体、危害后果和主体上是基本相同的，区别主要在于：①主观方面不同。前者只能出于过失，而后者只能由故意构成。②危害行为不完全相同。前者在客观上表现为职责义务，不履行或者不正确履行职责的行为，一般表现为不作为；后者则主要表现为违反法律规定的权限和程序，超越限度或者没有限度地履行职责的行为。

滥用职权行为是行为人已经意识到自己在行使权力，但是却在不该用权力时滥用，而该用时却不用，因而超越职权而滥用职权的行为；而玩忽职守则为行为人意识到自己应履行职责，由于各种原因而不履行职责或不认真履行职责。因此，如果国家机关工作人员完全的擅离职守一般比较清楚，是玩忽职守行为，不会理解为滥用职权行为[①]。但是如果国家机关工作人员履行职责，那么很容易混淆滥用职权行为和玩忽职守行为，区别的关键要看行为人的主观态度，即滥用职权者认识到自己是在滥用职权，明知不该用而用，该用而不用，因此，对危害结果则是采取放任的间接故意；而玩忽职守行为人则意识到自己在履行职责，该履行而不履行或不认真地

① 谢国维：《浅析渎职类犯罪》，载《法制与社会》，2010年第18期。

履行，其对危害结果，则是出于过失。

三、玩忽职守罪与消防责任事故罪、重大责任事故罪等以过失形式构成的危害公共安全犯罪之间的界限

除了玩忽职守罪以外，消防责任事故罪、重大责任事故罪等以过失形式构成的危害公共安全犯罪也是酿成火灾事件的主要原因，因此要注意区分玩忽职守罪与消防责任事故罪、重大责任事故罪等以过失形式构成的危害公共安全犯罪之间的界限。

例如，2006年5月19日，广东省汕头市某公司因电气线路短路引发了火灾，加之该建筑物中间设有天井，导致火灾蔓延迅速，人员无法逃生，造成死亡13人，受伤1人，直接财产损失67.4万元。胡某为广东汕头市案发镇规划建设办公室主任，连某为广东汕头市案发镇安全生产办公室副主任，张某为广东汕头市案发镇市场监督管理所副所长。案发镇兴建的建筑物大部分未办理规划、建设、消防等审批手续，火灾隐患严重，随意搭建临时建筑，防火间距严重不足。案发公司消防设施严重不足，疏散楼梯设置不符合规范要求，安全疏散通道堵塞、安全出口上锁，缺少火灾事故应急照明和疏散指示标志，在窗口安装防盗网。北楼每层仅有1个室内消火栓，水压、水量达不到规范要求。但案发镇相关部门并不履行职责，对这些情况视而不见。胡某等三人，作为国家机关工作人员，对应职责之内的火灾隐患毫无意识，懒惰怠政，涉嫌玩忽职守罪，依法被检察机关提起公诉。

玩忽职守罪与消防责任事故罪等在主客观方面都有相同之处：主观方面的罪过形式都是过失；客观方面都要求造成严重的危害后果。但两种犯罪的区别在于：①主体不同。玩忽职守罪的主体是国家机关工作人员，而消防责任事故罪的主体是单位中负有消防责任的人员，不限于国家机关工作人员。重大责任事故罪的主体是工厂、矿山、林场、建筑企业或者其他企业、事业单位的职工。②行为发生的场合不同。玩忽职守罪发生在国家机关的管理活动中，而消防责任事故罪中的行为发生在消防安全管理方

面，而重大责任事故罪则发生在生产、作业过程中。③客体不同。玩忽职守罪的客体是国家机关的正常管理活动，而消防责任事故罪和重大责任事故罪的客体是公共安全。

例如，谭某等是某商场的直接主管人员，在商场装修过程中，对消防监督机构通知采取改正措施的意见拒绝执行，结果造成严重火灾事故，经济损失达到991万元的严重后果，这些符合消防责任事故罪的构成特征。而吕某等经济民警属于受雇于该商场的管理人员，但不属于国家机关工作人员。吕某等人违反值班工作制度，值班时聚在一起喝酒、聊天，未按规定巡逻，以至未能及时发现火情，使大火蔓延，造成巨大经济损失，符合重大责任事故罪的特征，应定重大责任事故罪。

四、玩忽职守罪与其他玩忽职守的犯罪的界限

《刑法》在第三百九十七条规定一般玩忽职守罪的同时，又在渎职罪一章的其他条文中将一些由特定的国家机关工作人员在特定的领域内所实施的玩忽职守的行为规定为独立的犯罪。如《刑法》第四百条第二款将司法工作人员由于严重不负责任，致使在押的犯罪嫌疑人、被告人或者罪犯脱逃的行为规定为独立的犯罪；第四百零六条将国家机关工作人员在签订、履行合同过程中，由于严重不负责任，致使国家和人民利益遭受重大损失的行为规定为独立的犯罪；第四百零八条将负有监督管理职责的国家机关工作人员严重不负责任，导致发生重大环境污染事故，致使公私财产遭受重大损失或者造成人身伤亡的严重后果的行为规定为独立的犯罪；第四百零九条将从事传染病防治的政府卫生行政部门的工作人员严重不负责任，导致传染病传播或者流行，情节严重的行为规定为独立的犯罪；第四百一十二条第二款将国家商检部门、商检机构的工作人员严重不负责任，对应当检验的物品不检验，或者延误检验出证、错误出证，致使国家和人民利益遭受重大损失的行为，规定为独立的犯罪；第四百一十三条第二款将动植物检疫机关的检疫人员严重不负责任，对应当检疫的物品不检疫，或者延误检疫出证、错误出证，致使国家和人民利益遭受重大损失的

行为规定为独立的犯罪；第四百一十九条将国家机关工作人员严重不负责任，造成珍贵文物损毁或者流失的行为规定为独立的犯罪等。凡是行为人的行为符合上述规定的，按照上述规定的犯罪定罪处罚，而不能按玩忽职守罪处理。

综上所述，消防救援人员正确认定玩忽职守罪可以更好地处理火灾事故，追究火灾事故的肇事人，做到不枉不纵。

小　结

总的来说，玩忽职守罪是指国家机关工作人员严重不负责任，不履行或者不正确履行职责，致使公共财产、国家和人民利益遭受重大损失的行为。本罪侵犯的客体是国家机关的正常活动，在客观方面表现为国家机关工作人员违反工作纪律、规章制度，擅离职守，不尽职责义务或者不正确履行职责义务，致使公共财产、国家和人民利益遭受重大损失的。本罪的主体是国家机关工作人员，在主观方面由过失构成，故意不构成本罪，也就是说，行为人对于其行为所造成重大损失结果，在主观上并不是出于故意而是由于过失造成的。

玩忽职守行为具有严重的社会危害性，会给国家、社会和人民利益造成不可挽回的重大损失，严重威胁到了社会稳定、国家利益和和谐社会的建设。玩忽职守行为损害了国家机关和公权力的社会威信，影响了社会主义法治建设的进程。本文从降低立案标准、提高法定刑，增加玩忽职守罪的刑罚刑种，制定相对精细的法定刑，减少法官的自由裁量权等方面，提出了完善玩忽职守罪的建议。笔者希望通过对玩忽职守罪量刑的研究，预防和减少玩忽职守犯罪的发生，以树立国家公权力的威信，实现社会进步和谐。

第十二章　生产、销售伪劣产品罪

第一节　生产、销售伪劣产品罪的概念

随着改革开放的逐步深入，社会主义市场经济体制的建立和完善，极大地促进了我国经济和社会的发展，商品的生产和销售对于推动国民经济和对外贸易的发展，满足人民群众日益提高的生活水平，有着重要意义。然而，近几年来，由于对商品质量缺乏有效的监督，部分消费者法治观念淡薄，执法部门监管力度不足，又加之地方保护主义和暴利的诱惑，生产、销售伪劣产品罪的浊流四处蔓延，愈演愈烈，已成为一大社会公害。据统计，2011 年伪劣产品被查获的货值达到 53.3 亿元，2012 年、2013 年、2014 年，同比增长率更是高达 20%。这些只是已经查出的生产、销售伪劣产品案件，未能查出的案件更居多数。目前，生产、销售伪劣产品犯罪活动呈现范围越来越大、数量越来越多，作案形式趋向多样化，作案手段趋向隐蔽化，犯罪主体趋向复杂化等特点。

伪劣产品充斥市场，严重损害了国家的利益，扰乱了社会经济秩序，阻碍了市场经济的健康发展，成为社会的一大公害，成为侵蚀我国社会主义市场经济的毒瘤，必须运用刑法提供的重要法律武器，同这类犯罪行为进行坚决斗争。更为可怕的是，市场上出现了大量的伪劣消防器材。质量不过关的消火栓、灭火器随处可见，这些伪劣的消防器材比一般的产品更加危害人民群众的人身和健康安全以及公私财产的安全。据统计，由于伪劣消防器材而导致建筑消防设施不能完整使用的占三分之一。2001 年山东省公安厅消防局曾经对济南、青岛、烟台、淄博、德州等五个城市

的消防器材销售商进行了抽查，共检查销售单位35家，从17家单位抽取样品38个批次。其中，手提贮压式干粉灭火器产品15个批次，有衬里消防水带产品15个批次，室内消火栓产品8个批次。经检验，有14个批次的产品合格，合格率仅为36.8%，其中消防水带6个批次合格，合格率仅为40%；灭火器6个批次合格，合格率为40%；室内消火栓2个批次合格，合格率20%。受检产品涉及21家生产企业，仅有5家企业的受检产品全部合格，合格率为23.8%。这些数据表明在我们周围使用的消防器材中存在着很多不符合安全标准的消防器材，这些器材在消防工作中不仅起不到防火、灭火的作用，严重的还会加大火灾的损害后果程度。

我国政府一向重视产品质量问题，不断提高产品质量，切实保护广大用户和消费者的合法权益，是国家的一项基本政策。为了加强对产品质量的监督管理，国家先后颁布了一系列有关的法律、法规，如1985年9月6日全国人民代表大会常务委员会通过的《中华人民共和国计量法》，2018年10月26日第十三届全国人民代表大会常务委员会第六次会议进行了最新的修正；1988年12月29日全国人民代表大会常务委员会通过的《中华人民共和国标准化法》(以下简称《标准化法》)，2017年11月4日第十二届全国人民代表大会常务委员会第三十次会议进行了修正；1993年2月22日全国人民代表大会常务委员会通过的《中华人民共和国产品质量法》(以下简称《产品质量法》)以及全国人民代表大会常务委员会、国务院及其有关部门所制定的针对特定产品生产、销售的一系列法律、法规和条例，《产品质量法》于2018年12月29日第十三届全国人民代表大会常务委员会第七次会议上进行了修正。

生产、销售伪劣产品罪，是指生产者、销售者在产品中掺杂、掺假，以假充真，以次充好或者以不合格产品冒充合格产品，销售金额在五万元以上的行为。本罪属于选择性罪名，实践中应根据行为人所实施的具体行为分别确定为生产伪劣产品罪、销售伪劣产品罪或生产、销售伪劣产品罪。

第二节　生产、销售伪劣产品罪的构成特征

一、生产、销售伪劣产品罪的客体

本罪所侵害的客体是复杂客体，包括国家有关产品质量、工商行政的管理制度和消费者的合法权益。

犯罪客体是我国刑法所保护的，而被犯罪行为所侵犯的社会主义社会关系。社会关系则是人们在共同活动过程中所结成的以生产关系为基础的相互关系的总称。人们在共同活动中所结成的这种社会关系是人类赖以生存、发展的基础，所以，各种法律、制度均是为了保护这种社会关系，实质上是一定社会关系的法律化、制度化。而社会关系实质上又是权利或利益关系，是国家、集体和个人之间的利益约定关系。国家为了对生产、销售产品的质量进行监督管理，维护正常的生产、流通秩序，保护消费者的合法权益，近年来颁布了一系列的法律、法规。通过这些法律、法规对产品质量的监督管理、生产者、销售者的产品质量的监督管理、生产者、销售者的产品质量的监督管理、生产者、销售者的产品质量责任和义务、损害赔偿、法律责任等进行了全面、系统的规定，形成了一套完整的产品质量监督制度。但是，一些生产、销售伪劣产品的违法犯罪分子置法律于不顾，大肆进行生产、销售伪劣产品的违法犯罪活动，严重扰乱了国家对生产、销售产品质量的监督管理制度，严重阻碍社会主义市场经济的健康发展。

与此同时，生产、销售伪劣产品的犯罪活动还严重损害了企业广大消费者的合法权益。为了打开销路，犯罪分子采用给高额“回扣”“好处费”等推销手段挤占市场，往往使真货斗不过假货，好货斗不过劣货。这样，不仅生产真货的企业直接损失巨额利润，而且因为消费者无法辨别真假，使真正优质产品的声誉直线下降，有些中小企业就因受假冒伪劣活动的坑害，被迫破产倒闭。

伪劣产品的泛滥使广大消费者也承受了身体、精神、经济上的多重伤害。近几年来，大到厂矿工程电气设备，小到家庭民用电器、食品、药物等，均有伪劣产品出现。劣质商品致人死亡、伤残的恶性事故屡有发生。至于冰箱变“烤箱”“一双新鞋穿不了一个星期”之类的事情更是举不胜举，广大人民群众深受其害，苦不堪言。因此，对生产、销售伪劣产品的犯罪活动必须予以严厉打击。

伪劣产品的犯罪分子往往采取不正当竞争手段或其他违法手段来销售伪劣产品，侵害了国家市场管理制度，破坏了市场管理秩序。因为伪劣产品不仅扰乱了市场公平竞争秩序，而且破坏了市场诚实信用的交易原则。从司法实践来看，市场监管部门在市场管理的过程中，对销售领域中的伪劣产品进行监管，并且根据销售领域的线索又可以辐射到生产领域。因此，有些学者把市场管理秩序作为本罪侵害的直接客体，看来也不无道理。

本罪的犯罪对象是伪劣产品，即假冒产品和劣质产品。所谓假冒产品，是指在材料名称、所含成分等方面名不符实，根本不具备其应有性能的产品。如用其他材料代替二氧化碳的灭火器、甲醇兑水而制成的假酒、不含有鸡蛋成分的蛋糕以及用淀粉和盐酸小檗碱合成的假人工牛黄等。所谓伪劣产品，是指质量低劣，达不到规定要求的产品。如掺入滑石粉的面粉，掺进淘米水的牛奶及掺入砂子的劣质芝麻等。伪劣产品，从广义上而言，根据《产品质量法》第二条的规定，这里的“产品”，应是指经过加工、制作、用于销售的产品，但不包括建筑工程。但是，建设工程使用的建筑材料、建筑构配件和设备，仍然属于产品的范围。根据《产品质量法》的有关规定，伪劣产品包括：

（1）在产品中掺杂、掺假，以假充真、以次充好，以不合格产品冒充合格产品的，致使产品不符合产品质量标准如国家标准、行业标准、企业标准；不具备产品应当具备的使用性能，但是对产品存在使用性能的瑕疵做出说明的除外；不符合在产品或者其包装上注明采用的产品标准以及产品说明、实物样品等方式表明的质量状况等。

（2）伪造产地或者冒用他人的厂名、厂址的。

（3）伪造或者冒用认证标志、名优标志等质量标志的。

（4）属于国家明令规定的淘汰产品的。

（5）伪造检验数据或者检验结论的。

（6）无检验合格证或无有关单位允许销售证明的。

（7）产品或其包装不符合要求的，如没有产品质量检验合格证明；没有中文标明的产品名称、生产厂厂名和厂址；没有根据产品的特点和使用要求，标明产品规格、等级、所含主要成分的名称和含量；限期使用的产品没有标明生产日期和安全使用日期或者失效日期的；使用不当容易造成产品本身损坏或者可能危及人身、财产安全的产品，没有警示标志或者中文警示说明，但裸装的仪器和其他根据产品的特点难以附加标识的裸装产品，可以不附加产品标识；剧毒、危险、易碎、储运中不能倒置以及有其他特殊要求的产品，没有警示或者中文警示说明或标明储运注意事项的等。

（8）失效、变质的产品。

根据《刑法》第一百四十条的规定，构成生产、销售伪劣产品罪的伪劣产品不是指广义上的伪劣产品。构成本罪犯罪对象的只能是：不符合保障人体健康、人身财产安全的国家标准、行业标准、企业标准等产品；掺杂、掺假，以假充真，以次充好的产品；不合格的产品；失效、变质的产品等。如果不是生产、销售上述实质上的伪劣商品，虽然属于生产、销售伪劣产品的违法行为，但不构成本罪。

作为生产、销售伪劣罪的犯罪对象的伪劣产品有两个基本特征：一是范围广、品种多。不只限于《刑法》第一百四十一条至第一百四十八条中所涉及的产品，它包括一切经过加工、制作，用于销售的产品（建设工程、军工产品、家用电器、建筑材料、化学用品、农业生产材料、医疗机械等）；二是生产、销售伪劣产品经过用户、消费者使用，不具有危害人身、财产安全的性质。如果伪劣产品具有危害安全性，生产、销售此类伪劣产品则不适用本罪的规定，而要视具体情况适用《刑法》第一百四十一条至第一百四十八条规定论处。

二、生产、销售伪劣产品罪的客观方面

生产、销售伪劣产品罪在客观方面表现为违反国家产品质量监督管理法规，故意在产品中掺杂、掺假，以假充真，以次充好或者以不合格产品冒充合格产品，销售金额在5万元以上的行为。

具体来讲，行为表现为四种情况：

（1）掺杂、掺假，即在生产、销售的产品中掺入与原产品并不同类的杂物，或者掺入其他不符合原产品质量的假产品，如在芝麻中掺砂子，在磷肥中掺入颜色相同的泥土等。

例如，甲在10吨磷肥中掺入5吨同磷肥一样颜色的泥土，将磷肥和泥土混拌和后，装成50千克一袋，运往市场假冒磷肥出售，就属于掺假行为。

（2）以假充真，即生产者、销售者将伪造的产品冒充真正的产品，主要表现为生产、销售的产品名称与实际名称不符，或者原材料名称、产品所含成分与产品的实际名称、成分不符，如将党参冒充人参、将猪皮鞋冒充牛皮鞋等。

例如，刘某、王某甲、王某乙，均无业。三人为牟利竟密谋在某废弃猪圈内开办“酒厂”，并用散装白酒勾兑方法灌装柔和种子酒，用打码机、仿制包装箱加工后再对外出售。2012年7月，刘某与王某甲、王某乙联系制作一批包装好的假冒柔和牌种子酒。同年9月，三人购买散装白酒送往该县某酒业公司，刘某在该处灌装车间生产、加工假冒柔和种子酒。同年10月，县公安局治安大队共查获假冒柔和种子酒3 992瓶。经县价格认证中心价格鉴定，这些假酒鉴定价格为231 536元。法院审理判定刘某、王某甲、王某乙分别犯生产、销售伪劣产品罪，判处有期徒刑一年，缓刑一年，并处罚金4万元和判处有期徒刑十个月，宣告缓刑一年，并处罚金1万元。

（3）以次充好，即以质量次的产品冒充质量好的产品。主要表现为将

次品冒充正品，将等次低的产品冒充等次高的产品，将旧产品冒充新产品，将淘汰产品冒充未淘汰产品，将没有获得某种荣誉称号的产品冒充获得了某种荣誉称号的产品等。

例如，黄某和郝某共同策划，用0.21元一粒的国产“速效感冒胶囊”冒充日本进口的“救心丹”和“沉香丸”，以35元一粒出售，非法获利4万余元。

（4）以不合格产品冒充合格产品，主要表现为将没有达到国家标准、行业标准的产品冒充达到国家标准、行业标准的产品，将超过使用期限的产品冒充没有超过使用期限的产品等。如何判断产品是否合格，在我国有四种标准：一是强制性标准，即国家颁行的特定商品的标准；二是行业性标准，又称推荐标准，国家有关部门推荐，企业自愿采用的标准；三是企业标准，即企业自己规定的产品质量标准；四是社会通行标准，即在没有强制性标准、行业标准、企业标准的情况下，按照社会通行的标准来衡量。按照这个标准衡量产品是否合格比较复杂，需要聘请专家进行鉴定。不符合上述标准的产品即为不合格产品。行为人生产、销售不合格产品情节严重的，应追究刑事责任。

例如，2020年年初，新冠肺炎疫情发生，市场对于口罩的需求激增。徐某、王某二人趁此机会，在河北等地采购防尘口罩，在明知产品没有质检报告、合格证且没有外包装的情况，通过其经营的京东网店进行销售，销售金额达到13万余元。被公安机关发现时，尚剩余8万只库存口罩，经检测均为不合格产品。徐某、王某二人立即被采取强制措施，市公安局某分局以涉嫌生产、销售伪劣产品罪立案侦查。

当然，不符合上述标准的产品是不合格产品，此外，根据国家有关法律和行政法规的规定，下列性质的行为也属于生产、销售不合格产品的行为：包括生产、销售国家明令淘汰的产品；以研制新产品为名，生产不符合标准的产品；以处理品冒充合格品出售的行为，根据《工业产品质量责任条例》第十条规定，达不到国家有关标准规定等级、仍有使用价值的“处理品”，经企业主管部门批准后，方可降价销售，在产品和包装上必须标出显著的“处理品”字样。违反国家安全、卫生、环境保护、计量等法规要求的，必须及时销毁或作必要的技术处理，不得以“处理品”流入市场。

生产、销售伪劣产品罪是选择性罪名，生产与销售伪劣产品行为是选择性要件，行为人只要实施了生产或销售中的任何一个行为，就适用本条的规定，构成生产伪劣产品罪或销售伪劣产品罪。如果行为人既实施了生产伪劣产品的行为，又实施了销售伪劣产品的行为，是否数罪并罚则要根据不同情况做不同分析：如果行为人既生产了伪劣产品，又销售了自己生产的伪劣产品，则销售行为是生产行为的延续，对这两种行为不能数罪并罚而仍按生产、销售伪劣产品罪一罪处罚；如果行为人既生产了伪劣产品，又销售了他人生产的伪劣产品，且销售金额都在5万元以上，则应按生产伪劣产品罪和销售伪劣产品罪两罪并罚。

生产、销售伪劣产品罪与《刑法》第一百四十一条至第一百四十八条所规定之罪存在法规竞合。法规竞合，是指由于法律错综复杂的规定，使一个行为同时符合数个法条规定的犯罪构成的情况。

生产、销售伪劣产品罪与《刑法》第一百四十一条至第一百四十八条所规定之罪形成的法规竞合属于“一个行为同时触犯同一法律的普遍条款与特别条款”的情形。对于一个行为同时触犯同一法律的普通条款与特别条款，在通常情况下，应依照特别法优于普通法的原则定罪。这也是因为，立法者在普通条款之外又设特别条款，就是为了对特定犯罪给予特定的处罚，或因为某种犯罪特别突出而予以特别规定。但是，在特殊情况下，如法律明文规定或按特别条款优于普通条款就做不到罪责刑相适应，则按重法优于轻法的原则来适用法律。由于立法对不同的犯罪构成有着不同的倾向意图，生产、销售伪劣产品罪与《刑法》第一百四十一条至第一百四十八条所规定之罪不是一种包容与被包容的竞合关系，犯罪构成只是存在交叉关系，所以，一个行为并不必然符合两个法条。根据《刑法》第一百四十九条和第一百五十条，分下列两种情况处理：一是生产、销售《刑法》第一百四十一条至第一百四十八条所列产品，不构成各条规定的犯罪，但是销售金额在5万元以上的，按生产、销售伪劣产品定罪。二是生产、销售《刑法》第一百四十一条至第一百四十八条所列产品，构成各条规定的犯罪，同时又构成生产、销售伪劣产品罪的，依照处罚较重的罪定罪。

生产、销售伪劣产品构成犯罪的，要求销售数额在5万元以上。按照本条规定，生产、销售伪劣产品的行为，必须是销售金额在5万元以上的，才能构成犯罪。因此，本罪在犯罪形态上属于结果犯。销售金额不满5万元的，则属于一般违法行为，可由有关市场监督管理部门给予行政处罚。不管是个体生产、销售者，还是单位生产、销售者，都必须达到这个数额，否则不以本罪论处。销售金额反映了行为人生产、销售伪劣产品的规模、行为持续时间、危害范围以及行为人的主观恶性。即销售金额与上述情节的严重程度都是呈正比关系的销售金额大，反映出行为人生产、销售伪劣产品的规模大、行为持续时间长、危害范围广、行为人的主观恶性严重；反之亦然。而且，这种规定的可操作性强，便于司法机关准确认定和处罚犯罪。尽管刑法把销售金额在5万元以上的作为生产、销售伪劣产品罪的构成要件，销售金额也基本上反映了生产、销售伪劣产品行为的社会危害程度，但是，不能一律把销售金额在5万元以上的都认定为犯罪。这里还存在着其他情节的问题，如掺杂、掺假还有一个程度问题，即“杂”“假”与产品总量的比例，以次充好、以不合格产品冒充合格产品，也有一个“次”与“好”“不合格”与“合格”差别大小的问题。如果不考虑这些问题而仅以销售金额作为唯一的标准，就会有失公平，扩大打击面。例如，行为人在1万斤蜂蜜中掺入20斤白糖，销售金额达5.7万元，而另一行为人在1万斤蜂蜜中掺入1 000斤白糖，销售金额达5.7万元的情况。如果对前者也定生产、销售伪劣产品罪，以刑罚惩处，就显得过于苛刻。对于这种情况，应该按我国《刑法》第十三条的“但书”规定来处理，即“情节显著轻微危害不大的，不认为是犯罪”。

另外，依《刑法》第一百四十九条规定，生产、销售第一百四十一条至第一百四十八条所列产品，不构成各该条规定的犯罪，但销售金额在5万元以上的，应定为生产、销售伪劣产品罪予以处罚。如果该行为同时构成生产、销售伪劣产品罪和《刑法》第一百四十一条至第一百四十八条之罪的，应依处罚较重的规定定罪处罚。

生产、销售伪劣产品罪的客观方面的特征决定了生产、销售伪劣产品行为经常和其他犯罪发生竞合、牵连情况甚至是并罚情况。

1. 生产、销售伪劣产品罪和其他罪发生想象竞合的情况

所谓想象竞合犯，亦称想象数罪，是指行为人基于一个罪过，实施一个危害社会行为，而触犯两个以上异种罪名的犯罪形态。其具有两个特征：一是行为人实施一个犯罪行为，即行为的单数性。二是行为人所实施的一个犯罪行为必须触犯两个以上的罪名，即行为触犯罪名的复数性。据此，生产、销售伪劣产品罪领域发生想象竞合的情形是指行为人实施一个销售伪劣产品行为，而触犯他罪的情况。其主要特征有：行为人实施了一个销售伪劣产品行为，这一销售伪劣产品行为不仅触犯生产、销售伪劣产品罪，而且还触犯他罪。

在司法实践中，较常见的是生产、销售伪劣产品罪与销售假冒注册商标的商品罪的想象竞合。这种情况具备以下特征：一是行为人只实施一个销售行为。二是销售对象既是伪劣产品又是假冒注册商标的商品。三是行为人明知销售对象的性质。四是行为既触犯生产、销售伪劣产品罪又触犯销售假冒注册商标的商品罪。例如，甲购买一批既是伪劣产品又是假冒他人注册商标的商品，甲明知这种情况仍进行销售。假冒注册商标的商品不是伪劣产品，只有在假冒注册商标的商品中掺杂、掺假等才能成为伪劣产品。因此，生产、销售伪劣产品罪与销售假冒注册商标的商品罪的犯罪，构成不存在包容与被包容或交叉的关系，两者不存在法规竞合情况。想象竞合犯属于想象的数罪，由于其行为的单数性，实质上是一罪。但由于其毕竟触犯两个以上罪名，作为一罪处理，就存在着运用哪个罪名的问题。我国现行刑法未对想象竞合犯及其处断原则做出任何规定。目前，我国刑法理论界和司法机构共同趋向的观点一般认为，对于想象竞合犯应采

用“从一重处断”的原则予以论处，即对于想象竞合犯不必实行数罪并罚，应按照其犯罪行为所触犯数罪中法定刑最重的犯罪论处。依据通说，生产、销售伪劣产品罪与销售假冒注册商标的商品罪发生想象竞合时，应定生产、销售伪劣产品罪。

2. 生产、销售伪劣产品罪与他罪发生牵连的情况

牵连犯是指行为人为犯某罪，其方法行为或结果行为又触犯其他罪名的情形。其主要特征有：一是行为人实施了两个以上行为，即行为的复数性。二是两个以上的行为之间存在着牵连关系。所谓牵连关系，就目前新法理论来讲，是原因与结果或方法与目的关系。三是两个以上的行为各自能独立构成犯罪，各触犯不同的罪名。由此可知，生产、销售伪劣产品罪与他罪发生牵连的情况，或者行为人实施生产、销售伪劣产品罪，其采取方法又触犯他罪的情况。从我国司法实践来看，生产、销售伪劣产品罪与他罪的牵连关系不存在原因与结果的关系，即生产、销售伪劣产品行为不能成为原因行为或结果行为，而只存在方法与目的的关系。但就方法与目的的牵连关系，司法实践中一般只有生产、销售伪劣产品行为是目的行为，而不存在方法行为。

（1）生产、销售伪劣产品罪与假冒注册商标罪的牵连情况。这种情况是指行为人为销售伪劣产品而假冒他人注册商标的情形。其特征有：一是行为人主观上为销售伪劣产品。二是行为人实施了两个行为，即假冒他人注册商标行为和销售伪劣产品的行为。三是行为人所实施的两个行为存在牵连关系，即假冒他人注册商品是方法行为，销售伪劣产品是目的行为，两者存在方法与目的的牵连关系。四是假冒他人注册商标行为和销售伪劣产品行为分别触犯假冒注册商标罪和生产、销售伪劣产品罪。例如，甲采购进一批伪劣产品，为了销售便假冒某厂的注册商标进行销售。当然，如果甲购进一批假冒他人注册商标的商品，而后其又在该商品中掺杂、掺假进行销售的，不是牵连犯，而应数罪并罚，这是因为，两个行为之间不存在牵连关系。根据有关司法解释，在实施生产、销售伪劣产品犯罪中，同时构成侵犯知识产权的犯罪，依照处罚较重的规定定罪

处罚。

（2）生产、销售伪劣产品罪与行贿罪的牵连情况。这种情况是指为生产、销售伪劣产品而进行行贿的情形。其特征有：一是行为人主观上为生产、销售伪劣产品。二是行为人实施了两个法律行为，即生产、销售伪劣产品和行贿行为。三是行为人所实施的两个行为存在牵连关系，即生产、销售伪劣产品行为是目的行为，行贿行为是方法行为，两者存在目的与方法的牵连关系。四是生产、销售伪劣产品和行贿行为分别触犯生产、销售伪劣产品罪和行贿罪。

牵连犯无论是形式上或实质上都是数罪，这一点是共识的。但我国刑法理论界对牵连犯的处断原则，由以往普遍坚持通说，即从一重处断原则，发展到三种观点，即“从一重处断说”“并罚说”和“从一重处断和并罚择一说”。笔者认为，牵连犯虽然是数罪，但其并不同于一般的数罪，毕竟其内部存在牵连关系，否定牵连犯本身的特殊性是不正确的，牵连犯按“从一重处断”是合理的，即按数罪中最重的一个罪定罪，在量刑时考虑其他罪的情况，再酌情从重处罚。当然，对于法律有明文规定对牵连犯处断原则的，应按法律规定。因此，对于生产、销售伪劣产品罪与假冒注册商标罪发生牵连的情况，应按生产、销售伪劣产品罪定罪从重处罚；对于其余行贿罪发生牵连的情况，应按行贿罪从重处罚。

3. 生产、销售伪劣产品罪与他罪的并罚

在实施生产、销售伪劣产品犯罪过程中，又以暴力、威胁方法抗拒查处，如何定罪？这种情况宜认定数罪。行为人以数个故意、实施数个行为，符合数个犯罪构成，因而应定数罪。最高人民法院、最高人民检察院的有关司法解释指出，犯罪行为人实施生产、销售伪劣产品的犯罪，又以暴力、威胁方法抗拒查处，构成其他犯罪的，依数罪并罚规定处罚。

三、生产、销售伪劣产品罪的主体

生产、销售伪劣产品罪的主体是生产者、销售者。实践中，一切达到刑事责任年龄、具有刑事责任能力的自然人只要实施了生产、销售伪劣商品的行为均能构成本罪。根据《刑法》第一百五十条的规定，单位也可以成为本罪的主体。单位犯罪总是必须通过自然人的行为去实施的，这样，对于已经实施的犯罪，如何认定是单位犯罪而不仅仅是自然人犯罪，就成了司法实践中一个十分突出的问题。单位犯罪在司法认定上的难处也源于刑法理论界对单位犯罪与自然人犯罪有何区别或者说在单位犯罪本质属性的认识上还存在着相当大的分歧，如单位犯罪是否应限定在法定代表人、主要负责人范围内，是否应包括其工作人员或代理人员的行为；犯罪目的是否仅限于本单位的非法利益，是否能包括合法利益；是否必须以单位名义实施；其行为是否限于单位的业务或职务范围内等。就生产、销售伪劣产品罪而言，认定单位犯罪应注意把握以下几点：

1. 单位犯罪主体范围的界定

我国《刑法》第三十条规定的单位包括公司、企业、事业单位、机关、团体。在司法实践中，对于不具有法人资格的私营独资公司和私营合伙企业实施的犯罪行为，不能认定为单位犯罪，应当依照刑法有关自然人犯罪的规定定罪处罚。

2. 必须是为本单位牟取非法利益

单位犯罪与个人犯罪的不同就在于单位犯罪必须是为单位牟取非法利益。如果盗用单位名义为个人牟取非法利益，就不是单位犯罪，而是个人犯罪。最高人民法院《关于审理单位犯罪案件具体应用法律有关问题的解释》第三条规定，盗用单位名义实施犯罪，违法所得由实施犯罪的个人私分的，依照刑法有关自然人犯罪的规定定罪处罚。当然，就生产、销售伪劣产品罪而言，这里的非法利益是指通过生产、销售伪劣产品，即通过生产、销售掺杂、掺假、以假充真，以次充好或者以不合格产品冒充合格产品的非法活动牟取非法利益。

3. 必须是在单位同意、授权或命令下实施

单位犯罪必须是在单位同意、授权或命令下实施的。某一行为只有体现单位的意志，才能让单位承担这一行为的法律后果，没有单位意志，就不能归责于单位。至于单位犯罪的具体实施人员并不做限制，既可以是单

位的决策人员、一般工作人员，也可以是单位的代理人。当然，一般工作人员、代理人必须得到单位的有权组织或个人的授权，其实施的行为才能体现单位的意志，否则，其行为不能视为单位行为。

4. 个人为进行违法犯罪活动而设立的公司、企业、事业单位实施犯罪的，或者公司、企业、事业单位设立后，以实施犯罪为主要活动的，不以单位犯罪论处

由于刑法中就少数犯罪规定的对自然人犯罪和单位犯罪判处的最高法定刑不同，比较而言，对单位犯罪中直接负责的主管人员和其他直接责任人员判处的刑罚较自然人犯罪判处的刑罚要轻。因此，有些犯罪分子为规避法律的严厉制裁，在实施犯罪行为以前，采用欺骗等手段设立公司、企业，而后以该公司、企业名义实施犯罪活动，其犯罪心理是即使案发被追究刑事责任，所受到的刑事处罚也并不重。因此，最高人民法院《关于审理单位犯罪案件具体应用法律有关问题的解释》第二条规定这种情况不以单位犯罪论处。当然，对于生产、销售伪劣产品罪，根据《刑法》第一百五十条的规定，自然人犯罪和单位犯罪中对自然人的处罚是一样的，一般不会出现上述情况。但是，如果确实存在以上情况，尽管两者处罚一样，也不能认定为单位犯罪。

四、生产、销售伪劣产品罪的主观方面

生产、销售伪劣产品罪的主观方面表现为直接故意，即故意以“假、劣”冒充“真、好”。本罪多以营利和获取非法利润为目的，但并未规定以营利为目的是构成本罪的主观方面必须具备的要件，过失不构成本罪。生产、销售伪劣产品罪包括以下两个方面：一是行为人的主观认识因素。本罪故意的认识内容主要表现在两个方面：①行为人认识到自己行为的性质和方式，即行为人认识到自己是在掺杂、掺假，以假充真，以次充好或者以不合格产品冒充合格产品；②行为人认识到自己行为的危害结果，即行为人认识到生产、销售伪劣产品会破坏国家产品质量管理秩序，侵犯消费者的合法权益。二是行为人的意志因

素。行为人对自己行为所造成的危害社会的结果所持有的态度，表现为行为人的意志态度。对于生产、销售伪劣产品罪，生产者、销售者对于自己的生产、销售伪劣产品行为所造成的危害社会的结果持希望态度。

生产、销售伪劣产品罪的犯罪目的，一般情况下是为了牟取非法利润，破坏国家产品质量管理秩序和侵犯消费者的合法权益是本罪的结果，但不是本罪的目的。当然，本罪的犯罪目的不是构成要件，不影响本罪成立。行为人出于过失而生产、销售伪劣产品的，不构成本罪。生产、销售伪劣产品罪只能由故意构成，如果行为人由于疏忽大意而使产品中掺入杂或假的东西或错把次的、不合格的产品当成好的、合格的产品销售的，不构成本罪。

例如，甲因受蒙骗购进一批伪劣产品，在销售中被查获后方知自己购进的是伪劣产品，由于其主观上不明知自己销售的是伪劣产品，就不存在故意，也就因欠缺主观要件而不构成生产、销售伪劣产品罪。

第三节　消防领域内生产、销售伪劣产品罪的认定

我国《刑法》第一百四十条中规定了生产、销售伪劣产品罪即生产者、销售者在产品中掺杂、掺假，以假充真，以次充好或者以不合格产品冒充合格产品，销售金额5万元以上不满20万元的，处二年以下有期徒刑或者拘役，并处或者单处销售金额百分之五十以上二倍以下罚金；销售金额20万元以上不满50万元的，处二年以上七年以下有期徒刑，并处销售金额百分之五十以上二倍以下罚金；销售金额50万元以上不满200万元的，处七年以上有期徒刑，并处销售金额百分之五十以上二倍以下罚金；销售金额200万元以上的，处十五年有期徒刑或者无期徒刑，并处销售金额百分之五十以上二倍以下罚金或者没收财产。本罪中的伪劣产品当然包括消防领域内的伪劣产品。我们应该从以下三方面来认定消防产品是否

合格。

1. 是否符合消防产品质量认证制度

消防产品现有消防车等 21 大类，共 89 个品种、348 个规格型号。现有消防产品质量相关的国家标准、行业标准 197 项。根据标准化法关于保障人体健康，人身、财产安全的标准是强制性标准，因此，消防产品的标准均为强制性标准。根据产品质量法的有关规定，须经国家消防产品质量监督检验中心做型式检验合格的方可进入市场的消防产品，包括除上述 348 个规格型号消防产品外的其他各类消防产品。

2. 是否符合资格认证制度

我国已实行强制性产品认证制度的产品有消防车等 12 种产品；实行型式认可制度的消防产品有蛋白、氟蛋白泡沫灭火剂等 39 种产品；实行强制检验制度的消防产品有消防安全标志等 105 种产品。实施强制性产品认证制度和型式认可制度的消防产品应持有相关证书及检验报告，证书应通过年检。强制性产品认证制度和型式认可制度目录以外的所有消防产品均实行强制检验制度，应持有国家消防产品质量监督检验中心的型式检验报告。

3. 是否符合强制检验制度

在购买或使用消防产品时，先要看好有没有质量认证书和检验报告。检验报告和质量认证书上还要加盖消防质量公章。还要看产品的质量和产品手续是否健全。检验报告一定是在三年以内的，超过三年的，在原则上产品不允许再生产。当我们在购买消防产品时，按照上述分类管理要求，厂商或销售商提供不出相应的手续和产品质检报告，则可能是假冒伪劣产品。最简单的方法就是上互联网查找企业是否在应急管理部消防救援局备案，如果没有备案企业的产品，那肯定是不合格产品。在此警告生产和销售消防伪劣产品的不法经营者，消防安全无小事，伪劣产品一旦流入市场，那就好比埋下了定时炸弹，对人民生命财产安全的危害极大。因此，让我们共同关注消防产品的质量问题，共同监督，让消防产品在火灾中发挥最大效能。

小 结

总的来说，生产、销售伪劣产品罪，是指生产者、销售者在产品中掺杂、掺假，以假充真，以次充好或者以不合格产品冒充合格产品，销售金额达五万元以上的行为。生产、销售伪劣产品罪的犯罪行为是生产、销售行为。作为生产、销售伪劣产品罪的犯罪主体，依据刑法的规定，既可以是个人，也可以是单位。本类犯罪的犯罪客体为复杂客体，因行为人所生产、销售的伪劣产品的品种、性质、用途不同，其所侵犯的具体复杂客体有所不同。生产、销售伪劣商品犯罪为故意犯罪，要求行为人对其生产、销售的伪劣商品在主观上必须是出于明知。所谓明知，是指行为人在主观上已经确实知道生产、销售的物品属于伪劣商品或者根据客观证据、情形证明行为人确实可能知道其所生产、销售的物品是伪劣商品而不是其他物品的情况。生产、销售伪劣商品罪在客观方面最显著的特征是行为人在客观上实施了生产、销售伪劣商品的行为。

伪劣产品的主观方面难题主要集中在“明知”方面，笔者认为对明知的证明标准应当相对宽松，或者建立一套较为符合司法实践的进行推定的证明标准，或者在这一要件的证明责任上，实行举证倒置，改由行为人自身证明“不知”。这也是鉴于行为人客观违法行为带来的不利后果。伪劣产品客观方面的问题主要集中于“销售金额”方面。笔者认为对这一问题的认识应当将目光放得更远一些，将该构成要件与刑法同章节罪名、不同章节罪名进行全面地比较和研究，对其做更深层次的理解，应当充分权衡作为兜底性罪名的补充立法的指引作用，应当得到更多的重视，立法应及时跟进，推动社会秩序的发展。因此，对于销售金额的数额设置、条文表述应进行适当调整，适应社会的发展，引导社会不断向前发展。

第十三章　生产、销售不符合安全标准的产品罪

第一节　生产、销售不符合安全标准的产品罪的概念

近年来，一些生产、销售电器、压力容器、易燃易爆产品以及其他类似这些具有危险性产品的单位或个人，为牟取暴利，无视国家对产品质量的管理制度，大肆生产、销售不符合保障人身、财产或安全的国家标准、行业标准的电器、压力容器、易燃易爆产品或其他不符合保障人身、财产安全的国家标准、行业标准的产品，严重危害了广大消费者的人身、财产安全。很多火灾的发生就是由于群众使用了伪劣的电器、压力容器、易燃易爆产品等。

生产、销售不符合安全标准的产品罪，是指违反国家质量管理法规，生产不符合保障人身、财产安全的国家标准、行业标准的电器、压力容器、易燃易爆产品或其他不符合保障人身、财产安全的国家标准、行业标准的产品，或者销售明知是以上不符合人身、财产安全的国家标准、行业标准的产品，造成严重后果的行为。

电器、压力容器、易燃易爆产品等。一方面，与其他工业产品一样能够满足人们的某种需要。另一方面，由于其特殊的性质，具有一种潜在的对人身、财产安全的危险性。上述产品的生产、销售需要受到严格的监督控制。为此，国家、行业甚至企业自身，制定了一系列该类产品的生产

安全标准，以确实保证电器、压力容器、易燃易爆产品等的使用安全。然而，一些厂家无视国家对电器、压力容器、易燃易爆产品以及其他类似这些具有危险性产品的生产质量管理规定，大肆生产和销售不符合保障人身、财产安全的国家标准、行业标准的电器、压力容器、易燃易爆产品，严重危害广大消费者的人身、财产安全。现实生活中，电视机或电冰箱起火、高压锅爆炸、热水器漏煤气、啤酒瓶爆炸等事故时有发生。

为了维护广大消费者的人身安全、财产安全，惩治生产与销售不符合保障人身、财产安全的国家标准、行业标准的电器、压力容器、易燃易爆产品或者其他不符合保障人身、财产安全的国家标准、行业标准的产品行为，我国在1979年《刑法》的基础上，于1993年颁布了《关于惩治生产、销售伪劣商品犯罪的决定》（已废止）。实践证明，该决定有力地打击了生产、销售不符合保障人身、财产安全的国家标准、行业标准的电器、压力容器、易燃易爆产品或者其他不符合保障人身、财产安全的国家标准、行业标准的产品行为，以及其他生产销售伪劣商品的犯罪行为。总结惩治生产、销售不符合安全标准产品行为的立法与司法经验，1996年8月全国人民代表大会法制工作委员会将惩治生产、销售不符合保障人身、财产安全的犯罪规定纳入《刑法分则修正草案》。该《草案》第七条规定，生产不符合保障人身、财产安全的国家标准、行业标准的电器、压力容器、易燃易爆产品或者其他不符合保障人身、财产安全的国家标准、行业标准的产品，或者销售明知是以上不符合保障人身、财产安全的国家标准、行业标准的产品，造成严重后果的，处五年以下有期徒刑或者拘役，并处违法所得一倍以上五倍以下罚金；后果特别严重的，处五年以上有期徒刑，并处违法所得一倍以上五倍以下罚金。在此基础上，立法机关经过反复修正，现行刑法明确规定了生产、销售不符合安全标准的产品罪。《刑法》第一百四十六条规定，生产不符合保障人身、财产安全的国家标准、行业标准的电器、压力容器、易燃易爆产品或者其他不符合保障人身、财产安全的国家标准、行业标准的产品，或者销售明知是以上不符合保障人身、财产安全的国家标准、行业标准的产品，造成严重后果的，处五年以下有期徒刑，并处销售金额百分之五十以上二倍以下的罚金；后果特别严重的，处五年以上有期徒刑，并处销售金额百分之五十以上二倍以下罚金。

第二节　生产、销售不符合安全标准的产品罪的构成特征

一、生产、销售不符合安全标准的产品罪的客体

生产、销售不符合安全标准的产品罪侵犯的客体是复杂客体，即国家对生产、销售电器、压力容器、易燃易爆产品或其他类似产品的质量监督管理制度和广大消费者的人身、财产安全。

生产、销售不符合安全标准的产品是一种严重违反电器、压力容器、易燃易爆产品或其他类似产品的生产标准的犯罪行为，因此，生产、销售不符合安全标准的产品罪侵犯国家对电器、压力容器、易燃易爆产品或其他涉及人身、财产安全的产品的质量监督管理制度。《产品质量法》第十三条规定，可能危及人体健康和人身、财产安全的工业产品，必须符合保障人体健康和人身、财产安全的国家标准、行业标准；未制定国家标准、行业标准的，必须符合保障人体健康和人身、财产安全的要求。根据产品质量法，生产、销售电器、压力容器、易燃易爆产品等可能危害人身健康和人身、财产安全的产品违反了产品质量法，侵犯了国家的产品质量监督管理制度。如仅认为生产、销售不符合安全标准的产品罪侵犯了广大消费者的人身、财产安全是不全面的。而另外观点认为生产、销售不符合安全标准的产品罪仅侵犯国家对电器、压力容器、易燃易爆产品或其他类似产品的质量监督管理制度，也是片面的。生产、销售不符合安全标准的产品罪是以造成严重后果为构成要件的犯罪，行为人构成生产、销售不符合安全标准的产品罪的要件之一是因为行为人生产、销售不符合安全标准的产品造成消费者人身、财产损害。生产、销售不符合安全标准的产品罪

侵犯的是双重客体。

本罪的犯罪对象，是指国家有关部门颁布的有关保障人身、财产安全的国家标准、行业标准的电器、压力容器、易燃易爆产品或其他产品。由于这些产品的本身具有一定的危险性，直接关系到消费者的人身、财产安全，所以国家和行业规定了原料选材、制造工艺规程、质量标准、安全系数、整件验收等具体指标，实行生产、销售许可证制度。所谓电器，包括各种工业电器和家用电器，如电动机、电路开关、照明灯具、电视机、电冰箱、收录机、电饭锅、电热壶等。行为人只要生产、销售不符合保障人身及财产安全的国家标准、行业标准的电器，就构成本罪。

例如，刘某，重庆某贸易公司董事长。在无生产加工钢管能力的情况下，该公司对外承揽钢管加工业务。重庆某县要造一座人行桥，刘某等与某县的相关部门签订了供应螺纹钢、圆钢及钢管的合同。刘某对即将供货的钢管，不严格按照图纸技术要求生产，在主拱钢管的压型过程中多次出现裂口的情况下，指使工人做简单补焊处理，埋下重大质量隐患。主拱钢管加工完毕后，不做质量检测，未出具合格证，致使不合格的主拱钢管用于在造桥工程，导致桥体垮塌，造成40人死亡，14人受伤，直接经济损失628万元。经当地人民法院审理，刘某提供的产品不按国家标准和行业标准生产，不督促进行质量检测，发现质量问题时又弄虚作假，造成严重后果，构成了生产、销售不符合安全标准的产品罪。

所谓压力容器，是指存储高压物品的容器，如高压锅、氧气瓶、压力锅炉等。所谓易燃易爆产品，是指易于燃烧与爆炸的产品，如包括爆竹、雷管、民用炸药、锅炉、发电机、煤气制造系统的煤气发生炉、煤气罐等。

国家标准，是指具有全国性意义的统一技术标准，其必须由国务院有关主管部门（或专业标准化技术委员会）提出草案，根据不同专业，分别由有关部门审批和发布。就本罪而言，产品均属工业产品及军民通用产品，因此，应当报国家市场监督管理总局审批和发布；特别重大的，则报国务院审批。行业标准，是指全国性的各专业范围内的统一技术标准，其由国务院所属各主管部门组织制订、审批和发布，并报送国家市场监督管理总局备案。如果生产、销售的是没有有关保障人身、财产安全的国家标准或行业标准的一般性带有燃爆性质的产品，即只有企业标准的产品，就不构成本罪，但这并不排除其行为可能构成他罪，如生产、销售伪劣产品罪等。

这些产品都具有危险性、破坏力强的特点，一旦发生事故，会对人们的生命、健康及财产安全造成威胁或严重损害。学术界认为，行为人生产、销售不符合安全标准的汽水瓶、啤酒瓶造成严重后果的，可以被追究刑事责任。据中国消费者协会统计，1994 年第三季度，北京等 5 个省、市发生了“瓶啤”爆炸事件 28 起（不完全统计），涉及 11 个啤酒厂家，28 人受伤，其中伤后致残 7 人。我国《刑法》第一百四十六条没有明确规定“其他不符合保障人身、财产安全的国家标准、行业标准的产品”的范围。这种规定的立法方式为设定“堵截犯罪构成”要件，规定“堵截犯罪构成”要件的意义在于弥补法网漏洞。由于规定“堵截犯罪构成”要件不同于立法不明确，因此，对“堵截犯罪构成”要件的理解要加以限制性解释。这里的“其他不符合保障人身、财产安全的国家标准、行业标准的产品”是指与不符合安全标准的电器、压力容器等性质相当的不符合保障人身、财产安全的国家标准、行业标准的产品。

二、生产、销售不符合安全标准的产品罪的客观方面

生产、销售不符合安全标准的产品罪在客观方面表现为违反产品质量管理法律规定，生产不符合保障人身、财产安全的国家标准、行业标准的电器、压力容器、易燃易爆产品或其他不符合保障人身、财产安全的国家标准、行业标准的产品，或者是销售明知是以上不符合保障人身、财产安全的国家标准、行业标准的产品，造成严重后果的行为。

例如，2005 年 5 月至 7 月，辽源市某纺织电气安装队根据合同，负责施工建设辽源市某医院的配电改造工程。该安装队在施工中使用不合格电缆，并违规敷设，医院有关人员未认真履行监管职责，从而留下重大事

故隐患。2005年12月15日，辽源市中心医院突然停电，16时30分许，该院值班电工手动启动备用电源后，配电箱发出“砰砰……”的响声，随后发现浓烟和明火，在自行扑救无效的情况下，16时57分，该院副院长李某拨打了火灾报警电话。直到23时许，大火才被彻底扑灭。此次火灾，造成37人死亡，95人受伤，2名消防救援人员受轻伤，直接财产损失821.9万元。火灾后现场勘验发现，供给该配电室的配电线路已出现故障。故障主要原因是起火点处设置有电缆铠装终端，多根电缆重叠、交叉、扭曲、挤压等导致电缆芯线对铠装（地）、芯线之间绝缘能力降低。杜某，辽源市某电线电缆销售处店主，宋某，沈阳市某电线电缆有限公司经理，魏某，沈阳市某电缆有限公司经理，杜某等三人作为该不合格电缆的销售方涉嫌销售不符合安全标准产品罪，依法判处有期徒刑三年至四年，并处罚金。生产、销售不符合安全标准的产品罪系结果犯罪，即只有行为人生产、销售了不符合安全标准的电器、压力容器、易燃易爆产品等，并已经造成了严重后果，才构成本罪。

其他不符合保障人身、财产安全的国家标准、行业标准的产品，是指除上述电器、压力容器、易燃易爆产品以外的产品，如汽化油炉、汽水瓶、啤酒瓶等。这些产品都具有共同特点，即危险性、危害性、破坏性强，一旦发生事故，对人们的生命、健康及财产安全可能造成极大损失。正因为如此，国家对这类产品制定了严格的保障人身、财产安全的国家标准、行业标准，而不仅仅是一般的质量标准。

本罪属于选择性罪名，实施生产或者销售行为之一的，均可构成本罪。生产不符合安全标准的产品的，定生产不符合安全标准的产品罪，销售不符合安全标准的产品的，定销售不符合安全标准的产品罪。既生产又销售的，定生产、销售不符合安全标准的产品罪，不实行数罪并罚。具体从以下几点分析生产、销售不符合安全标准的产品罪的客观方面特征：

1. 行为人实施了生产不符合保障人身、财产安全的国家标准、行业标准的电器、压力容器、易燃易爆产品或其他不符合安全标准的产品的行为，或者销售不符合安全标准的产品的行为生产，是指人们使用工具来创造各种生产资料和生活资料。这里的生产指为社会制造电器、压力容器、易燃易爆产品等行为。如果行为人为自己使用上述产品而生产，则不是这里所说的生产。生产不符合保障人身、财产安全的国家标准、行业标准的电器、压力容器、易燃易爆产品或其他不符合保障人身、财产安全的国家标准、行业标准的产品的行为主要表现为以下形式：

（1）不具备生产能力却生产电器、压力容器、易燃易爆产品或其他产品的行为。有的个人或企业为牟取利益，本来不具备生产电器、压力容器、易燃易爆产品等的能力，有的是生产设备不完善，有的是没有产品检验设备，却开始生产上述产品。电器、压力容器、易燃易爆等产品是具有一定危险性的产品，有可能危及人体健康和人身、财产安全，因此，《产品质量法》第十三条规定，“可能危及人体健康和人身、财产安全的工业产品，必须符合保障人体健康，人身、财产安全的国家标准、行业标准；未制定国家标准、行业标准的，必须符合保障人体健康和人身、财产安全的要求。”而使企业所产生的产品符合保障人体健康，人身、财产安全的国家标准、行业标准的前提条件之一是企业具有生产该产品的能力。没有生产符合保障人身、财产安全的国家标准、行业标准的产品的能力而生产符合安全标准的产品是不可能的。因此，不具备生产符合保障人身、财产安全的国家标准、行业标准的电器、压力容器、易燃易爆产品等的能力却生产电器、压力容器、易燃易爆产品等，是生产不符合保障人身、财产安全的国家标准、行业标准的电器、压力容器、易燃易爆产品等的行为。

（2）行为人具有生产符合保障人身、财产安全的国家标准、行业标准的产品的能力，但行为人生产的产品不合格，不符合安全标准，包括以下几种情况：

1）虽然行为人具备生产符合保障人身、财产安全的国家标准、行业标准的电器、压力容器等产品的能力，但不具备生产上述产品的资格，而行为人生产了电器、压力容器、易燃易爆产品等。由于电器、压力容器、易燃易爆产品等有可能危及人体健康和人身、财产安全，因此，个人或企业生产上述产品需具备一定资格。但具备生产上述产品能力并不表示行为人可以保证所生产的产品符合国家标准或行业标准，可以保证所生产的产品能保障消费者人身、财产安全。国家之所以规定生产上述产品的资格制度、产品标准及其检验制度，主要是上述产品在生产中存在不能保障消费者人身、财产安全现象。而生产者在不具备生产资格的情况下却生产上述产品，所生产的产品不能保障消费者的人身、财产安全，因此，行为人的行为是生产不符合安全标准的产品的行为。

2）行为人具备生产电器、压力容器、易燃易爆产品及其他产品的能力，且被允许生产，但行为人未经产品检验即将产品售出。当然，不能因为行为人的产品未经检验，就断定行为人所生产的产品全部不符合安全标准，但是也不能因为行为人具备生产上述产品的能力，并具有生产上述产品的资格，就认为行为人所生产的产品全部符合安全标准。既然不能保证行为人所生产的未经检验的产品可以保障消费者人身、财产安全，就应承认生产者所生产的未经检验的产品对消费者的人身、财产安全就具有一定危险性，即使行为人未经检验的产品所带给消费者的危险性非常小。因此，行为人生产未经检验产品的行为属于生产不符合安全标准的产品的行为。

3）行为人降低生产质量标准生产电器、压力容器、易燃易爆产品及其他产品的行为。在现实生活中，不少生产厂商为提高产品产量，私自降低生产质量标准，降低国家规定的保障人身、财产安全标准。行为人降低生产质量标准，降低生产安全标准，必然给消费者带来使用上述产品的危险，或者增加消费者使用上述产品的危险。虽然我们不能因为生产者降低生产质量标准就认为生产者所生产的产品都不符合保障人身、财产安全的国家标准、行业标准，但是我们也不能认为生产者所生产的产品降低生产质量标准仍可以保障人身、财产安全。规定上述产品生产的国家标准、行业标准的价值就在于提高消费者使用上述产品的安全度，降低消费者使用上述产品的危险，甚至消除消费者使用上述产品的危险，而行为人降低生产质量标准，就相应降低了消费者使用上述产品的安全度，降低了消费者使用上述产品的危害，因此不能保障消费者的人身、财产安全，故行为人降低生产质量标准生产电器、压力容器、易燃易爆产品及其他产品的行为是生产不符合保障人身、财产安全产品的行为。

销售不符合安全标准的产品，是指行为人将所经销的不符合安全标准的产品售出的行为。如果行为人未将所经销的产品售出，则不是销售不符合安全标准的产品的行为。

生产、销售不符合安全标准的产品罪中的生产、销售行为是选择行为，只要行为人实施了生产、销售行为中的一种行为，就构成犯罪。

2. 行为人生产、销售不符合安全标准的产品造成严重后果

这里的严重后果是指危害行为致使法律所保护的人身、财产、社会秩序或者其他合法权益遭损伤、毁坏、减少等事实情况，即刑法理论中所称的实害结果，也就是犯罪结果。所谓犯罪结果，是指危害行为对刑法所保护的社会关系所造成的实际损害和现实危害。犯罪结果必须是危害行为对直接客体造成的现实损害。现实损害是已经发生的物质损害或确实存在的危害状态。以危害行为是否对刑法所保护的社会关系造成实际损害为标准，犯罪结果可以分为实害结果与危险结果。实害结果指危害行为引起法律所保护的人身、财产、社会秩序等合法权益遭受损害等事实情况。而危害结果是指危害行为引起法律所保护的社会关系足以发生一定实害结果的危险状态。由于生产、销售不符合安全标准的产品罪的后果是指犯罪结果，因此，本罪的严重后果应理解为人身伤亡或财产损失，消费者和用户人身、财产受到严重损害。所谓严重后果，实践中主要指具有以下情节之一的：①造成人员重伤或者死亡的；②造成直接经济损失 10 万元以上的；③其他造成严重后果的情形。如果没有造成严重后果的，则行为人不构成本罪。

另外，要正确区分严重后果是产品生产者、销售者造成的还是被害人自身责任。电器、压力容器、易燃易爆产品等对消费者的人身、财产安全造成严重后果，原因往往是很复杂的。有的确因电器、压力容器、易燃易爆产品等系不符合安全标准所造成；有的可能是由于被害人自身使用不当

所致。因此，处理这类案件要认真分析事故发生的原因。

例如，某地一对夫妻用燃气热水器一起洗澡时吸入一氧化碳而中毒死亡的事故。死者家属据此要求该热水器的生产厂家赔偿损失并追究其负责人的刑事责任。经过现场勘查和鉴定，该热水器系合格产品，符合安全标准。造成死亡的原因是被害人在使用热水器时关闭了浴室门及与之相通的安装热水器的厨房门窗，又未打开抽油烟机。被害人使用热水器时，顺手将罩在热水器上的纤维布罩向上掀起，致使热水器的排烟口被两层布罩遮盖不能排烟，造成一氧化碳中毒。其责任不应由该热水器的生产者、销售者承担，自然也就谈不上追究刑事责任的问题了。

本罪为结果犯罪，其不仅要求有生产、销售上述不符合标准的产品的行为，而且必须造成严重后果才可构成本罪。如果仅是具有上述行为，而没有严重的后果，即没有造成危害结果，或虽有危害结果但不是严重的危害结果，也不能构成本罪，构成犯罪也是他罪。根据《刑法》第一百四十九条规定，生产、销售不符合保障人身、财产安全的国家标准、行业标准的上述产品，如不构成生产、销售不符合安全标准的产品罪，但销售金额在五万元以上的，即构成生产、销售伪劣产品罪。如果构成生产、销售不符合安全标准的产品罪，根据其销售金额，又构成生产、销售伪劣产品罪的，则按该条规定的法条竞合的处罚原则即重法优于轻法原则，依照处刑较重的罪定罪处罚。

3. 行为人生产、销售不符合安全标准的产品的行为与严重后果间存在因果关系

因果关系是哲学上的一个重要范畴，是指自然界或社会中存在的一种产生与被产生间的联系。刑法中所讲的因果关系是指一种犯罪行为同犯罪结果之间的因果关系。刑法上的因果关系是指一种犯罪行为同犯罪结果之间的因果关系。刑法上的因果关系具有以下特征：一是客观性。从认识论的角度看，犯罪行为与犯罪结果之间的引起与被引起的联系，具有不以人们的主观意志为转移的特征。二是时序性。刑法中的因果关系具有时间顺序性，原因在先，结果在后。三是条件性。刑法中的因果关系只能在一定

条件下存在。原因是不能离开它所处的具体条件而发生作用的，作为原因的现象，只有在一定的具体条件下才可能产生出某种结果来。四是多样性。刑法中的因果关系不仅包括一因一果形式，而且有多因一果、一因多果形式。根据刑法因果关系理论，行为人生产、销售不符合安全标准的产品的行为与危害必须存在引起与被引起的关系，否则不存在因果关系，即消费者使用不符合安全标准的产品发生了严重后果，而引起危害后果的原因是行为人生产、销售不符合安全标准的产品的行为。如果行为人所生产的产品符合国家标准、行业标准，即使发生严重后果，行为人也不承担刑事责任。

例如，2015年2月，浙江一电动平衡车用户因平衡车在使用中忽然失去控制，撞向路标摔倒，身体致残。被害人就此向该电动平衡车公司提出索赔要求。在此案中，如果该电动平衡车符合国家安全标准或行业标准，被害人的摔倒与平衡车的质量没有关联关系，则平衡车厂家负责人不承担刑事责任。

三、生产、销售不符合安全标准的产品罪的主体

生产、销售不符合安全标准的产品罪的主体是一般主体，既可以是自然人，也可以是单位。构成生产、销售不符合安全标准的产品罪的自然人主体须年满16周岁，且具有刑事责任能力；构成生产、销售不符合安全标准的产品罪的单位可以是公司、企业、事业单位、机关、团体。

在司法实践中，有些行为人是为了生产、销售不符合安全标准的产品而设立企业的，如果行为人所生产、销售的不符合安全标准的产品造成严重后果构成犯罪的，是否应认定为单位犯罪还是自然人犯罪？第一种观点认为，这种情节应认定为自然人犯罪。因为在这种情况下行为人设立的企业所体现的意志是自然人的意志，自然人进行企业登记仅仅是自然人为了掩护其非法目的而采用的一种手段。行为人在名义上是兴办企业，实质是违法犯罪，因此，对行为人应按自然人犯罪处理。第二种观点认为，这种情况应认定为单位犯罪。因为在这种情况下由于自然人设立企

业，自然人的违法犯罪行为已转化为单位的违法犯罪，因此，为生产、销售不符合安全标准的产品而设立的企业实施本罪的是单位犯罪。从民法角度看，行为人为生产、销售不符合安全标准的产品而设立企业的设立行为应是无效的民事行为。由于企业设立行为是法律行为，因此设立企业行为必须适法，即符合法律规定，行为人的设立行为不仅要符合法律规定的形式要件，如企业有名称、地点、自有资金等，而且要符合实质要件，依法经营。而生产、销售不符合安全标准的产品的行为人是为生产造成伪劣产品而设立的，因此行为人设立企业的行为不合法，是无效的，应当认为行为人为生产、销售不符合安全标准的产品而设立的企业实施犯罪的是自然人犯罪。这种看法与1999年6月25日公布的《最高人民法院关于审理单位犯罪案件具体应用法律有关问题的解释》第二条的规定是一致的，即个人为进行违法犯罪活动而设立的公司、企业、事业单位实施犯罪的，或者公司、企业、事业单位设立后，以实施犯罪为主要活动的，不以单位犯罪论处。

四、生产、销售不符合安全标准的产品罪的主观方面

1. 行为人的认识因素

生产、销售不符合安全标准的产品罪的行为人的认识因素是行为人明知生产、销售不符合安全标准的产品会产生危害后果。

首先，行为人明知不符合安全标准的产品对消费者具有现实的危害性。也就是说，行为人需要知道所生产或销售的产品具有危险性，不符合安全标准的产品会致消费者人身、财产损害。认定行为人是否“明知”的观点有以下三个：一是主观说，这种观点认为判断行为人是否明知，主要看行为人的个人知识、经验；二是客观说，这种观点认为判断行为人是否明知，主要看社会公众所了解的知识，如果社会公众都知道不符合安全标准的产品对消费者具有现实的危害性，可以推知行为人也有这种认识；三是折中说，这种观点认为判断行为人是否明知，要结合公众认识水平和行为人的认识水平。笔者认为客观说更可取。

其次，行为人明知所生产、销售的产品为不符合安全标准的产品。判断行为人明知所生产的产品不符合保障人身、财产安全的国家标准、行业标准要从以下几方面考虑：其一，要看行为人所生产的产品是否经过检验，如果行为人所生产的产品未经检验，可以认为行为人明知所生产的产品不符合保障人身、财产安全的国家标准、行业标准。其二，要看行为人是否明知所生产的产品经检验不合格。如果行为人明知所生产的产品经检验不合格，行为人为明知所生产的产品不符合安全标准。同时，判断行为人是否明知所销售的产品是不符合安全标准的产品，要依据经销者的进货渠道、销售价格、经销经验进行判断。

最后，行为人明知生产、销售不符合安全标准的产品具有违法性。国外对犯罪故意的认识因素是否包括对行为的违法性认识有不同的观点，第一种观点为违法性意识不必要说；第二种观点为违法性意识必要说；第三种观点为责任说。从我国的刑事立法和司法实践来看，在一般情况下只要行为人对行为的社会危害性有认识，也就意味着其对行为的违法性有认识。因此，判断行为人是否明知生产、销售不符合安全标准的产品行为具有违法性，只需要考察行为人是否明知生产、销售不符合安全标准的产品的行为的社会危害性。如果行为人对行为的社会危害性有认识，就是对行为的违法性“明知”。

2. 行为人的意志因素

生产、销售不符合安全标准的产品罪在主观方面只能是故意构成，即明知是不符合安全标准的产品而予以生产、销售。由于电器、压力容器、易燃易爆产品使用危险性大，破坏性强，一旦发生爆炸、漏电、燃烧等会给人的生命、健康、财产造成很大的损失，因此，国家对电器、压力容器、易燃易爆产品规定了严格的国家标准、行业标准。作为生产者对此是十分清楚的，但仍然生产，其行为故意是显而易见的。至于其对行为可能造成严重后果，则既可能是放任心理，也可能是过失心理。如果行为人由于过失或者根本不知情而销售了不符合安全标准的产品的，则不构成本罪。

小 结

简而言之，生产、销售不符合安全标准的产品罪，是指生产不符合保障人身、财产安全的国家标准、行业标准的电器、压力容器、易燃易爆产品或者其他不符合保障人身、财产安全的国家标准、行业标准的产品，或者销售明知是以上不符合保障人身、财产安全的国家标准、行业标准的产品，造成严重后果的行为。本罪的客体为双重客体，即国家对生产、销售电器、压力容器、易燃易爆产品等的质量监督管理制度和公民的健康权、生命权。电器、压力容器、易燃易爆产品等必须达到安全标准，否则可能危害人体健康和人身、财产安全，客观方面表现为生产或者销售不符合保障人身、财产安全的国家标准、行业标准的电器、压力容器、易燃易爆产品或者其他不符合保障人身、财产安全的国家标准、行业标准的产品，并且造成严重后果的行为。本罪的主体要件为一般主体，即达到刑事责任年龄、具有刑事责任能力的任何人均可构成本罪，本罪是故意犯罪。

生产、销售不符合安全标准的产品罪是一个在理论界研究较少的罪名，但是本罪名的确存在一些亟待解决的问题。生产、销售不符合安全标准的产品罪的立法不是一蹴而就的，而是经历了一个逐步发展的过程。生产、销售不符合安全标准的产品罪的产生具有一定的必然性，是经济繁荣带来的一种现象，是工商企业活动中无法避免的一种社会事实。刑法作为处罚不符合安全标准产品罪的重要手段，对预防此类犯罪的发生起着举足轻重的作用。

附录　近年国内有关火灾处理情况

案例一：

1993年2月14日13时15分，某百货大楼发生特大火灾，造成80人死亡，54人受伤，直接财产损失400余万元。该起火灾系电焊熔珠喷溅所致。案发区人民法院于1993年4月16日开庭公开审理了此案，判处犯有重大责任事故罪的当地某建筑公司施工队队长岳某有期徒刑七年；判处犯有重大责任事故罪的某建筑公司施工队电工黄某有期徒刑七年；判处犯有重大责任事故罪的某建筑公司施工队该百货大楼工地负责人（技术员）张甲有期徒刑六年；判处犯有重大责任事故罪的某建筑公司施工队技术员王甲有期徒刑六年；判处犯有玩忽职守罪的该百货大楼党支部书记兼经理孟某有期徒刑五年；判处犯有玩忽职守罪的当地劳动服务公司建筑公司经理王乙有期徒刑四年；判处犯有玩忽职守罪的该百货大楼副经理张乙有期徒刑四年。

案例二：

1993年5月13日21时30分左右，某商城发生火灾。大火烧损、坍塌房屋面积1.3万平方米，造成568个摊位和部分机电设备被烧毁，209个集体和个体工商户、123户居民受灾，直接财产损失585.6万元。这起火灾系日光灯电源线与镇流器长期接触不良，致使电线老化短路所致。该商城工程建设指挥部总指挥殷某和副总指挥马某，严重违反国家有关消防法律法规和消防技术规范要求，没有依法申请办理建筑防火审核手续，工程竣工后没有申请进行消防验收，即交付使用。对此建筑遗留严重的火灾隐患，对发生火灾造成巨大损失负有不可推卸的领导责任。火灾发生后，由于两人经济犯罪已被依法追究刑事责任，因此对其在这起火灾中应负的领导责任没有再予追究。

案例三：

1993 年 11 月 19 日 13 时 25 分，某玩具厂因仓库电线短路打火，喷溅的熔珠引燃可燃物造成火灾，造成 84 人（女 82 人，男 2 人）死亡，45 人（后治疗无效死亡 3 人）受伤，烧毁厂房 2 160 平方米，直接财产损失 260 多万元。该玩具厂是一家生产布艺玩具的来料加工厂，有员工 418 人，起火时在厂员工 404 人。该厂于 1988 年 5 月向当地县建委报建，1989 年 5 月建成后即投入使用。该厂房坐北朝南，为三层钢筋混凝土框架结构，东西长 40 米，南北宽 18 米，高 12 米，建筑面积 2 400 平方米。距厂房东侧 10 多米处是一栋三层的员工宿舍。厂房一层是仓库、裁衣车间，二层是加工车间，三层是电动缝纫车间。一层东南角为配电房，西北部为成品仓库，成品仓库对面为电修车间，东端为裁衣车间（为该起火灾的起火部位）。厂长黄某、业主代表劳某、经理梁某、电工刘某四人犯重大责任事故罪，分别被判处有期徒刑六年、二年、三年、二年。防火监督员吴某、李某对该玩具厂存在的重大火险隐患整改督促检查不力，并因利用职权，受贿索贿，犯玩忽职守罪，分别被判处有期徒刑十七年、十一年。

案例四：

1994 年 11 月 27 日 13 时 28 分，某歌舞厅发生特大火灾，造成 233 人死亡，20 人受伤，烧毁建筑面积 180 平方米，烧毁音响、灯具、座椅、沙发和饮料食品等物品，直接财产损失 12.8 万元。火灾原因是舞客邢某将点烟时未熄灭的报纸卷塞入破损的沙发洞内，引燃沙发所致。歌舞厅特大火灾发生后，当地公安司法机关依法追究了下列人员的刑事责任：王某，歌舞厅承包人，犯重大责任事故罪，被判处有期徒刑七年；李某，歌舞厅管理人员，犯重大责任事故罪，被判处有期徒刑四年；孙某，当地评剧团团长，犯玩忽职守罪，被判处有期徒刑三年；许某，当地文化局副局长兼文化市场管理办公室主任，犯玩忽职守罪，被判处有期徒刑二年。这起事故的责任者邢某系过失犯罪，已在火灾中死亡，不再追究刑事责任。

案例五：

1996 年 4 月 2 日 2 时左右，某商业城发生特大火灾，直接财产损失 5 519.2 万元。其中，房屋损失 1 306.1 万元、设备损失 704.1 万元、商品损失 3 509 万元。火灾原因为放火。火灾责任及处理情况：丁某，该商业城副总经理，1995 年 11 月起分管防火和安全保卫工作，因工作严重失职，给予行政撤职、开除党籍处分。黄某，该商业城暖通科科长，具体负责商业城消防给排水设备、喷淋水幕、消火栓等设备的管理、维护工作。因工作失职，给予行政撤职、开除党籍处分。王某，该商业城总经理、法人代表，未能正确履行自己的消防安全管理职责，对这起特大火灾事故负有重要领导责任。给予行政撤职、留党察看一年处分。

案例六：

2000 年 3 月 28 日 15 时 40 分，某打火机厂因装配车间内，打火机爆裂产生可燃气体遇验机用的明火引发火灾，进而引燃堆放在台面上的打火机，致使火势蔓延，造成 17 人死亡，6 人受伤，烧毁建筑 308 平方米及成品、半成品打火机一批，直接财产损失 42 610 元。火灾责任及处理情况：①该打火机厂负责人陈某，在厂房未经消防设计审核和消防验收的情况下，租赁厂房生产打火机，未向公安消防机构申报消防安全审核，擅自生产，犯重大责任事故罪，被判处有期徒刑四年。②当地公安消防大队大队长谢某，在该打火机厂未经消防验收，厂房仍存在重大火灾隐患的情况下，签发易燃易爆化学物品消防安全许可证，严重违反消防执法程序，犯玩忽职守罪，被判处有期徒刑三年，缓期四年。③当地镇党委书记黄某，党委副书记、镇长吴某对消防工作不重视，在该打火机厂被查封后，帮助该厂向公安消防大队长谢某说情审批易燃易爆化学物品消防安全许可证，干预消防执法行为，使重大火灾隐患得不到整改，负有领导责任，分别给予黄某撤销党内职务处分，吴某撤销党内外一切职务处分。

案例七：

2000年11月15日14时，焊工在某商都二期工程10层仓库违章动火焊割，电焊熔珠溅落在商品的可燃包装物上。16时许，在无人检查施工现场的情况下，所有人员全部离开。遗留下的火种渐渐引燃可燃物，22时许有人发现时，火灾已经处于发展蔓延阶段。消防支队调度指挥中心22时7分接警，先后调集14个公安消防队，5个专职消防队59辆消防车、325名消防人员前往扑救，于16日3时30分将火控制，12时许将火扑灭。过火面积5 222平方米，烧毁9层、10层仓库中的大部分库存电冰箱和洗衣机等商品，直接财产损失864.5万元。火灾系焊工违章焊割，电焊熔珠溅落在商品的可燃物上引燃所致。火灾责任及处理情况：①电焊工胡甲、姬某违章电焊，分别构成失火罪和重大责任事故罪，被依法刑事拘留。②更夫胡乙等人没有认真履行值班巡查职责，值班期间喝酒、擅离职守、巡查不到位，没有及时发现火情，构成重大责任事故罪，被依法刑事拘留。③该商都保卫部副部长宋某，不熟悉防火工作职责和动火审批程序，家电商场申请电焊时，未能审查电焊工资格，随意批准动焊，构成重大责任事故罪，被依法刑事拘留。④该商都总经理、党委书记曲某，副总经理孙某，保卫部部长王某对火灾的发生负有领导责任，各罚款1 000元。⑤根据《吉林省消防条例》第五十三条规定，对该商都罚款86.4万元。

案例八：

2000年12月26日3时50分左右，某酒店一迎宾员到洗浴中心门口时，发现走道内有烟，随即喊人灭火，由于配电室值班员发现起火后即拉闸断电，消防控制室值班员启动消防喷淋泵未能发挥作用。火灾造成20人死亡（男8人，女12人；本店员工19人，浴客1人）、18人受伤，过火面积320平方米，地下一层的部分装修及室内物品被烧毁，直接财产损失 22 万元。火灾系酒店工作人员将烟灰缸内未灭的烟头倒在可燃物上引燃所致。火灾责任及处理情况：①该酒店副总经理韩某、保安部经理马某、保安部消防主管王某因消防责任事故罪被逮捕。②洗浴中心经理刘某因重大责任事故罪被逮捕。③依据《吉林省消防条例》，对夏威夷大酒店罚款 2.2 万元。

案例九：

2000 年 12 月 25 日 21 时，某商厦发生特大恶性火灾事故，造成 309 人死亡，7 人受伤，直接财产损失 275 余万元。火灾原因为电焊火花溅入地下二层可燃物上，引燃地下二层的绒布、海绵床垫、沙发和木制家具等可燃物品。当地中级人民法院和当地区人民法院于 2001 年 8 月 21 日分别开庭，对特大火灾事故涉及的被告人做出一审判决。① A 公司某店养护员王甲犯重大责任事故罪，判处有期徒刑七年；犯过失致人死亡罪，判处有期徒刑七年；两罪并罚，决定执行有期徒刑十三年。A 公司某店店长赵某犯重大责任事故罪，判处有期徒刑七年；犯包庇罪，判处有期徒刑三年；两罪并罚，决定执行有期徒刑九年。② B 公司执行副总经理王乙、A 公司某店养护科副科长刘某犯妨害作证罪，判处有期徒刑七年；犯包庇罪，判处有期徒刑九年；两罪并罚，决定分别执行有期徒刑九年。③ A 公司某店店长杨甲、B 公司养护部经理周某、A 公司某店养护课负责人来某、B 公司采购部经理卢甲、C 公司经理王丙犯包庇罪，均判处有期徒刑三年。④该商厦总经理李某、总经理助理卢乙犯消防责任事故罪，均判处有期徒刑七年。该商厦工会主席张甲、后勤保障部部长杜某犯国有企业工作人员玩忽职守罪，均判处有期徒刑七年。⑤当地文化局文化市场管理科科长桂某犯玩忽职守罪，判处有期徒刑七年。当地老城区建筑管理委员会副主任唐某、建设委员会城建监察办公室主任张乙犯滥用职权罪，均判处有期徒刑七年。公安局老城分局某派出所所长岳某、民警马某、市场监督管理所所长杨乙犯玩忽职守罪，均判处有期徒刑七年。当地市场监督管理局某分局局长郭某、副局长王丁犯妨害作证罪，均判处有期徒刑七年。

⑥当地消防支队防火处指导科副科长姚某，在事故发生后，当地人民检察院于 2001 年 1 月 2 日以涉嫌玩忽职守罪将其刑事拘留，1 月 14 日批准逮捕。2001 年 8 月 21 日当地区人民法院公开开庭审理认定，姚某身为公安消防监督检查工作人员，在工作中没有正确履行自己的职责，且有弄虚作假行为，对火灾事故的发生及造成的严重后果负有不可推卸的责任，情节特别严重，其行为已构成玩忽职守罪，一审判处其有期徒刑七年。

案例十：

2001 年 3 月 29 日 3 时许，某音像俱乐部 13 号包间观众丰某及其女友李甲先后入睡，3 时许，丰某醒后，听到靠北墙的包间内有着火声音，同时发现顺着墙缝往他所在的包间内渗烟，他穿上鞋走出包间，打开北边 15 号包间叫醒李甲，穿衣拿物后向外逃命。3 时左右，服务员韩甲从 2 号包间出来，看见走道北端东侧 14、15、16 号包间着火。服务员薛某在大厅吧台听到一男子喊着火了，看到通往包间的铝合金玻璃门东侧包间处起火，马上到投影厅门口喊叫观众，并叫醒老板娘牛甲关电闸，随后打电话报警。火灾系 15 号包间内的石英管电暖器烤燃邻近的沙发等易燃材料所致。造成 74 人死亡，2 人受伤，烧毁建筑 800 平方米及放映设备、家具等，直接财产损失 20 万元。经检察院批准，对与此起火灾事故有关的 17 名犯罪嫌疑人依法逮捕。一审判决：①俱乐部老板韩乙犯传播淫秽物品牟利罪和重大事故责任罪，判处无期徒刑，剥夺政治权利终身。②牛甲犯传播淫秽物品牟利罪和重大事故责任罪，判处无期徒刑，剥夺政治权利终身，并处罚金 2 万元。③俱乐部包房负责人王某犯重大事故责任罪，判处有期徒刑七年。④俱乐部工作人员韩甲、无业人员康某犯失火罪，判处有期徒刑二年。⑤俱乐部工作人员牛乙犯传播淫秽物品牟利罪和重大事故责任罪，判处有期徒刑二年六个月。⑥刘某犯传播淫秽物品牟利罪，免于刑事处罚。⑦当地派出所民警李乙犯变造国家机关证件罪，判处有期徒刑七年。⑧当地派出所借调人员赵某犯变造国家机关证件罪，判处有期徒刑六年。⑨当地文化市场管理办公室主任陈某犯滥用职权致使国家利益遭受重大损失罪和挪用公款罪，判处有期徒刑八年。⑩当地市场监督管理局直属分局副局长杜某、该局公交工商业登记科科长刘甲、当地派出所指导员刘乙犯玩忽职守罪，判处有期徒刑五年。⑪当地某公司经理宋某犯受贿罪，判处有期徒刑四年；公司原经理刘丙犯受贿罪，判处有期徒刑三年。

案例十一：

2001 年 4 月 22 日上午，某鸡加工车间包装工段临时工贾某与当班组长赵某在由东向西数第二台封口机南侧摆盘，11 时许，贾某发现包装工程的照明灯一闪一闪的，接着整个包装工程吊顶上的灯全部灭了，其他工段的灯还亮着。包装工程的照明灯灭了以后，赵某让贾某去看电闸，看到电闸没关，就转身向回走，边走边喊“开着开着”，喊完以后，又看了一下第一道工序的链条，当转身的时候，突然发现两台封口机上面，顺着封口机抽空管子周围的空隙向下窜火苗，顶棚开始往下掉。贾某就喊“着火了，快跑！”在向外跑的时候，她还发现其他工段的上方顶棚也冒出火苗。这时，同班的吕某就拽着贾某跑出车间。火灾造成 38 人死亡（均吸入有毒气死亡）、20 人受伤，烧毁建筑 5 040 平方米，直接财产损失 95.2 万元。经调查，火灾系肉鸡加工车间封口包装工段吊顶内日光灯镇流器发热引燃了聚氨酯保温材料所致。火灾责任及处理情况：公司总经理吕某犯重大劳动安全事故罪，判处有期徒刑三年；车间主任李某犯重大劳动安全事故罪，判处有期徒刑三年；陈某犯工程重大安全事故罪，判处有期徒刑六年，罚金 5 000 元；王某犯工程重大安全事故罪，判处有期徒刑五年，罚金 3 000 元。

案例十二：

2001 年 4 月 10 日 16 时 50 分左右，某商品批发市场发生火灾。火灾过火面积 1.8 万平方米，烧毁大量的日用百货，533 家个体工商户、30 家住户受灾，直接财产损失 1 821.3 万元。火灾原因是某小区工地建筑工人程甲之子（程乙，5岁）、李甲之子（李乙，5岁），于4月10日16时50分左右在该小区工地民工住在二楼水电工间玩耍时，见床上有一打火机，李乙拿到打火机，两人开始点燃留在房间垃圾堆里的塑料袋玩，随后将该房间的一只胶鞋用燃烧的塑料袋点燃，继而引燃木隔板成灾。火灾责任及处理情况：①事故的直接责任人是两名小孩，未成年，未达民事和刑事责任年龄，不予追究责任。②杨某系项目经理，是施工现场消防安全的第一责任人。根据《消防法》第三十九条规定，对此次火灾负有间接责任，其行为已触犯《刑法》第一百三十四条，构成重大责任事故罪，被判处有期徒刑三年。③程甲是该公司驻小区10号、11号住宅楼建筑工地的钢筋工组组长，违反该建筑工地管理规定，私自带小孩进入工地玩耍，致使小孩玩火引起火灾，并在火灾发生后携妻儿逃离现场，逃避法律责任，根据《消防法》第三十九条规定，程甲对此次火灾负间接责任，其行为已触犯《刑法》第一百三十四条，构成重大责任事故，被判处有期徒刑三年。④陶某未能履行公安消防部门下达的《火灾隐患整改通知书》关于立即拆除违章建筑，清理摊位，保证消防通道畅通要求，根据《消防法》第三十九条规定，对此次火灾应负间接责任，依照《云南省消防管理处罚规定》第十一条第三款规定，给予1 000元罚款的处罚。⑤当地铁路局房产建筑段系项目的承办单位，其在小区10号、11号住宅工程基础部分施工后，将工程主体结构的施工于2000年1月28日转包给甲公司施工，双方签订有合同，但未到建设行政主管部门办理施工单位的变更手续，并且对工地疏于管理，对此次火灾负有一定的责任，根据《消防法》第三十九条规定，应负间接责任，依据《云南省消防管理处罚规定》第十八条规定，给予3万元罚款的处罚。⑥甲公司于2000年1月28日允许第三人杨某以本公司的名义与当地铁路局房产建筑段签订建筑工程施工合同，并在合同上加盖公司的公章及法定代表人的印章，还注明第三人杨某系分公司的委托代理人，杨某的一切活动所产生的后果由分公司承担，火灾虽系小孩玩火所致，但与分公司不履行安全管理职责有关，根据《消防法》第三十九条规定，该公司对此火灾负有间接责任，依照《云南省消防管理处罚规定》第十八条规定，擅自在市场内搭建雨棚，占用防火间距，根据《消防法》第三十九条规定，当地铁路局开发建设经营公司对火灾事故负有间接责任，依照《云南省消防管理处罚规定》第十八条规定，给予 3 万元罚款的处罚。

案例十三：

2002 年 2 月 18 日，某电子游戏厅因为供空调调压的变压器长时间通电，导致变压器绝缘老化过热引起火灾，造成 17 人死亡、1 人重伤，直接财产损失 1.2 万元。火灾责任及处理情况：①凌甲，男，65 岁。参与游戏厅非法经营，因使用变压器不当引起火灾，且把游戏厅门、窗封堵，导致起火后人员无法疏散造成重大人员伤亡。凌甲对火灾负直接责任，应追究刑事责任。因凌甲在火灾中死亡，免于追究责任。②凌乙，男，37 岁，非法游戏厅业主。无照经营，违反消防规定，在封堵门、窗的游戏厅内非法经营电子游戏，未配备灭火器材；着火后只顾自己灭火，既未及时报警，又未组织人员疏散，造成重大人员伤亡。凌乙对这起火灾负直接责任。犯有失火罪、非法经营罪，数罪并罚，判处有期徒刑二十年，并没收财产。③刘甲，凌乙妻姐。明知凌家父子的游戏厅属非法经营，仍将房屋租给其使用，并违反消防规定，将自己经营的近 150 公斤布头在游戏厅内存放，造成火灾蔓延。犯有失火罪、非法经营罪，数罪并罚，判处有期徒刑十五年，并没收财产。④李某，凌乙之母。身为原游戏厅法人代表，对游戏厅的无照经营采取放任态度，有明显的参与行为。犯有非法经营罪，判处有期徒刑七年，并没收财产。⑤刘乙，凌乙之妻。火灾发生后，凌乙准备出逃，作为妻子不但未规劝其投案自首，而且资助其 2 000 多元供其外逃，其行为已构成窝藏罪，判处有期徒刑三年，缓刑五年。

案例十四：

2002 年 9 月 1 日 4 时 58 分，某石油公司油罐区内的 8 个油罐已经爆炸起火，为猛烈燃烧阶段，而且随时都有再次爆炸的危险。油罐区 200 米范围内的杂草和其他可燃物、南侧铁路专用线上的枕木、西南侧办公楼下的车库、配电室都已起火，现场一片火海，油罐区内的火柱高达50多米，直接威胁着西侧另一石油公司油库区内的5号和4号汽油罐。一旦5号罐发生爆炸，将引起与之相邻的1至4号罐爆炸，继而引起库区其余71个油罐的连锁爆炸，还将引起毗邻的公路段加油站、区政府液化气站、加油站，甚至石油总公司油库的大爆炸，方圆几公里内的企事业单位和居民都将面临毁灭性的灾难，后果不堪设想。经检察机关批准，于甲因涉嫌消防责任事故罪于9月1日被刑事拘留，原沈阳军区直属军事检察院于9月30日批准逮捕(于甲系原沈阳军区后勤部退休军官)；大龙洋石油有限公司总经理于乙对火灾负有一定的管理责任，给予行政拘留十五天、刑事拘留三十天的处罚；火灾的直接责任者刘某、王某、雷某因死亡，不再追究刑事责任。

案例十五：

2003年11月3日，某大厦发生火灾，经统计，在不计坍塌损失的情况下，火灾的烧损面积为1 255平方米，18家仓库业主受损严重，另有部分和住户受灾，一层仓库建筑损失31.2万元，二层及二层以上住宅建筑损失105.4万元，住户财产损失43.8万元，合计直接财产损失501.6万元。坍塌事故共造成36名人员伤亡，其中，消防救援人员牺牲20人，受伤16人（消防救援人员11人，新闻记者4人，保安人员1人），受灾94户、412人。建筑坍塌损失按已坍塌部分的损失和残存部分（专家鉴定建议拆除）的损失两项分类，其中已坍塌部分的损失178.6万元，残存部分的损失318.3万元，合计直接财产损失496.9万元。截至2004年3月底，犯罪嫌疑人李甲、李乙、魏某已涉嫌工程重大安全事故罪，被衡阳市检察院批准逮捕；沈某已涉嫌重大责任事故罪，被衡阳市检察院批准逮捕；冯某涉嫌失火罪，被衡阳市检察院批准逮捕；设计人员朱某、肖某、原衡阳市市场监督管理站站长黄某等涉嫌犯罪，衡阳市司法机关将依法追究其法律责任；其他相关责任人员，衡阳市司法机关也将依法追究其法律责任。

案例十六：

2004年2月15日11时许，某商厦消防北侧锅炉房锅炉工李甲发现毗邻的商厦搭建的3号库房向外冒烟，于是便找来该库房的租用人——商厦某电器行业主焦某的雇工于某用钥匙打开门锁，发现仓库着火。他们边用锹铲雪边喊人从商场几个楼层取来干粉灭火器扑救，未能控制火势。火灾突破该库房与商厦之间的窗户蔓延到营业厅。此时营业厅内人员只顾救火和逃生，没有人向消防队报警。此次火灾共造成54人死亡（男28人、女26人），其中烧死3人，窒息死亡42人，坠楼死亡9人。70人受伤，其中，男性34人、女性36人，重伤14人。过火面积2 040平方米，直接财产损失426.4万元。火灾直接原因是商厦该电器行雇工于某在当日9时许向3号库房送纸板时，不慎将嘴上叼着的烟头掉落在地面上（木板地面），引燃地面可燃物所致。2005年7月10日，当地区人民法院在市中级人民法院法庭对火灾事故相关责任人做出判决：商厦电器行雇工于某犯失火罪判处有期徒刑七年；商厦总经理刘某犯消防责任事故罪判处有期徒刑六年；商厦副总经理赵某犯消防责任事故罪判处有期徒刑五年；商厦保卫科长马某犯消防责任事故罪判处有期徒刑四年；商厦保卫科副科长陈某犯重大责任事故罪判处有期徒刑三年六个月；商厦保卫科干事曹某犯重大责任事故罪判处有期徒刑三年；商厦保卫科防火员李某犯重大责任事故罪，免予刑事处罚。

案例十七：

2005年12月20日16时26分，某市场突然停电，该市场某通信器材供应站9561号门面（以下简称9561号门面）没有关闭门面内的总电源，拔掉电视机、摄像头的插头，关闭照明灯具开关。7时30分，9561号门面上部冒烟，火光从卷闸门的缝隙及西北角破损处映出。此次火灾过火建筑面积83 276平方米，烧毁3 220个门面、3 029个摊位、30个仓库，受灾5 200余户，1名群众死亡，8名消防救援人员、15名群众受伤。起火原因系 9561 号门面内通电状态下的 14 英寸彩色电视机内部故障引起火灾。火灾责任及处理情况：经调查分析，认定 9561 号门面的户主杜某和经营者胡某对火灾的发生负直接责任；该市场开发总公司负直接责任，公司现任副总经理谢某负直接领导责任，公司现任总经理杨某负直接领导责任。杜某、胡某因涉嫌失火罪已被当地市公安机关立案侦查并依法逮捕。谢某、杨某因涉嫌消防责任事故罪也被当地市公安机关立案侦查。

案例十八：

2005 年 12 月 15 日，某医院发生火灾，造成 37 人死亡，95 人受伤，2 名消防救援人员受轻伤，直接财产损失 821.9 万元。2005 年 12 月 15 日 16 时 10 分左右，医院突然停电，16 时 30 分许，该院值班电工手动启动备用电源后，配电箱发出“砰砰……”的响声，随后发现浓烟和明火，在自行扑救无效的情况下，16 时 57 分，该院副院长李某拨打了火灾报警电话。此起火灾系配电室电缆沟内 2 号部位电缆短路所致。该起火灾事故中，王某（该医院院长）等涉嫌事业单位工作人员失职罪被批捕，金某等涉嫌重大责任事故罪被批捕，杜某等涉嫌销售不符合安全标准产品罪被批捕。

案例十九：

2006 年 1 月 7 日零时 15 分，某建材市场因一无业人员用火不慎引发火灾，受灾经营户 7 户，直接财产损失 291.9 万元。2006 年 1 月 7 日零时 15 分，建材市场 4 名保安准备下班，先后离开市场西门岗亭从不同路径到市场东南面的武装保卫部交班。保安魏某经过建 –3 栋时，发现某店面楼顶上的窗户有烟冒出，并看见红光，随即示警。保安班长王某听到喊声，拨打 119 报警。当地消防支队调度指挥中心于零时 23 分接到报警后，共派出 10 个消防中队、19 辆消防车、130 余名消防救援人员，于 5 时许基本扑灭大火。消防队到场扑救时，发现二层公正板材仓库内有一男子李某，遂将其带离火场。李某表情呆板，仪表不整，头发蓬乱，衣着单薄，全身有明显的烟熏痕迹。据李某交代，当晚他用火柴在公正板材仓库内点燃报纸取暖，引起火灾。火灾发生后，对事故负有主要责任的李某涉嫌失火罪，经江西省精神病院司法鉴定，李某患有精神分裂症，无责任能力，对其责任不予追究，责令其监护人严加看管。

案例二十：

2006年5月19日，某公司因电气线路短路引发火灾，造成13人死亡，1人受伤，直接财产损失67.4万元。2006年5月19日12时40分，在北楼一层织布车间工作的张某发现东墙3号窗户玻璃被浓烟熏黑，并出现裂痕，有火光从玻璃透出，他立即跑到北楼天井向楼上呼救，并到配电房关闭总电源，但并未报警。12时44分，居民刘甲发现该公司厂房东面有浓烟冒出，立即用手机拨打119报警。当地消防大队接到报警后，共出动18辆消防车、106名消防救援人员，大火于14时50分被完全扑灭。经综合分析，认定火灾系该公司压碗织带车间东墙配电盘引出的动力电源线短路，高温熔珠引燃周围可燃物所致。该起火灾事故中，刘乙（公司法定代表人）等3人，违章搭建临时厂房，厂房内疏散通道、安全出口堵塞；生产管理混乱，没有任何规章制度，平时没有对员工进行安全生产、消防安全教育培训，起火后又未及时组织员工疏散；非法使用童工。刘乙应负直接责任，移交司法机关追究其刑事责任。胡某、连某等涉嫌玩忽职守罪，检察机关对其立案查处。

案例二十一：

2009年1月31日，某酒吧发生火灾，造成15人死亡、22人受伤，烧毁电视机、音像设备、灯光设备、装修装饰物等物品，直接财产损失近11万元。2009年1月31日23时57分42秒，当地公安局110指挥中心接到曾某（酒吧员工）报警称酒吧发生火灾，立即调度5辆消防车、25名消防救援人员赶赴现场救援，火灾于2月1日零时20分被完全扑灭。

火灾发生后，认定起火时间为2009年1月31日23时56分许，起火部位位于酒吧前10桌上方顶棚处，起火原因为酒吧内顾客燃放烟花引燃顶棚处的吸音棉引发火灾。该起火灾事故中，26名事故责任人受到责任追究，其中16名事故责任人被移送司法机关依法追究刑事责任，10名受到党纪、政纪处分。酒吧法人代表郑某、燃放烟花的李某等7名人员被移送司法机关依法追究刑事责任。

案例二十二：

2009年2月9日，某工地因违规燃放烟花爆竹引发火灾，造成1名消防救援人员牺牲，6名消防救援人员受伤，工程主体建筑的外墙装饰、保温材料及楼内的部分装饰和设备不同程度过火，直接经济损失总计16 383万元（其中直接财产损失15 072.2万元）。经现场勘验和调查询问，认定火灾系建设工程办公室负责人委托他人联系的有关人员在施工现场燃放的礼花焰火落至工程主体建筑顶部，引燃可燃材料所致。本案中，相关人员就是在使用危险物品的过程中，违反有关管理规定，因而发生重大事故，以危险物品肇事罪判处。

案例二十三：

2010年4月24日0时，某数码广场裙楼发生火灾，烧毁计算机、手机、数码设备及配件、耗材等电子产品，过火面积约1.5万平方米，直接财产损失9 800万元。经调查，起火原因为某广告公司气焊操作人员胡某、陈某在切割建筑西面北端外墙的广告牌时，违章焊割作业，掉落的高温焊渣引燃二层平台上的可燃物成灾，造成裙楼一至六层过火。火灾处理：火灾发生后，公安机关对李某（广告公司法定代表人）、胡某、陈某等六人实施了刑事拘留，并冻结广告公司资金58.6万元。经查，动火施工前，广告公司未建立动火消防安全制度，单位内部未办理动火审批手续，气焊操作人员胡某、陈某均无证上岗，其行为严重违反了消防法律法规的有关规定。其中，李某等5人已被批捕。

案例二十四：

2010年8月28日，某售楼处因楼盘展示沙盘内电气线路接触不良过热引燃可燃物引发火灾，造成12人死亡，10人受伤，过火面积350平方米，直接财产损失9万元。苏某系房地产公司营销副总经理。苏某直接参与装修改造方案设计，并负责销售中心的全面工作，是其消防安全管理工作的直接责任人。苏某违反消防法，未落实消防安全责任，未建立消防安全制度，未制定灭火与应急疏散预案，也没有对员工进行消防安全教育培训。营销部消防安全管理也十分混乱，沙盘底部堆放大量可燃物，造成沙盘起火后火势迅速蔓延，加之工作人员不具备扑救初起火灾的能力，也没有人员组织有效的疏散，造成重大人员伤亡的严重后果，其行为触犯了《刑法》第一百三十四条第一款，涉嫌重大责任事故罪。

案例二十五：

2010年11月15日，某公寓大楼因无证电焊工违章操作引发火灾，造成58人死亡，71人受伤。火灾原因是物业管理有限公司施工人员吴某，无证违规在起火建筑10层电梯前室北窗外凹档内，进行电焊作业过程中溅落的金属熔融物，引燃下方找平掉落的聚氨酯泡沫碎块、碎屑起火成灾。依照有关规定，对26名责任人移送司法机关依法追究刑事责任，28名责任人受到党纪、政纪处分。

案例二十六：

2011年1月13日0时49分，某宾馆发生火灾，造成10人死亡，4人受伤，过火面积150平方米，直接财产损失60.4万元。2011年1月12日晚，宾馆管理人李某和员工黄某、袁某在一楼大堂值班，另有3名服务员在一层夹层员工宿舍内睡觉。13日0时49分，黄某接到五层5028房间客人称房间内有烟味的电话，便乘电梯上到五层进行察看。黄某误以为是客人吸烟引起的，并没有仔细察看，便于0时52分乘电梯回到一层大堂。0 时 55 分，李某、袁某突然发现通往二层的楼梯间有火往下掉落，袁某立即用前台固定电话拨打“119”报警。共 4 个消防中队的 10 辆消防车、72 名消防救援人员前往扑救。2 时 10 分，火灾被完全扑灭。经过综合分析认定火灾原因为电烤火炉引燃覆盖其上的棉质被套。宾馆的 5 名投资、经营者被追究刑事责任；辖区 13 名公职人员受到党纪、政纪处分。

案例二十七：

2011 年 1 月 17 日 23 时 15 分，某批发市场发生火灾，造成 14 人死亡，过火面积约 2 500 平方米，83 户商户、27 户居民受灾，直接财产损失 591.1 万元。1990 年，该批发市场所属公司将原占地面积 300 平方米的两层旧厂房私自改造成三层，后局部增加至五层（用于居住，面积 100 余平方米），总建筑面积 1 810 平方米。1 月 17 日，批发市场一层因电气故障引发火灾。23 时 19 分，当地消防支队指挥中心接到批发市场发生火灾的报警后，调集 20 个消防中队的 70 辆消防车、320 余名消防救援人员赶赴火灾现场，1 时 58 分，明火被基本扑灭。火灾责任及处理情况：对事故负有主要责任的公司法定代表人潘某因消防责任事故罪被判处有期徒刑一年一个月；消防安全责任人杨某因消防责任事故罪被判处有期徒刑一年，缓刑一年。当地区政府及相关职能部门的 14 名责任人被湖北省人民政府追究行政责任。

案例二十八：

2011 年 6 月 30 日 15 时 35 分，某商厦发生火灾，造成 10 人死亡，16 人受伤，商厦一至五层全部过火，烧毁各类服装、床上用品和化妆品等，直接财产损失 2 696.8 万元。2011 年 6 月 30 日 15 时 35 分左右，商厦一层服装专柜营业员张某听到类似电闸跳闸的声响，发现一层东南角中转库房内有烟冒出，于是用手机报火警。经过综合分析，认定火灾原因系商厦一层东南角中转库房内空调电源线短路，引燃周围可燃物所致。根据天津市政府对蓟县该商厦“6 · 30”重大火灾事故调查处理意见做出的批复，依法依纪对19名事故责任人和4个事故责任单位做出严肃处理。其中，8人移送司法机关追究刑事责任，9人给予行政处分。依照相关法律，以重大劳动安全事故罪，一审判处商厦实际控制人姚甲有期徒刑六年，法定代表人姚乙有期徒刑四年，商厦副总经理高甲、刘某、王某有期徒刑三年，缓刑四年，商厦电工宗某有期徒刑三年，缓刑三年；分别以涉嫌滥用职权罪、受贿罪和涉嫌玩忽职守罪，对当地消防大队大队长杨甲、消防大队防火科参谋吕某刑事拘留。

案例二十九：

2011年7月12日9时25分，某橡塑制品公司生产车间发生火灾，造成15人死亡，过火面积3 450平方米，直接财产损失1 179.4万元。起火建筑产权单位为甲公司，2010年10月甲公司将一部分建筑租赁给乙公司和丙公司，2010年11月，乙公司又将自己租赁的建筑一部分转租给起火橡塑制品公司。2011年7月12日9时许，该橡塑制品公司员工周某在车间大门附近在给电控盒盖贴膜时，听见坐在对面的员工张某喊“着火了”，立即站起来拿了一个灭火器到起火的泡沫堆灭火。同时厂长季某组织人员灭火和打电话报警。员工张某第一个拨打报警电话，报警时间为7月12日9时25分6秒。当地公安消防支队指挥中心接到报警后，调动47辆消防车、189名消防救援人员赶赴现场进行扑救。11时30分明火被全部扑灭。经过综合分析认定，起火时间为2011年7月12日9时许，起火原因为起火点货垛上方的照明灯具电源导线短路，引燃下方聚苯乙烯泡沫片材及货垛纸箱等可燃物所致。火灾发生后，对事故负有主要责任的王某（原案发橡塑制品公司法定代表人）等5人因犯重大劳动安全事故罪，判处有期徒刑三年，缓刑三年至五年不等。

案例三十：

2011年8月23日6时12分，某公司办公综合楼发生火灾，造成15人死亡，1人受伤，过火面积3 250平方米，烧毁、烧损该办公综合楼室内装修及物品，直接财产损失51万元。2011年8月23日6时12分，当班保安陈某在大门门岗处发现该厂办公综合楼二层起火；住在办公综合楼二层的霍某和其朋友韩某被外部响声吵醒后，发现二层办公室门口有火冒进来，于是从二层西侧窗户逃生，霍某于6时12分向110报警，此时火势已迅速扩大蔓延。8月23日6时18分，当地消防中队接到命令后，出动24辆消防车、128名消防救援人员赶到现场支援扑救火灾，9时10分许，火灾被扑灭。经过综合分析，认定火灾原因为办公综合楼二层中部楼梯北侧吊顶内的铁质电线槽内电线短路，产生的高温熔珠引燃可燃物所致。火灾发生后，对事故负有主要责任的霍某（公司法人代表）等4人因涉嫌重大责任事故罪被刑事拘留。

案例三十一：

2011年10月10日5时许，某建设工地活动板房发生火灾，造成13人死亡，25人受伤。2011年10月10日5时许，工地烘衣房起火并蔓延至活动板房，5时41分，当地消防支队指挥中心接到报警，立即调派县消防中队出动1辆指挥车、3辆水罐车、1辆抢险救援车，火灾于8时20分被扑灭，13时许现场搜救结束。经过综合分析，认定火灾原因为烘衣房电气设施故障、工装与碘钨灯距离过近碘钨灯烤燃工装等引发火灾。

案例三十二：

2014年11月16日18时36分，某食品有限公司北厂区生产车间内流水生产线南侧一名装箱工发现正对面的8号恒温库顶部起火，并迅速向车间蔓延。此次火灾事故共造成18人死亡，13人受伤，造成4 000平方米主厂房及主厂房内生产设备被损毁，直接财产损失440.9万元。公司厂房为非法建设，北厂区制冷系统供电线路敷设不规范、系统超负荷运转、线路老化，致使8号恒温库内，沿西墙敷设的冷风机供电线路接头处过热短路，引燃墙面聚氨酯泡沫保温材料。火焰烟雾从8号恒温库门窜出后，引燃了库门上方的氨管道聚氨酯泡沫保温材料、加工车间吊顶及房顶彩钢板（中间填充物为聚苯乙烯夹芯板）和车间西侧的包装纸箱，火势迅速蔓延。经综合分析，认定这是一起生产安全责任事故，对31名事故责任人和6个事故责任单位做出严肃处理。其中，8人移送司法机关处理，29人给予党纪、政纪处分，1人给予诫勉谈话。

案例三十三：

2015年8月12日22时51分46秒，某港口发生爆炸，事故造成165人遇难，8人失踪，798人受伤住院治疗；304幢建筑物、12 428辆商品汽车、7 533个集装箱受损。火灾责任及处理情况：根据事故原因调查和事故责任认定，依据有关法律法规和党纪政纪规定，公安机关对24名相关企业人员依法立案侦查并采取刑事强制措施。事故调查组另对123名责任人员提出了处理意见。

案例三十四：

2016年1月24日2时55分，某村民自建房发生火灾，造成8人死亡、5人受伤，过火面积150平方米，直接财产损失25.3万元，起火原因为未燃尽的煤灰引燃垃圾筒内可燃物。火灾处理：起火房屋实际承租人王某因未执行消防监督机构对涉案房屋进行安全检查后提出的整改措施，犯消防责任事故罪，法院依法判处有期徒刑五年。起火房屋出租人梁某，因未执行消防监督机构对涉案房屋进行安全检查后提出的整改措施，犯消防责任事故罪，法院依法判处有期徒刑四年六个月。

案例三十五：

2016年2月15日2时40分，某大院居民房发生火灾，造成5人死亡，过火面积180平方米，烧毁房屋、家具、家电等物品，直接财产损失27.5万元，起火原因为生活用火不慎引燃周围可燃物。由于相关责任人已在火灾中死亡，无法追究其刑事责任，案发街道办事处主要负责同志被诫勉谈话，并向市政府做出书面检讨；社区党支部书记黄某、主任李某受到通报批评，并向街道办做出书面检讨。

案例三十六：

2016年8月14日4时51分，某出租屋发生火灾，造成9人死亡，2人重伤，过火面积150平方米，烧损部分建筑结构、生产设备、半成品、成品以及物品，直接财产损失98.3万元，起火原因为某时装厂一层夹层东北角处电线短路引燃周围可燃物。火灾处理：公安机关对出租屋主陈某、承租经营者李某等3人因涉嫌重大劳动安全事故罪进行立案侦查；安全生产监管局依法对事故责任单位实施行政处罚；14人受到党纪处分。

案例三十七：

2017年5月9日9时许，某隧道内一辆大巴车起火，造成13人死亡，大巴车完全烧损。经调查得知追尾发生后，大巴车并未立即起火，并发现起火位置位于大巴车驾驶座位。认定起火部位位于客车驾驶员座椅与第一排座椅之间靠窗侧地板处，起火物为汽油，引火源为明火。此次火灾原因查明后，案件移交公安机关。经查明，这是一起人为实施的放火案件，该车司机丛某实施了这起个人极端严重暴力犯罪案件并在作案中死亡。

案例三十八：

2018年4月24日0时30分许，某KTV发生火灾，造成18人死亡、5人受伤，过火面积65平方米，火灾原因为刑事放火。经调查，纵火嫌疑人刘某与经营者发生矛盾，将自己停放在一楼门厅处的一辆摩托车油管拔出，点燃流出的汽油后逃离现场，当时现场有4人目击整个纵火过程。由于汽油燃烧猛烈，摩托车迅速起火，并引燃停放在大厅内的另一辆电动车，摩托车、电动车的海绵坐垫、轮胎、汽油、电池等猛烈燃烧，火势封堵了疏散通道，释放出大量有毒高温烟气沿室内楼梯迅速向上蔓延，造成二楼、三楼被困人员无法逃生；加之该场所顾客大多饮酒，意识不清，行动能力迟缓，逃生自救能力差，致使出现大量人员伤亡。该起火灾纵火嫌疑人于当日 10 时 50 分被公安机关抓获。2018 年 9 月，当地中级人民法院对被告人刘某进行公开宣判，以放火罪判处刘某死刑，剥夺政治权利终身。

案例三十九：

2018 年 6 月 1 日 17 时 30 分许，某商贸城发生火灾，造成 1 人死亡，过火面积约 5.1 万平方米，直接财产损失为 9 210 万元。经调查，该起火灾起火时间为 2018 年 6 月 1 日 17 时 30 分许，起火部位为该商贸城地下一层冷库 3 号库内，起火点位于 3 号库通道北侧中部香蕉堆垛处，起火原因为冷库 3 号库租户朱某自行拉接的自西向东第三根铁丝上的照明电源线短路引燃其下方的香蕉外包装纸箱蔓延成灾。经调查认定，这是一起重大火灾责任事故。

案例四十：

2018 年 10 月 28 日 17 时 30 分许，某公司仓库发生火灾。该起火灾造成仓库项目 3 号、4 号、5 号仓库建筑及库内存放的润滑油等物品被烧毁，过火面积为 2.3 万平方米，直接财产损失 8 944.95 万元。经调查，该起火灾起火原因为仓库项目 5 号仓库 501 仓间西墙北数第 3 根与第 4 根立柱之间上方的视频监控系统电气线路发生故障，产生的高温电弧引燃线路绝缘材料，燃烧的绝缘材料掉落并引燃下方存放的润滑油纸箱和塑料薄膜包装物，随后蔓延成灾。经调查认定，这是一起责任事故。该公司的 17 名责任人员受到刑事处罚。

案例四十一：

2019 年 9 月 29 日 13 时 10 分，某公司厂房发生烷烃爆燃事故，造成 19 人死亡，3 人受伤，过火面积约 1 100 平方米，直接财产损失 2 380.4

万元。经认定，该起事故起火原因为员工违规操作导致塑料桶起火，引燃周围可燃物发生爆燃。公司法定代表人张某、实际控制人孙甲、事故发生负有直接责任的员工孙乙 3 人，因在事故中死亡，免于追究责任；股东葛某及文具厂法人林某被追究刑事责任。

参 考 文 献

［1］马克昌 . 犯罪通论［M］. 武汉：武汉大学出版社，2010.

［2］张明楷 . 刑法的基本立场 . 北京：中国法制出版社，2002.

［3］曲新久 . 刑法的精神与范畴 . 北京：中国政法大学出版社，2003.

［4］罗克辛 . 德国刑法学　总论（第 1 卷）：犯罪原理的基础构造［M］. 王世洲，译 . 北京：法律出版社，2005.

［5］陈兴良，周光权 . 刑法学的现代展开［M］. 北京：中国人民大学出版社，2006.

［6］高铭暄 . 刑法专论［M］. 北京：高等教育出版社，2006.

［7］陈兴良 . 刑法哲学［M］. 北京：中国政法大学出版社，2009.

［8］张明楷 . 刑法分则的解释原理［M］. 北京：中国人民大学出版社，2011.

［9］山口厚 . 刑法总论［M］. 付吏庆，译 . 北京：中国人民大学出版社，2011.

［10］王作富 . 刑法分则实务研究［M］. 北京：中国方正出版社，2013.

［11］魏克家 . 认知过失犯罪［M］. 北京：中国政法大学出版社，2015.

［12］甲斐克则 . 责任原理与过失犯论［M］. 谢佳君，译 . 北京：中国政法大学出版社，2016.

［13］切萨雷·贝卡利亚．论犯罪与刑罚［M］．黄风，译．北京：北京大学出版社，2017.

［14］杨矿生．论玩忽职守案件中直接责任人员的确定［J］．法律学习与研究，1989（2）：30–33.

［15］李心鉴．刑法中违法性错误与故意的关系［J］．政治与法律，1990（5）：29–31.

［16］陈兴良．论主观恶性中的规范评价［J］．法学研究，1991（6）：13–19.

［17］陈兴良．主观恶性论［J］．中国社会科学，1992（2）：165–176.

［18］姜伟．共同过失与共同混合罪过［J］．法学评论，1994（3）：13–17，23.

［19］姜伟．论间接故意［J］．烟台大学学报（哲学社会科学版），1995（2）：38–46.

［20］贾宇．直接故意与间接故意的新探讨［J］．法律科学．西北政法学院学报，1996（2）：47–51，58.

［21］林亚刚，贾宇．犯罪过失新探［J］．检察理论研究，1996（2）：30–35.

［22］陈国柱．故意犯罪与过失犯罪之比较［J］．青海社会科学，1997（4）：96–102.

［23］李洁．论滥用职权罪的罪过形式［J］．法学家，1998（4）：25–31.

［24］刘仁文．过失危险犯研究［J］．法学研究，1998（3）：49–64.

［25］王章学．试论重大责任事故罪之构成要件［J］．北京警院学报，1998（6）：29–32，28.

［26］刘志伟，等．犯罪过失理论若干争议问题研究［J］．法学家，2000（5）：28–47.

［27］杜澎．间接故意犯罪形态论［J］．法学家，2000（2）：31–38.

［28］白春华．试论玩忽职守罪的客观方面［J］．河南省政法管理干部

学院学报，2000（5）：89-91.

［29］赵晓，王长江，张剑．重大责任事故罪与消防责任事故罪的认定与区分［J］．河南消防，2001（11）：27-28.

［30］赵群力．消防刑事案件的立案审查［J］．武警学院学报，2001（5）：51-52，55.

［31］刘志伟．危险物品肇事罪若干疑难问题新探［J］．山东公安专科学校学报，2001（2）：22-26.

［32］张雅维．玩忽职守罪与滥用职权罪辨析［J］．中华女子学院山东分院学报，2001（3）：63-65.

［33］钊作俊．略论日德刑法理论中的注意义务［J］．郑州大学学报（哲学社会科学版），2002（4）：47-51.

［34］刘志伟，梁剑．重大责任事故罪若干疑难问题研讨［J］．河南省政法管理干部学院学报，2002（2）：42-50.

［35］刘广超．烧自家财物也犯罪［J］．河南消防，2002（9）：22-23.

［36］方加亮．试论刑法中的放任［J］．天中学刊，2003（4）：42-44.

［37］陈妮．非法采矿罪的认定［J］．山西高等学校社会科学学报，2003（12）：122-123.

［38］董红，康泽洲．消防责任事故罪若干问题［J］．经济与法，2003（8）：10-11.

［39］刘基，屈耀伦．论过失危险犯［J］．兰州大学学报，2003（2）：83-87.

［40］刘艳红．间接故意犯罪的认定［J］．武汉大学学报（社会科学版），2003（6）：749-754.

［41］秦法果，吴正营．解读重大责任事故罪［J］．中州大学学报，2004（2）：17-18.

［42］刘培莹．论犯罪过失中的注意义务［J］．陕西检察，2005（2）：48-49.

［43］孟庆华，王瑛杰．消防责任事故罪构成要件探讨［J］．武警学院

学报，2005（6）：40–43.

［44］沈兰华．论过失危险行为应当犯罪化［J］．天津市政法管理干部学院学报，2005（2）：24–27.

［45］陆诗忠．新论丢失枪支不报罪的主观罪过［J］．政法论丛，2005（1）：23–25.

［46］岳峰婷．从矿难看刑法的完善［J］．理论观察，2006（1）：81–82.

［47］陈雷．论国际反腐公约中滥用职权罪的特点——兼与我国刑法滥用职权罪比较［J］．福建公安高等专科学校学报，2006（2）：76–81.

［48］石慧，周铭川．论间接故意中的放任［J］．江西财经大学学报，2007（1）：90–93.

［49］刘守芬，申柳华．重大责任事故罪过失危险犯探讨［J］．贵州警官职业学院学报，2006（2）：5–9.

［50］伊繁伟．不纯正不作为犯的概念及构成要件辨析［J］．行政与法（吉林省行政学院学报），2006（S1）：28–29.

［51］杨年富．过失犯罪之注意义务［J］．法制与社会，2006（16）：11–13.

［52］屈茂辉．论民法上的注意义务［J］．北方法学，2007（1）：22–34.

［53］宋成，李英超．论疏忽大意过失与不能遇见意外事件的界限［J］．法制与社会，2007（2）：690–691.

［54］张爱艳．论注意义务阻却事由［J］．政法论丛，2008（2）：26–31.

［55］柏屹颖，孔晓曼．危险物品肇事罪探究［J］．法制与社会，2008（25）：73–74.

［56］张璐．浅析间接故意与直接故意的界限［J］．法制与社会，2008（30）：363，384.

［57］黄瑛琦．信赖原则研究［J］．刑法论丛，2009，19（3）：424–

462.

［58］王林.论刑事违法性［J］.法制与社会，2009（15）：368–369.

［59］朱兴祥，张峰.监督过失与重大责任事故犯罪［J］.人民检察，2009（22）：40–42.

［60］王志远.过失基准行为论：过失犯刑事责任范围的限定［J］.中国刑事法杂志，2010（7）：15–20.

［61］彭凤莲，王永虎.执行判决、裁定滥用职权罪认定中疑难问题研究［J］.法学杂志，2011，32（7）：74–77.

［62］廖天虎.对责任事故犯罪的“责任”的解读［J］.理论与改革，2013（4）：193–196.

后　记

最是一年春好处。很欣慰这本《消防领域刑事犯罪概论》终于在2021年金秋付梓了。回眸军旅生涯、戎马倥偬，能有幸进入中国人民大学攻读法律，又能学以致用再度为消防领域法学研究著书立言、得偿夙愿，何其欢愉，又何其畅快！

从消防部队转业到消防研究所任职，对我的职业生涯而言，是一次重大抉择。转战科技战线以来三年多的时光，我把对军旅生涯的不舍、对消防事业的眷恋、对科技创新的憧憬，化为笔耕不停、探索奋进的至强动力。尤其是消防机构改革以来，大潮奔涌、改天换地，我深感消防领域法学研究时不我待、大有可为。遂自2020年1月起，在《罪与火——火灾相关犯罪研究》基础上，我又动笔撰写本书，其间历经多少不眠之夜，现已不可胜计，但长夜青灯、汗牛充栋，总仿佛让我重回人民大学校园的美好时光，令我倍增信念与信心，也不禁有“花有重开日，人无再少年”的慨叹……

令我深受感动和鼓舞的，是在编写过程中，既得到了我的导师、中国刑法学研究会副会长黄京平教授的悉心点拨并欣然作序，也获得了南开大学刘士心教授、河北工业大学马立民教授等专家的斧正，更有消防救援局有关领导的深挚关怀和相关处室负责同志的倾力支持，提出诸多宝贵意见并提供了近年来重特大火灾案例，为提高本书的专业性、权威性倍添亮色。因篇幅所限，仍有若干典型案例未能一一撷取，难免荆山弃玉、沧海遗珠，实以为憾。

古人云，生也有涯，无涯唯智。尽管投身消防战线已有三十七载，我仍惟愿践行年少立下的誓言“一息尚存，则笔耕不辍；生命不息，则奋斗不止”，一如既往在治学之路上下求索、以图新知，用一名“老消防兵”的忠诚、热忱与坚守，努力为国家消防治理体系和治理能力现代化深耕细作、再立新功！

是为后记。

肖　磊

二〇二一年二月